中國學術思想 研究輯刊

三六編

林慶彰 主編

第25冊

宗白華生命美學思想研究（下）

莫凡妮 著

花木蘭文化事業有限公司

國家圖書館出版品預行編目資料

宗白華生命美學思想研究（下）／莫凡妮 著 -- 初版 -- 新北
市：花木蘭文化事業有限公司，2022〔民111〕
目 4+168 面；19×26 公分
（中國學術思想研究輯刊 三六編；第 25 冊）
ISBN 978-626-344-068-5（精裝）
1.CST：宗白華 2.CST：學術思想 3.CST：生命哲學
4.CST：美學
030.8　　　　　　　　　　　　　　　11010207

ISBN-978-626-344-068-5

中國學術思想研究輯刊
三六編　第二五冊　　　　　　　ISBN：978-626-344-068-5

宗白華生命美學思想研究（下）

作　　者　莫凡妮
主　　編　林慶彰
總 編 輯　杜潔祥
副總編輯　楊嘉樂
編輯主任　許郁翎
編　　輯　張雅淋、潘玟靜、劉子瑄　美術編輯　陳逸婷
出　　版　花木蘭文化事業有限公司
發 行 人　高小娟
聯絡地址　235 新北市中和區中安街七二號十三樓
　　　　　電話：02-2923-1455／傳真：02-2923-1452
網　　址　http://www.huamulan.tw 信箱 service@huamulans.com
印　　刷　普羅文化出版廣告事業
封面設計　劉開工作室
初　　版　2022 年 9 月
定　　價　三六編 30 冊（精裝）新台幣 83,000 元

宗白華生命美學思想研究（下）

莫凡妮　著

下　冊

第三章　宗白華生命美學的民族化（1932～1952）：從西方轉向中國傳統生命資源

　　本書將 1932 年～1952 年這段時期界定為宗白華生命美學的民族化時期，因為此時期宗白華理論體系最大的特點在於宗白華由原來對西方文學藝術的關注轉向挖掘中國傳統藝術中蘊藏的生命，宗白華不再像原來那樣對西方藝術中所呈現生命進行廣泛關照，而是深入了中國藝術的內部，針對性地提出了「中國藝術精神」〔註1〕（1934）的概念，他力圖在中國傳統的各大藝術門類當中深刻地發掘出中華民族特定心靈，開闢出一條不同於其他族群特色的藝術道路。

　　宗白華晚年的時候說：「我們是中國人，我們要特別注意研究我們自己民族的極其豐富的美學遺產」〔註2〕，正是基於宗白華對民族的高度認同和情感，才將研究的中心自覺進行了轉向。李澤厚在為《美學散步》所作的序中稱宗白華美學「相當準確地把握住了那屬於藝術本質的東西，特別是有關中國藝術的特徵」〔註3〕、體現著「『天行健，君子以自強不息』的儒家精神、

〔註1〕宗白華：《宗白華全集》（二），安徽教育出版社，2016，第 98 頁，《論中西畫法的淵源與基礎》：「謝赫六法以氣韻生動為首目，確係說明中國畫的特點，而中國哲學如《易經》以『動』說明宇宙人生，正與中國藝術精神相表裏。」

〔註2〕宗白華：《宗白華全集》（第 3 卷）〔M〕，合肥：安徽教育出版社，2016，第 607 頁，《美學嚮導》寄語》。

〔註3〕宗白華：《美學散步》，上海人民出版社，1981 年。

以對待人生的審美態度為特色的莊子哲學，以及並不否棄生命的中國佛學禪宗」〔註4〕。研究表明，「中國藝術精神」的提出為宗白華的首創，「最早明確提出『中國藝術精神』這一理論術語的是五四之子宗白華」〔註5〕，宗白華在抗日戰爭的歲月，以發揚中國文化的生命精神、振奮民族自信心為己任。

第一節　宗白華的研究重心從西方轉向中國傳統生命資源

1932 年起，宗白華開始發表《介紹兩本關於中國畫學的書並論中國的繪畫》和《徐悲鴻與中國繪畫》等文章，標誌著他的研究重心從原本對西方文學藝術的關注轉向以中國繪畫為代表的傳統生命資源，一直到 1952 年宗白華被調任至北京大學為止，宗白華在此二十年間筆耕不綴。並且就是在此時期，宗白華通過自己的學術實踐不斷使「中國藝術精神」的形象豐滿，他幾乎探索了中國傳統藝術的各個領域，通過比較研究，他提出了中國藝術線條流動性、高度抽象性和情感生命的表達性等特徵，為「中國藝術精神」的理論做出了充足的支撐。

另外，以「中國藝術精神」為起點，宗白華又在抗日戰爭時期的 1939 年提出了「中國精神」〔註6〕，他寫到「軍事上最後的勝利已經遙遙在望，繼之者當是這優美可愛的『中國精神』，在世界文化的花園裏而放出奇光異彩。我們並不希求我們的精神征服世界，我們盼望世界上各型的文化人生能各盡其美，而止於其至善，這恐怕也是真正的中國精神」〔註7〕，可見此時期宗白華對「中國精神」的初步認識就是其愛好和平、雍容和氣。宗白華於 1946 年撰寫了《中國文化的美學精神往哪裏去？》（1946），在其中提出了脫離了藝術的更高層次的「中國文化精神」，其中包括中國人對自然宇宙旋律「默而識之」

〔註 4〕宗白華：《美學散步》，上海人民出版社，1981 年。

〔註 5〕陶水平：《20 世紀中國藝術精神論的歷史生成也當代發展》，《文藝理論研究》，2019 年第 3 期。

〔註 6〕宗白華：《宗白華全集》（二），安徽教育出版社，2016，第 242 頁，《〈中國哲學中自然宇宙觀之特質〉編輯後語》，原載於《時事新報·學燈》，1939 年 10 月。

〔註 7〕宗白華：《宗白華全集》（二），安徽教育出版社，2016，第 242 頁，《〈中國哲學中自然宇宙觀之特質〉編輯後語》，原載於《時事新報·學燈》，1939 年 10 月。

的領悟，還有中國人器物不分、溫情默默的生活藝術化態度〔註8〕，宗白華努力發現和發揚中華民族的個性。宗白華在《中國古代時空意識特點》一文中明確提出了自己探究中華民族文化精神的追求，他說「我的興趣趨向於中華民族在藝術的哲學思想裏所表現的特殊精神和個性。」〔註9〕因為宗白華看到了精神無處不在的影響和力量，他看到了藝術對精神的表達，對時代精神的反映，這種精神對一個民族積極的反作用的探索反映出了從十九世紀延續到二十世界初的文學界一個集中的問題：如何用複雜的文學、藝術的形式將民族凝聚起來，用美學代替革命。

　　另外，此時期宗白華對「生命本體」有了新的認識。歌德的進取和晉人玄澹，是宗白華在兩個不同時期思想生命本體的觸發點，也是理解宗白華生命美學思想的兩個重要機樞。上個時期宗白華在《歌德人生之啟示》中將「生命本體」歸納為理性下層的、鮮活的、流動不居、充滿力量的一切存在。「一切真實的、新鮮的、如火如荼的生命，未受理知文明矯揉造作的原版生活，對於他是世界上最可貴的東西。」〔註10〕因此這時期的生命本體主要指與理性相對的非理性力量因素，仍屬於是西方生命哲學範疇。張愛武〔註11〕將宗白華的前一個時期的「生命本體」歸納為張揚個體感性，推崇主體的生命欲求及個體的情感和意緒等，其實包含著「五四」時代自我覺醒、個性解放的時代精神。

　　而在生命美學的民族化時期，宗白華則在《論〈世說新語〉和晉人的美》中將「生命本體」歸納為「道」：「所謂『道』，就是這宇宙裏最幽深最玄遠卻又迷綸萬物的生命本體」〔註12〕宗白華此時期所說的生命本體之「道」，則主要為中國哲學範疇，尤其接近《道德經》之「道」──「有物混成，先天地生。寂兮寥兮，獨立而不改，周行而不殆，可以為天地母。吾不知其名，強字

〔註8〕宗白華：《宗白華全集》（二），安徽教育出版社，2016，第473頁，《中國古代時空意識特點》，編輯推測此文寫於五十年代初。

〔註9〕宗白華：《宗白華全集》（第2卷）〔M〕，合肥：安徽教育出版社，2016，43頁。

〔註10〕宗白華：《宗白華全集》（第2卷）〔M〕，合肥：安徽教育出版社，2008，第6頁，《歌德之人生啟示》。

〔註11〕張愛武：《宗白華生命美學研究》，河北師範大學碩士學位論文，2002。

〔註12〕宗白華：《宗白華全集》（二），安徽教育出版社，2016，第278頁，《論〈世說新語〉和晉人的美》，原刊於《星期評論》第10期，1941年1月。作者又於1941年4月28日將其修訂，發表於《時事新報》1941年4月28日《學燈》第126期上。

之曰：『道』」〔註 13〕，這樣的一種普遍但又無法確指的存在，宇宙天地都由其而出，延綿不絕，創化不斷；又如「道生之畜之，長之育之，亭之毒之，養之覆之。生而不有，為而不恃，長而不宰，是謂玄德」〔註 14〕，萬物的生長成熟結果都是由於「道」，「道」孕育萬物卻並不佔有，撫育萬物也不邀功……無形無色的虛空為萬物之源，這一虛空和道家之「道」為萬物本源的觀點是一致的；同時，宗白華還強調這個本體「道」有著生生不已的創造力，「大道汜兮，其可左右。萬物恃之以生而不辭」〔註 15〕。宗白華的生命美學之「生命」大到天地化育、大化流行之宇宙生命，小到人的一顰一笑的情緒，或者一顆石子小花，其中無不是「道」，無不蘊藏生命。

宗白華在《徐悲鴻與中國繪畫》（1932）中讚揚徐悲鴻學習了西畫二十餘年之後能夠巧而返於拙，用國畫表現他個性的真趣和自然之理趣，華貴而簡。1934 年，宗白華在中央大學《文藝叢刊》第 1 卷第 2 期上發表了《論中西畫法的淵源與基礎》，在此文中提出了「美與美術的特點是在『形式』、在『節奏』，而它所表現的是生命的內核，是生命內部最深的動，是至動而有條理的生命情調」〔註 16〕，「生命」也一以貫之地成為了宗白華比較美學的核心；中國繪畫的「動」源於《易經》的陰陽二氣的交替，西方繪畫之啟示則來自於西方建築的莊嚴、音樂之崇高，即一種代表著嚴重宇宙形式的和諧。1935 年底，宗白華在中國哲學年會上發表了《中西畫法所表現的空間意識》（1935）的報告，從更具體的「空間意識」入手，更細緻地闡發中西繪畫的區別。

1945 年，抗戰勝利後，宗白華回南京繼續任教，並在此時期撰寫發表了另一批具有影響力的文章，如《中國文化的美麗精神往哪裏去？》（1946），宗白華用印度詩人泰戈爾的話來讚美中國民族很早就發現了宇宙的旋律及生命節奏的秘密；《略談敦煌藝術的意義與價值》（1948），此文稱敦煌壁畫與藝術所代表著的是中國偉大的藝術熱情時代，「無不飛動奔放，虎虎有生氣。『飛』是他們的精神理想，飛騰動盪是那時藝術境界的特徵」〔註 17〕；《中

〔註13〕見於《道德經》第二十五章。
〔註14〕見於《道德經》第五十一章。
〔註15〕見於《道德經》第三十四章。
〔註16〕宗白華：《宗白華全集》（二），安徽教育出版社，2016，第 98 頁，《論中西畫法的淵源與基礎》。
〔註17〕宗白華：《宗白華全集》（二），安徽教育出版社，2016，第 417 頁，《略談敦煌藝術的意義與價值》，原載上海《觀察》週刊，第 5 卷第 4 期，1948 年。

國詩畫所表現的空間意識》（1949），該文重點說明了中國人「無往不復，天地際也」〔註18〕的空間意識和體現在中國畫中的流動的、移動的視點，並且提出「詩中有畫、畫中有詩」是中國詩與畫創作的至高的境界與追求；《張彥遠及其〈歷代名畫記〉》（約寫於1946～1948年間），宗白華稱張彥遠是絕代的批評家，「他像其他一切偉大的批評家一樣，在自信裏表示著自知和坦誠；也像其他一切偉大的批評家一樣，在對於創作方面的歆羨和感到有心無力之中更加強了對於藝術的熱情和忠實。」〔註19〕宗白華認為最可貴的是張彥遠對藝術的熱愛，凡是對藝術有曲解和侮辱的，張彥遠都會憤而辯爭，血氣方剛躍然紙上。宗白華充滿熱情的創作一直持續到1952年他被調離中央大學，北上北京大學之時。

一、宗白華以繪畫研究作為比較研究的起點

　　1932年起，宗白華連續發表了幾篇重要的評論中國繪畫的文章，如《介紹兩本關於中國畫學的書並論中國的繪畫》（1932）、《徐悲鴻與中國繪畫》（1932），這標誌著他的研究重心轉向了中國藝術，尤其是中國的繪畫藝術並且採用了比較的方法。關於為什麼以繪畫為研究的起點以及為何採用比較方法，本書認為有多個方面的原因，分析如下：

　　一、無論是中國還是西方，繪畫藝術都比較發達，因此具有可以用來比較的豐富材料。比如如果用中國獨具特色的書法來進行研究的話，西方沒有可以類比的書法藝術，就無從進行有效的比較；並且「中國的瓦木建築易於毀滅，圓雕藝術不及希臘發達」。宗白華剛到歐洲沒多久時就反觀發現中國繪畫有其獨特的妙處與境界，他說「中國舊文化中實有偉大優美的，萬不可消滅。譬如中國的畫，在世界中獨闢蹊徑，比較西洋畫，其價值不易論定，到歐後才覺得。」〔註20〕此時期的宗白華已經從如火如荼的新文化運動中冷靜下來，能夠客觀中肯地對待祖國的文化，不再像過去那樣藐視批判中國文化了，

〔註18〕宗白華：《宗白華全集》（第2卷）〔M〕，合肥：安徽教育出版社，2016，第143頁，《中國書法所表現的空間意識》。

〔註19〕宗白華：《宗白華全集》（二），安徽教育出版社，2016，第449頁，《張彥遠及其〈歷代名畫記〉》，本文約寫於1946～1948年，宗白華在世時未公開發表過。

〔註20〕宗白華：《宗白華全集》（一），安徽教育出版社，2016，第321頁，《自德見寄書》，原刊登於1921年2月11日《時事新報·學燈》。

而他發現中國藝術文化之美的起點就是繪畫。

　　二、繪畫是中國藝術的突出代表，是所有其他藝術的一個基礎，宗白華認為「中國的繪畫與希臘的雕刻和德國的音樂鼎足而三」〔註21〕。中國藝術較西方藝術而言最大的特徵是其線條性，而繪畫可以很好地反映出這個特徵，繪畫可以算作是中國藝術的元藝術；宗白華認為建築及雕刻是西方藝術的元藝術，其最主要特別是它的立體性、團塊性，在《論中西畫法的淵源與基礎》一文中宗白華指出「希臘民族是藝術與哲學的民族，而它在藝術上最高的表現是建築與雕刻」〔註22〕，西方繪畫的淵源是「埃及、希臘的雕刻藝術與建築空間……在畫境中描出圓雕式的物體」〔註23〕，宗白華還引用了達芬奇的觀點來佐證自己的觀點，「達芬奇又說：『圓雕（即立體的雕塑式的描繪法）是繪畫的主體與靈魂。』」〔註24〕正是出於這個繪畫表現的目標，西方繪畫才特別注重透視、解剖、光影，目標決定了手段。相比之下，宗白華認為商周鍾鼎上、漢代壁畫上的線條紋飾，就是中國繪畫的淵源，紋飾裏面的人物植物、花鳥魚蟲等形象，在宗白華看來「跳躍婉轉，活潑異常……完全溶化渾合於全幅圖案的流動花紋線條裏面……每一個動物形象是一組飛動線紋之節奏的交織，而融合在全幅花紋的交響曲中」〔註25〕、除卻具體由線紋構成的具體形象外，商周的鍾鼎鏡盤上還「以乙字紋、回紋等連成各式模樣以為底，藉以象徵宇宙生命的節奏」〔註26〕，即構成整個呈現畫面的基本節奏。正是由於不以團塊而以線條為基礎，中國繪畫因此能特別生動地表達節奏和韻律，這是西方繪畫以雕刻的立體團塊為基礎所不具有的飛動、流動的特點，西方繪畫因為團塊則顯得凝重立體。中國和西方不同的繪畫體系是由兩種不同的

〔註21〕宗白華：《宗白華全集》（第 2 卷）〔M〕，合肥：安徽教育出版社，2016，47頁，《介紹兩本關於中國畫學的書並論中國的繪畫》，原刊登於《圖書評論》第 1 卷第 2 期，1932 年 10 月 1 日出版。

〔註22〕宗白華：《宗白華全集》（二），安徽教育出版社，2016，第 103 頁，《論中西畫法的淵源與基礎》。

〔註23〕宗白華：《宗白華全集》（二），安徽教育出版社，2016，第 100 頁，《論中西畫法的淵源與基礎》。

〔註24〕宗白華：《宗白華全集》（二），安徽教育出版社，2016，第 106 頁，《論中西畫法的淵源與基礎》。

〔註25〕宗白華：《宗白華全集》（二），安徽教育出版社，2016，第 101 頁，《論中西畫法的淵源與基礎》。

〔註26〕宗白華：《宗白華全集》（二），安徽教育出版社，2016，第 104 頁，《論中西畫法的淵源與基礎》。

宇宙觀、世界觀衍生而來的，簡單說來便是天人合一與物我對立的兩種態度。總的來說，中國繪畫是由點線墨韻揮就的，而西方繪畫由團塊和色彩築成，但無論具體的表現方式和技法上有何區別，宗白華認為兩者的最終目的都在於表現生命，傳達性情，可謂異曲同工，殊途同歸。

　　三、徐悲鴻的影響，如果說上一個時期與宗白華具有最多精神共鳴的人是郭沫若，那麼這個時期跟宗白華具有最多精神共鳴的人則為徐悲鴻。宗白華前往德國經過巴黎時，經朋友介紹認識了當時在巴黎學畫的徐悲鴻，徐悲鴻帶他遊覽了巴黎各大博物館美術館，兩人激動地交流著彼此對藝術的看法，徐悲鴻還帶他參觀了自己的畫室，在那裡宗白華親眼目睹了徐悲鴻在畫室裏勤奮學習西洋繪畫的情景，宗白華在後期回憶徐悲鴻的文章中提到年青留學時代的徐悲鴻就像一位勇士那樣在艱苦地戰鬥，學畫的熱忱讓人欽佩。據傳，徐悲鴻當時想買下自己老師、即柏林美術學院院長康普的幾幅油畫和素描原作，卻因囊中羞澀而一直不得實現。後宗白華慷慨解囊，幫助徐悲鴻實現了心願。巴黎一會，志同道合的兩人結下了深厚的友誼。1928 年，已經是中央大學哲學系系主任的宗白華推薦留法歸國的徐悲鴻進入藝術系任教，徐悲鴻的繪畫所融通的西方的和中國的特色立即引起了宗白華的重要關注點，他轉向研究中國藝術的初期的 1932 年就發表了《徐悲鴻與中國繪畫》這樣的專門文章來評論徐悲鴻的藝術，在其他多篇文章裏也有評論徐悲鴻繪畫的相關內容。

　　四、比較的方法是基於宗白華學術背景與經歷的一種自然選擇。宗白華關於中西藝術比較研究即始於對中西繪畫進行對比研究之時，用「比較」的方法進行研究，其實對於在西方接受了學術訓練的宗白華而言是自然的事情。宗白華的學術生涯是從研究西方思想、分析西方藝術開始的，因此對於他而言，用西方思想工具來研究中國藝術是自然之事，他可以用他已經很熟悉瞭解的西方藝術作為研究中國藝術的參照系、座標系，有如行路過程中有了可以支撐的拐棍，因此在研究起中國藝術時用「比較」的方法能夠更得心應手，不會出現找不到抓手的茫然的情況，用已知的、熟悉的內容照見未知不熟悉的領域是思維的常態。宗白華在其晚年的一次《關於美學研究的幾點意見》的講話中提到「要從比較中見出中國美學的特點」〔註27〕，通過比較，可以

―――――――――

〔註27〕宗白華：《宗白華全集》（第 3 卷）〔M〕，合肥：安徽教育出版社，2016，第592 頁，《關於美學研究的幾點意見》。

讓我們對自己文化的特點有更真切的理解，不然對於早已司空見慣的一切，難以激發起我們的思考。宗白華還提到「我留學前也寫過一些有關中國美學的文章，但浮淺得很。後來學習研究了西方哲學和美學，回過頭來再搞中國的東西，似乎進展就快一點了。」〔註28〕

　　採用「比較」作為中國美學研究的方法的另一個原因是中國無論從藝術還是思想上，都受過西方的影響，宗白華指出「中國文化也有自己的發展過程，在這一過程中也曾受到西方文化的影響，如印度佛教及其思想對中國文化有巨大影響」，〔註29〕因此通過比較不僅可以看出中國美學跟其他文化美學的不同，還能夠看出相關聯之處，追溯某種美學思想的源起和傳播、發展。宗白華指出中國雕塑藝術就跟西方和印度的雕刻有相似、有借鑒（如人體造型方面），但又有很多不同（如中國雕塑的巨大宏偉，龍門、雲崗的石窟藝術就是代表），這些都是值得探討和思考的。

　　宗白華在《介紹兩本關於中國畫學的書並論中國的繪畫》中對西方現代美學、古希美學和中國美學三種文化型的美學特徵進行比較而發展出關於世界美學的議論，張澤鴻和吳家榮〔註30〕認為這是受到了方東美〔註31〕的「哲學三慧」和「文化三型」的影響，方東美將世界上的哲學與文化歸為希臘、近代西洋和中國三種形態，在當時學界很有影響。宗白華曾在為方東美《哲學三慧》一文所作的編輯後語中寫到：「文學家詩人所追摹的幻景與意象是一個個的人生及其命運。哲學家所冥想探索的是一個個民族文化的靈魂及其命運。中國在古代接觸了印度文化，在近代又接觸了西洋文化。這使中國的人生內容增加了無窮豐富，但也產生了許多問題與危機。應付這些問題與危機，是

〔註28〕宗白華：《宗白華全集》（第3卷）〔M〕，合肥：安徽教育出版社，2016，第608頁，《〈美學嚮導〉寄語》。

〔註29〕宗白華：《宗白華全集》（第3卷）〔M〕，合肥：安徽教育出版社，2016，617頁，《漫談中國美學史研究》。

〔註30〕張澤鴻、吳家榮：《方東美與宗白華藝術學思想之比較》，《美與時代（下）》，2012.01。

〔註31〕方東美（1899～1977），安徽桐城人，中國現代哲學家，現代新儒學的代表人物之一。方東美在桐城中學就讀期間與朱光潛為同學。1920年方東美畢業於金陵大學，次年赴美留學，並於1924年獲得威斯康辛大學博士學位。方東美回國後任教於武昌高師（武漢大學前身），1926年應聘於東南大學哲學系教授，與宗白華成為同事。方東美的代表作有《科學哲學與人生》、《哲學三慧》、《中國人的人生觀》、《中國哲學精神及其發展》等。

中國人的命運和責任。」〔註32〕宗白華言印度的哲學與思想是跟西方、中國並立的三大思想之一。

　　另外值得一提的是，宗白華的一篇中西哲學思想比較的文章《形上學——中西哲學之比較》應該也是寫於這個時期，即 1932 年之後，而不是全集的編者所認為的 1928 年～1930 年之間，從另外一個細節可以對此進行應證的是宗白華自己曾經在行文中提到過卓別林的電影《摩登時代》，他寫到「無情無表現，純理數之機器漠然，惟有利害應用之關係，以致人為機器之奴。更進而人生生活機械化，為卓別林之《摩登時代》諷刺之對象！」〔註33〕此電影 1936 年 2 月 25 號才在美國上映，因此宗白華寫這篇文章最早也是 1936 年，編者判斷的寫作時間是不準確的。《形上學——中西哲學之比較》中反覆強調了中國生命哲學的條理化、中庸精神，這個手稿可以視為此時期比較研究的一個標誌性的內容。

二、宗白華學術重心由西轉中的原因

　　如同前一個時期宗白華由哲學轉向藝術是早有思想上的鋪墊一樣，宗白華此時期轉向中國藝術、思想的研究早已在他的計劃之中。宗白華剛到德國留學沒多久，就做出了長遠的學術規劃，寫成了《自德見寄書》，明確表達了他計劃在歐洲的幾年把科學、哲學、藝術中的理論和作品研究過後，「回國後再拿一二十年研究東方文化的基礎和實在，然後再切實批評，以尋出新文化建設的真道路來。我以為中國將來的文化決不是把歐美文化搬了來就成功。中國舊文化中實有偉大優美的，萬不可消滅，」〔註34〕說明宗白華在 1921 年就已經有了這樣的轉向中國文化研究的計劃，並且一步步忠實自己最初的學術計劃，夯實地行動。宗白華那時就立志發挖中國藝術和哲學中的與眾不同之處，他說「我的興趣趨向於中華民族在藝術和哲學思想裏所表現的特殊精神和個性」〔註35〕、「主

〔註32〕宗白華：《宗白華全集》（第 2 卷）〔M〕，合肥：安徽教育出版社，2016，第 173 頁，《〈哲學三慧〉等編輯後語》，原載於《時事新報・學燈》（渝版）第 4 期，1938 年 6 月 26 日出版。

〔註33〕宗白華：《宗白華全集》（第 1 卷）〔M〕，合肥：安徽教育出版社，2016，第 592 頁，《形上學：中西法象之不同》。

〔註34〕宗白華：《宗白華全集》（一），安徽教育出版社，2016，第 321 頁，《自德見寄書》，原刊登於 1921 年 2 月 11 日《時事新報・學燈》。

〔註35〕宗白華：《中國古代時空意識的特點》，《宗白華全集》，第二卷，〔M〕，合肥：安徽教育出版社，2016，第 473 頁。

張中國以後的文化發展，還是極力發揮中國民族文化的『個性』，還專門模仿，模仿的東西是沒有創造的結果的。」〔註36〕

王一川認為宗白華提出「中國藝術精神」的觀念是受到德國「文化心靈」理論的影響，「主張藝術是特定民族文化心靈的一種形式，是意大利哲學家維柯出版《新科學》（1725）以來歐洲形成的一種思想傳統」〔註37〕。王一川認為黑格爾的「時代精神」理論啟示著宗白華等中國現代學者回到自身的文化背景中尋找中國的藝術精神；另外，王一川認為斯賓格勒的《西方的沒落》對「文化心靈」的闡發直接促發了宗白華等學者去探索不同民族的獨特象徵形式，而最集中的象徵形式即是藝術，宗白華在《中國詩畫中所表現的空間意識》中直接引用斯賓格勒的《西方的沒落》中「每一種獨立的文化都有他的基本象徵物，具體地表象它的基本精神。在埃及是『路』，在希臘是『立體』，在近代歐洲文化是『無盡的空間』。」〔註38〕。王一川指出宗白華不僅重點探究了中華民族的文化心靈，他還比較了西方古典文化心靈、埃及文化心靈、近代西方文化心靈和中國文化心靈之間的異同，這些比較長期給予宗白華以啟迪。

宗白華此時期要將中國的藝術與哲學思發揚光大，也因為這時期日本對中國的入侵再次造成了強大的民族危機意識，抗日戰爭的影響使得當時中國的思想家們都希望復興中國哲學、激活傳統文化中的生命力量來使中華民族得到復興。宗白華經常以德國的復興為榜樣，他剛到德國時，根據德國人擁有的那種「盲目樂觀」〔註39〕預計德國必然會復興；此時期宗白華提出德國「文化學術光芒百丈，也是民族復興的原因」〔註40〕，因為如何使一個人、一個民族具有樂觀的品質談論起來太飄渺，但是通過文化和學術使人更睿智更切實。鴉片戰爭和甲午中日戰爭時期知識分子們都紛紛向西方學習，積極

〔註36〕宗白華：《宗白華全集》（一），安徽教育出版社，2016，第321頁，《自德見寄書》，原刊登於1921年2月11日《時事新報・學燈》。

〔註37〕王一川：《德國「文化心靈」論在中國——以宗白華「中國藝術精神」論為個案》，《美學研究》，2016年3月，第53卷第2期。

〔註38〕宗白華：《宗白華全集》，（第2卷）〔M〕，合肥：安徽教育出版社，2016，第420頁，《中國詩畫中所表現的空間意識》。

〔註39〕宗白華：《宗白華全集》，（第1卷）〔M〕，合肥：安徽教育出版社，2016，第417頁，《戀愛詩的問題》。

〔註40〕宗白華：《宗白華全集》，（第2卷）〔M〕，合肥：安徽教育出版社，2016，第190頁。

批判和反對中國的傳統思想與文化，到了這個時期，知識分子們卻共同轉向了回到自己的傳統文化中尋找救國的寶藏，如熊十力的新儒家思想是以《周易》研究為核心，牟宗三則是以西方的邏輯方法研究《周易》，鄧以蟄關注中國生命的「性靈」層面，方東美將生命歸為「愛」，大家都研究回歸中國傳統文化，側重點不同。宗白華高喊「中國文化的美麗精神」〔註41〕，認為「中國民族很早就發現了宇宙旋律及生命節奏的秘密」〔註42〕，因為有所重，所以才有所輕，在科學技術方面落後了。

此時期「五四」一代的學者也進行了一次集體轉向，這批早年「五四」新文化運動的主力軍此時都改變了之前激進的全盤西化的態度，因為他們意識到西方文化在中國複雜的形式中並未起到預期的效果。「五四」一代學者，他們一般都早年接受中國傳統文化，青年前往歐洲或者美國日本留學，醉心西方學術與文化，壯年回國任教後又將關注點重新轉回中國的傳統文化，他們的思想和發展軌跡有諸多相似之處，並且他們有一個共同的宏大的目標，就是找到有效的思想資源作為良方來解決當時中國落後的問題，為黑暗的中國找到一盞可以照亮前路的明燈。在這一批學者走出國門、真正睜眼看世界之前，人們認為從西方來的思想都能夠療治中國的病，如達爾文的「進化論」，如「民主」和「科學」這兩位德先生和賽先生；但自從這批學者抵達這些思想發源的西方真正生活、學習和體驗之後，他們開始用批判的眼光來對待這些思想，並且開始對中西文化進行對比，同時考慮用西方思想中的積極資源激活中國傳統文化中的精神，如歐洲的「生命哲學」就啟示著宗白華等人返回到中國的傳統思想中尋找生命。王岳川指出他們早期的「全盤西化的工具理性態度並沒有從整體和傳統根基方面深究西方意義觀念的價值理性層面，而是饑不擇食地採納十九世紀的科技理性和虛無主義思潮，卻因欲速不達而進入文化信仰危機的思想怪圈……二三十年代以後，這批大多留學歐美的傳統文化制度的批判者的話語傳統的反叛者，紛紛逃離虛無主義，遠離現實政治風雲，而重新認同傳統」〔註43〕

中國哲學家馮友蘭就說過「中國哲學的復興，被人當作中華民族復興的

〔註41〕宗白華：《藝境》，商務出版社，2011，第207頁，《中國文化的美麗精神往哪裏去？》。
〔註42〕宗白華：《藝境》，商務出版社，2011，第207頁，《中國文化的美麗精神往哪裏去？》。
〔註43〕王岳川：《宗白華的散步美學境界》，《文藝爭鳴》，2017年。

象徵」〔註44〕，現代新儒學引生命哲學入儒學，重新注釋、梳理儒學，試圖激活傳統儒學的生命力，張揚人生的獨特價值，宗白華在對哲學新儒家的唐君毅的《中國哲學中自然宇宙觀之特質》的編輯後語中寫到「在我們民族思想空前發揚的現代，這種深靜的沉思和周詳的檢討是尋覓中國人生的哲學基礎和理解我們文化前途的必要途徑。」〔註45〕宗白華的生命美學與同時期的新儒學交集深廣，都談及生命，因此有觀點認為宗白華也屬於新儒家，但本書認為宗白華與新儒家之間有一定的區別，此時期宗白華走向的是藝術和美學，而新儒學派的學者們著眼的是道德和倫理。

　　1937年，抗日戰爭爆發，12月南京陷落，宗白華隨學校遷至重慶。從1938年6月至1946年，宗白華再次擔任闊別十幾年的《時事新報‧學燈》主編，並於復刊的第一期上發表《〈學燈〉擎起時代的火炬》，希望《學燈》的中華文化之光能再一次促成民族的團結，振奮民族的精神，引導建設一個理想的國家。文章指出：「在19年前，『五四』運動的時候，《學燈》應了那時代的三種精神而興起：（一）抗日救國的精神；（二）提倡科學的精神；（三）提倡民主的精神。而思想的解放，精神的獨立和對社會問題、青年問題的注視，也是那時代的特色。」〔註46〕又說：「今天的《學燈》，仍願為這未嘗過去的時代精神而努力……《學燈》願擎起時代的火炬，參加這抗戰建國文化復興的大業。」〔註47〕

　　1941年，宗白華撰文《論〈世說新語〉和晉人的美》，旨在鼓勵處於日寇踐踏之下的人們不要放棄希望，因為晉代也同為一個黑暗混亂、民不聊生的時期，那時候的人們卻有著極自由、極解放的精神世界，超越絕俗，簡約玄澹，那個時代人們也創造出了最富於智慧和生命熱情的藝術，書聖王羲之的書法就是極好的代表。晉人無論在生活上還是人格上都閃現著個性主義的光芒，如殷浩的「我與我周旋久，寧作我！」，還有他們的生機活潑，對自然、對哲理、對友誼對美的「一往情深」都深受後人緬懷。抗日戰爭時期對生

〔註44〕馮友蘭：《中國哲學簡史》，北京大學出版社，1985年，第372頁。

〔註45〕宗白華：《宗白華全集》（二），安徽教育出版社，2016，第242頁。

〔註46〕宗白華：《宗白華全集》（二），安徽教育出版社，2016，第170頁，《〈學燈〉擎起時代的火炬》，原刊登於《時事新報‧學燈》（渝版），第1期，1938年6月5日。

〔註47〕宗白華：《宗白華全集》（二），安徽教育出版社，2016，第170頁，《〈學燈〉擎起時代的火炬》，原刊登於《時事新報‧學燈》（渝版），第1期，1938年6月5日。

命與力量的呼喚是當時學者們的共識，如聞一多〔註 48〕呼喚的是原始的野性的生命，1939 年，任教於西南聯大的聞一多在給他的學生劉兆吉的《西南采風錄》作序時寫到：「你說這是原始，是野蠻，對了，如今我們需要的正是它」〔註 49〕。聞一多對原始生命的讚頌跟宗白華有很多相似之處。不同的是聞一多所讚頌的重點在於生命的原始性、原初性，即一種來自人類動物性的野蠻生命，源直於大地；而宗白華的生命源於天地之間，更多了幾分空靈與玄密，聞一多所倡導的「原始生命」是包含於宗白華的生命體系當中的。學者們共同呼喚的正是一種強大生命的回歸，整個中華民族精神的抖擻，用以拯救人民於危亡當中。

　　值得注意的是，正是由於宗白華在「中國藝術精神」和「中國美學」方面卓越的貢獻，因此人們常常將宗白華的學術歸到古典的、中國的類別，但縱觀宗白華的學術發展脈絡，他在不同時期所關注的重心不同，不能將他的貢獻侷限於某一方面。如李澤厚在《〈美學散步〉序》〔註 50〕中寫到：「朱先生的文章和思維方式是推理的，宗白華是抒情的；朱先生偏於文學，宗白華偏於藝術；朱先生是近代的，西方的，科學的；宗白華更是古典的，中國的，藝術的；朱先生是學者，宗白華是詩人。」李澤厚的這個評論雖然非常有名，但也正是他的這個評論使得中國學界進入了一種將朱光潛歸到西方美學、將宗白華歸到中國美學的思維定勢當中。實際上兩位先生都學貫中西，如貫通古今的朱光潛不但深得西方美學的精髓，而且對陶淵明的詩品和人品也尤為鍾情，對中國文化的「和諧」之境也很推崇；宗白華篤情於意境的研究，欣賞晉人的美，但他同時也禮讚西方近代浮士德的進取精神，對於康德、萊辛、溫克爾曼、歌德等的美學、藝術理論都有非常深刻的領悟。

〔註 48〕聞一多（1899 年～1946 年），本名聞家驊，字友三，1899 年 11 月 24 日生於湖北浠水，中國現代詩人、學者、民主戰士。聞一多 1912 年考入清華，1919 年成為《清華學報》編輯，1923 年 9 月出版了他的第一本新詩集《紅燭》。後聞一多前赴美國科羅拉多大學留學，於 1924 年畢業。聞一多的藝術修為非常廣博深厚，詩詞、繪畫、書法、篆刻皆精。聞一多自己的畫作中很多體現出對大自然、對原始生命的熱情讚頌。

〔註 49〕聞一多：《聞一多全集》，第 6 頁，三聯書店，1947 年。

〔註 50〕李澤厚的這篇有名的序言對於宗白華研究有著非常重要的意義，其對宗白華極高的評價可以說一時間掀起了宗白華研究的高潮。可是在宗白華去世後，《美學散步》再版之時，宗白華的學生、也是《宗白華全集》的主編林同華要求編輯刪除了，其中具體的原因不明。

　　章啟群〔註51〕就指出，不能籠統地把兩位先生以「現代的」和「古典的」來界定，用「現代的」和「古典的」概念來描述和比較朱光潛和宗白華的美學思想是片面的不準確的，應該對他們的美學理論和思想進行全面的分析和比較；蕭湛〔註52〕提出朱光潛與宗白華的差異源於其哲學立足點的不同，並且追溯到了德國唯心論的兩個不同發展階段上，他認為朱光潛的美學出發點是一個無歷史、非肉身、形式的先驗主體，而宗白華的則是高於個人普遍主體的絕對自由主體。葉朗〔註53〕認為朱光潛和宗白華的美學思想其實有著高度的相似性，都代表著西方美學從古典走向現代及中西美學比較融合的趨勢；葉朗還於 1997 年組織召開了「紀念朱光潛、宗白華誕辰 100 週年國際學術研討會」，並編輯出版了《美學雙峰》的學術討論紀念文集，文集主要收集了兩位美學家對中國美學的貢獻的文章。

第二節　宗白華所觀照的中國藝術中昂揚的生命

　　宗白華生命美學民族化時期的最大特點就在於結合了中國傳統的藝術實踐，把生命諸範疇作了十分具有東方色彩的闡釋，從而構成了具有民族特色的生命美學體系。宗白華深受中國古典知行統一觀的影響，強調知與行的經驗的結合，重視藝術家的實踐活動，不同於西方生命哲學只通過內省的體驗把握真理。宗白華的經驗包括西方生命哲學的這種內省體驗，但他並未停留於這種內省的體驗，而是強調內經驗與外經驗的結合。

　　宗白華指出「中國各門傳統的藝術（詩文、繪畫、戲劇、音樂、書法、雕塑、建築）不但都有自己獨特的體系，而且各門傳統藝術之間，往往互相影響，甚至互相」〔註54〕，如眾所周知的「書畫同源」、「詩中有畫，畫中有詩」，又如線條構成了中國繪畫、書法、建築、舞蹈等藝術的基礎，因此在對

〔註51〕章啟群：《「現代的」與「古典的」之我見—分朱光潛與宗白華的一種比較研究》，《哲學研究》1997 年第 5 期。

〔註52〕蕭湛：《雙峰並峙二水分流：朱光潛宗白華美學比究》，中國社會科學出版社。2011 年版蕭湛認為朱光潛的美學立足於以康德所代表的先驗唯心主義，宗白華則是立足於以謝林為代表的絕對唯心主義。

〔註53〕葉朗：《從朱光潛「接著講」──紀念朱光潛、宗白華誕辰一百週年》，《北京大學學報》（哲學社會科學版）1997 年第 5 期。

〔註54〕宗白華：《宗白華全集》（第 3 卷）〔M〕，合肥：安徽教育出版社，2016，448，《中國美學史中重要問題的初步探索》。

中國藝術進行評價時也有很多相通之處，如「氣韻」、「風骨」等審美範疇可以運用到多方面。

一、中國繪畫對氣韻生動的追求

　　繪畫是中國藝術中宗白華最為關注的領域，他認為繪畫是「中國藝術的中心」〔註55〕，宗白華高度總結到「中國畫是一種建築的形式美、音樂的節奏美、舞蹈的姿態美」〔註56〕。他寫的繪畫專論有：《介紹兩本關於中國畫學的書並論中國的繪畫》、《徐悲鴻與中國繪畫》（1932）《論中西畫法的淵源與基礎》（1934），《中西畫法所表現的空間意識》（1935）、《中國藝術意境之誕生》（1943）、《中國詩畫中所表現的空間意識》（1949）、和《中國美學史中重要問題的初步探索》（1979）等，另外還有很多關於繪畫的評論散見於他的其他文章中。

　　宗白華認為中國繪畫所表現出來的宇宙觀是一種雖動而靜的「深沉靜默」之境界，因為「順著自然法則運行的宇宙是雖動而靜的」〔註57〕。這與西方藝術早期表現出來和諧、秩序的宇宙觀、近代以來表現出的無限活動的宇宙觀是不同的。宗白華認為中國畫所表現的對象本身是充滿生命的勃勃生機的，但整個畫幅的潛在是一種深深的靜寂，「就是尺幅裏的花鳥、蟲魚，也都像是沉落遺忘於宇宙悠渺的太空中，意境曠邈幽深」〔註58〕，由於畫幅上的幾株空谷幽蘭，倒影自照，空寂卻不孤獨，其一呼一吸都吞吐

〔註55〕宗白華：《宗白華全集》（第 2 卷）〔M〕，合肥：安徽教育出版社，2016，43頁，《介紹兩本關於中國畫學的書並論中國的繪畫》，原刊登於《圖書評論》第 1 卷第 2 期，1932 年 10 月 1 日出版。

〔註56〕宗白華：《宗白華全集》（第 2 卷）〔M〕，合肥：安徽教育出版社，2016，第 100 頁，《論中西畫法的淵源》，原載中央大學《文藝叢刊》第 1 卷，第 2 期，1934 年 10 月出版。作者原注：「德國學者菲歇爾博士 Dr. Otto Fischer 近著《中國漢代繪畫》一書，極有價值。拙文頗得暗示與興感，特在此介紹於國人。又拙文《介紹兩本關於中國畫學的書並論中國的繪畫》，可與此文參看。」

〔註57〕宗白華：《宗白華全集》（第 2 卷）〔M〕，合肥：安徽教育出版社，2016，44頁，《介紹兩本關於中國畫學的書並論中國的繪畫》，原刊登於《圖書評論》第 1 卷第 2 期，1932 年 10 月 1 日出版。

〔註58〕宗白華：《宗白華全集》（第 2 卷）〔M〕，合肥：安徽教育出版社，2016，44頁，《介紹兩本關於中國畫學的書並論中國的繪畫》，原刊登於《圖書評論》第 1 卷第 2 期，1932 年 10 月 1 日出版。

著宇宙氣息，怡然自得。因為這表現著中國人最深刻的宇宙觀，即認為宇宙最深處是無、是虛空，虛無是萬物的本源，是無盡的創造力，「老、莊名之為『道』、為『自然』、為『虛無』，儒家名之為『天』。萬象皆從空虛中來，向空虛中去。」〔註59〕畫幅上的萬物象是沐浴浸泡在神之愛撫中，寧靜深沉，「像在一個和平的夢中，給予觀者的感受是一澈透靈魂的案發和惺惺的微妙的領悟」〔註60〕，中國繪畫所普遍表現出來的寧靜給人以靈魂的撫慰，這樣的境界在宗白華看來「既使心靈和宇宙淨化，又使心靈和宇宙深化，使人在超脫的胸襟裏體味到宇宙的深境」〔註61〕，西方自亞里士多德以來也有文藝的「淨化說」，但文藝對人類心靈的「深化說」是宗白華的創舉。另外，中國繪畫不重視物之陰影，宗白華認為「非不能繪，不欲繪，不必繪也」〔註62〕。宗白華指出西洋畫是非常重要陰影的，因為西洋畫表現的本來就是限定範圍之內的實物實景，因此光線被遮擋之處的陰影處也是實境，固表現出，而中國畫本來就以寫意為主，陰影是一種可以歸入空白的虛幻，不必表達也自成妙境。宗白華認為中國山水畫中體現出的這種宇宙觀是從晉末的「澄懷觀道」源起的，「所謂『道』，就是宇宙裏最幽深最玄遠卻又彌綸萬物的生命本體」〔註63〕，中國畫出入太虛，表現萬象，整個畫幅上都流淌著一種宇宙靈氣。

宗白華認為線紋是中國繪畫的基礎，線紋不僅使繪畫具有抽象性，且其流動的特性使得中國畫具有生命的節奏感和韻律感，即「氣韻生動」。線紋具有高度的抽象性，如伏羲所畫的八卦，用最簡單的線條結構組合表現了宇宙無窮的變化。中國畫的創作者用流動的線紋表現創作者的情意，通過用筆時線條的強弱、疾徐、動靜、疏密等來構成形象，賦予形象生命，線條

〔註59〕宗白華：《宗白華全集》（第2卷）〔M〕，合肥：安徽教育出版社，2016，45頁，《介紹兩本關於中國畫學的書並論中國的繪畫》，原刊登於《圖書評論》第1卷第2期，1932年10月1日出版。

〔註60〕宗白華：《宗白華全集》（第2卷）〔M〕，合肥：安徽教育出版社，2008：第438頁。

〔註61〕宗白華：《宗白華全集》（第2卷）〔M〕，合肥：安徽教育出版社，2008：第337頁。

〔註62〕宗白華：《宗白華全集》（第2卷）〔M〕，合肥：安徽教育出版社，2016，第49頁，《徐悲鴻與中國繪畫》，原載《國風》1932年第4期。

〔註63〕宗白華：《宗白華全集》（第2卷）〔M〕，合肥：安徽教育出版社，2008：第278頁。

與畫家的感情融合在一起，中國畫的線條蘊涵著畫家的情感，不同的畫家具有不同的線條風格。中國古代的畫宗顧愷之（其多以宗教主題作畫）、畫聖吳道子的畫都帶有非常強烈的線條意味，並且各有特色，宗白華稱「顧愷之是中國線畫的祖師……吳道子是中國線畫的創造天才與集大成者」〔註64〕。宗白華具體論到「顧愷之的畫全從漢畫脫胎，以線紋流動之美組織人物衣褶，構成全幅生動的畫面」〔註65〕，顧愷之的畫筆跡緊勁連綿，如春蠶吐絲，春雲浮空，流水行地，皆出自然，人們一般將他畫中線條的風格稱為高古「游絲描」，顧愷之著色時常常以濃色微加點綴，不求藻飾，善於用睿智的眼光來審察題材，對人物性格加以提煉，其畫作具有很高的耐人尋味的思想深度；而唐代的吳道子的畫打破了長期以來沿襲顧愷之的游絲線描法，開創了「蘭葉描」，其用筆講究起伏變化，注重內在精神力量，吳道子創作之時，常常處於一種高度興奮與緊張狀態，其作品很有點表現主義味道，宗白華稱吳道子是中國線畫的天才，其畫法也被稱為「吳帶當風」，不乏實像的描摹，突出表現氣韻生動。另外，宗白華還舉出中國現存最早的帛畫《人物夔鳳圖》〔註66〕為例，它於 1949 年出土於長沙，是一件晚周時代的作品，作品內容是一女子與空中的鳳與夔，這一幅很好地表現了戰國時代精神、含義神秘豐富的畫正是由線條組成的。「中國畫則一方著重眸子的傳神，另一方則在衣褶的飄灑流動中，以各式線紋的描法表現各種性格與生命姿態」〔註67〕，宗白華這樣總結衣褶線條在中國畫中的重要表達生

〔註64〕宗白華：《宗白華全集》（二），安徽教育出版社，2016，第 116 頁，《論素描》，1935 年寫於南京。

〔註65〕宗白華：《宗白華全集》（二），安徽教育出版社，2016，第 102 頁，《論中西畫法的淵源與基礎》。

〔註66〕《人物夔鳳圖》，這是 1949 年在湖南省長沙楚墓中出土的。高約 28 釐米，寬約 20 釐米。圖中畫一位婦女，側面有很細的腰，顯得十分苗條，面向左邊站立著，寬鬆的領袖，長長的裙子。婦人的兩手向前伸出，彎曲向上，十指併攏，作合掌狀；她頭的上部左面，是飛躍著的一鳳一夔（傳說中的獨腳獸）。有人解釋說，鳳象徵善，夔象徵惡，鳳與夔正在很劇烈地鬥爭，並且看得出是鳳處於優勢，而這個婦女正在祝禱著鳳的勝利。也有許多專家作了另外的解釋，說那時候的人們無法解釋自然和人生，相信人死了之後他的靈魂可以升到天上。畫中所表達的正是這一鳳一夔引導著這位已死去的婦女的靈魂飛上天去。也有的人說，這個婦女是巫婆，她正在為已死去的人祝福。

〔註67〕宗白華：《宗白華全集》（二），安徽教育出版社，2016，第 102 頁，《論中西畫法的淵源與基礎》。

命的作用。宗白華將整個畫幅中線紋的組合所反映的韻律比喻成一首交響樂，每一根線都如一個音符那樣，「有獨立的意義與表現，以參加全體點線音樂的交響曲。」〔註68〕

宗白華認為中國畫以空白為畫幅的基底、注重<u>留白</u>，為的就是表現無盡的虛空，空白指代的是無窮的宇宙，中國畫即使空也不乏一種天地山川的迴腸盪氣。這是由於心底的宇宙觀直接影響了實際的技巧實踐，中國哲學是虛實結合，只有虛實結合才能形成更大的空間，中國哲學中的虛、白等並不是什麼都沒有，虛無都是從其中見出有，禪宗的空不是什麼也沒有，是空中見有，使人獲得一種新的自由。這空白既是老子所說的「無」，也是莊子所說方的「道的吉祥之光」〔註69〕，也是蘇軾所說納萬境之空。如八大山人只用畫一條生動的魚在紙上，別無他物，人們也會感覺到滿幅的水；「石濤畫幾筆蘭葉，也覺周圍是空氣日光，春風嫋嫋」〔註70〕；又如南宋畫家馬遠的繪畫僅畫一角，空中見實、無中見有，通過實帶出有，反而讓人們在「空」之中覺得更有餘意。宗白華對比指出西方油畫創作的第一步是用顏料塗抹出畫底，這樣就將表現之物侷限在固定的空間裏，而中國畫用留白將畫幅上的內容與茫茫宇宙接通，因為「空白在畫的整個意境上並不是真空，乃正是宇宙靈氣往來，生命流動之處」〔註71〕，因此中國畫呈現的山水宛若原始的自然、寂靜無邊的宇宙，「純然一塊自然本體、自然生命」〔註72〕。從西洋畫創作的第一步：畫布上的背景處理（一定先用某種底色對畫布進行塗抹），就已經把畫面填滿。基底上的形象會得到盡可能的特寫，在小說中、繪畫中、音樂中等形象也是受到極大特寫。西方的繪畫不留白和特

〔註68〕宗白華：《宗白華全集》（二），安徽教育出版社，2016，第 106 頁，《論中西畫法的淵源與基礎》。

〔註69〕宗白華：《宗白華全集》（第 2 卷）〔M〕，合肥：安徽教育出版社，2008：第 438 頁。

〔註70〕宗白華：《宗白華全集》（第 2 卷）〔M〕，合肥：安徽教育出版社，2008：第 438 頁。

〔註71〕宗白華：《宗白華全集》（第 2 卷）〔M〕，合肥：安徽教育出版社，2016，45 頁，《介紹兩本關於中國畫學的書並論中國的繪畫》，原刊登於《圖書評論》第 1 卷第 2 期，1932 年 10 月 1 日出版。

〔註72〕宗白華：《宗白華全集》（第 2 卷）〔M〕，合肥：安徽教育出版社，2016，45 頁，《介紹兩本關於中國畫學的書並論中國的繪畫》，原刊登於《圖書評論》第 1 卷第 2 期，1932 年 10 月 1 日出版。

寫的特徵是他們的哲學觀念產生的，西方人傾向於把世界理解為對象化的實用〔註 73〕。

　　宗白華分析中國畫上總不乏點綴空亭的意義，他認為空亭是「山川靈氣動盪吐納的交點和山川精神聚積的處所」〔註 74〕，像彷彿是畫幅上的一個結點，一個控制全幅節奏的樞機，整個景色的「眼」，起到點景提神的作用。空亭的存在會讓觀畫者產生一種進入畫中，坐入亭中的渴望，於是一種心曠神怡的感覺，山間清新的微風，山雀的鳴叫，彷彿就在耳邊眼前，宗白華借張宣在《溪亭山色圖》中的題畫詩：「『江山無限景，都聚一亭中』，唯道集虛」，亭子正是因為其中一個通透的空間而納無限風景。另外，亭子是一種人造的空間，亭子的存在是與人的活動緊密聯繫的，是遼闊山河之中的人氣，是自然生命與人的生命的結合點。亭子還能夠很好地幫助畫家畫出層次，極小的亭子代表著其處於極遠處，大的亭則才感覺近在咫尺，有了遠近的標識，就有了空間的層次。

　　宗白華認為中國藝術以繪畫為代表，表現出了一種節奏化、音樂化了的空間意識。在《中國詩畫中所表現出的空間意識》一文中宗白華談到：「我們的空間意識不是埃及的直線通道，不是希臘的立體雕像，也不是歐洲近人的無盡空間……我們的宇宙是時間率領著空間，因而成就了節奏化、音樂化了的『時空合一體』。」〔註 75〕相比較西方繪畫中所呈現出來的透視的、立體的空間，中國的畫境是一種「靈的空間」〔註 76〕，即不站在一個固定點觀看，

〔註 73〕與中國「天人合一」的追求不一樣，西方這種將自然「對象化」的傾向從西方文化源頭之一的希伯來文化的經典《聖經》中就能夠找到端倪，如《舊約》中明確寫過「我（上帝）要按照我的形象，按照我的模樣造人，讓他們統治海裏的魚、空中鳥、地上的牲畜，以及整個大地和大地上的一切爬蟲。」而這種思想在後來又被很多次得到重申或者放大，如康德有言「人是大自然的終極之物，人就是世界上創造的終極目的。植物王國是為了動物王國而存在的，吃草動物是為了吃肉動物而存在的，而這一切都是為了人而存在的。」拉伯雷「人一被安排在這個世界上就享有無可爭議的權利和資格，來受用一切的果實和蔬菜……人為了維持他原始的權利和特權，繼續他對包括植物、動物在內的一切支配和統治……」。

〔註 74〕宗白華：《宗白華全集》，（第 2 卷）〔M〕，合肥：安徽教育出版社，2016，第336 頁，《中國詩畫中所表現的空間意識》。

〔註 75〕宗白華：《宗白華全集》，（第 2 卷）〔M〕，合肥：安徽教育出版社，2016，第422 頁，《中國詩畫中所表現的空間意識》。

〔註 76〕宗白華：《宗白華全集》，（第 2 卷）〔M〕，合肥：安徽教育出版社，2016，第144 頁，《中國書法中所表現的空間意識》。

而是用「用心靈的眼，籠罩全景，從全體來看部分，『以大觀小』。把全部景界組織成一幅氣韻生動、有節奏有和諧的藝術畫面……這畫面上的空間組織，是受著畫中全部節奏及表情所支配」〔註77〕。宗白華認為「中國人最根本的宇宙觀是《周易傳》上所說的『一陰一陽之謂道』。我們畫面的空間感也憑藉一虛一實、一明一暗的流動節奏表達出來。」〔註78〕中國畫這樣節奏化、音樂化的空間源於中國思想重要的「虛空」觀念，「虛空」是中國時空觀中的一個重要觀念，「虛空」包含著時間和空間兩個方面。萬象皆從虛空中來，向虛空中去，「道」納萬物於「虛空」，體現著空間屬性；「萬物」在「虛空」中流轉，擁有一種生命的動態，體現著則是「道」的時間屬性。「虛空」是時間與空間和諧與統一，是宇宙生命的律動，「中國人感到這宇宙的深處是無形無色的虛空，而社虛空卻是萬物的源泉，萬物的根本，是生生不已的創造力」〔註79〕。中國傳統思想中的「虛空」跟西方近現代興的虛無主義有著本質的區別，虛無主義 Nihilism 這個詞最早來源於拉丁語中的 nihil，意為「什麼都沒有」，虛無主義認為世界，特別是人類的存在沒有意義，從根本上恰跟中國思想的「虛空」相反。

宗白華認為中國繪畫始終以<u>生命的律動</u>（即「氣韻生動」）為對象，尤其是宋元山水畫，是作畫者心靈與自然的合一，是天人合一精神的傳達，欣賞這些繪畫是瞭解中國文人心靈重要的源泉。宗白華稱「氣韻生動」不僅是評價繪畫的重要標準，同時也是繪畫應該追求的最高目標和需要努力達到的最高境界。中國美學是自然主義和人格主義的結合，中國文藝中的生命有兩方面的來源，一是源於天地宇宙間的生氣，二是來自藝術家個體的生命、歷程、經歷、個性，宗白華創造性地將天地宇宙的大化流行與人的內在生命過程融入對藝術的觀照中，在中國文化的傳統下，作為自然一部分的、並且處於其中的人是「看」不到自然的，只能用去心去體悟，去感受自然所給的啟示。宗白華將「氣韻生動」解釋為「不停留在對象形象和顏色之上而進一步表達出形象內部生命的要

〔註77〕宗白華：《宗白華全集》，（第 2 卷）〔M〕，合肥：安徽教育出版社，2016，第421 頁，《中國詩畫中所表現的空間意識》。

〔註78〕宗白華：《宗白華全集》，（第 2 卷）〔M〕，合肥：安徽教育出版社，2016，第434 頁，《中國詩畫中所表現的空間意識》。

〔註79〕宗白華：《宗白華全集》，（第 2 卷）〔M〕，合肥：安徽教育出版社，2016，45頁，《介紹兩本關於中國畫學的書並論中國的繪畫》，原刊登於《圖書評論》第 1 卷第 2 期，1932 年 10 月 1 日出版。

求」〔註80〕宗白華認為中國畫中的點點花色、二三水鳥，啟示著無限的生機，因為借助這有限探尋得了無限的奧秘，因此「他的態度是悠然意遠而又怡然自足的。他是超脫的，但又不是出世的。他的畫是講求空靈的，但又是極寫實的」〔註81〕，文人們的畫幅透露著他們的心聲，在入世中也能解脫，大隱隱於世，便是中國文人知識分子的一貫追求。宗白華對隋唐畫家展子虔的《遊春圖》作了高度讚揚，指出其出拔之處就是在於「他抓住人物的內在生命，表現出山川的全面景象和這景象裏的流動氣氛——春」〔註82〕。宗白華又以明代徐渭的《驢背吟詩圖》為例，說明其畫面給人的那種驢蹄行進的聲音與節奏感就是最好的氣韻生動的代表，畫也帶有了音樂感和律動感，生命活現在紙上〔註83〕。宗白華用中國繪畫物我交融對比了西洋畫法的境界，認為西洋本法重寫實，表現的是一種物我對立的境況，如代表希臘文化生活中心的神殿莊嚴質樸，表現著西方藝術對和諧、勻稱、整齊、靜穆的無尚追求。「『模仿自然』和『形式美』，即和諧、比例等，卻係佔據西洋美學思想發展中心的二大中心問題……至近代『浮士德精神』的發展，美學與藝術理論中乃產生『生命表現』及『情感移入』等問題」〔註84〕，也就是說將情感與人的精神灌注入藝術在西方藝術史中是近代西方才發生的事，這與中國藝術是伴生命而生的不一樣。

宗白華指出中國繪畫尚簡，寥寥數筆也無不寓有渾沌宇宙之理，無不存有盎然生命。中國畫者認為簡才能有虛空，虛實結合才會有生命的流動。宗白華引用〔註85〕清代畫家惲格（南田）的「畫以簡為尚。簡之入微，則洗盡塵滓，

〔註80〕宗白華：《宗白華全集》（第3卷）〔M〕，合肥：安徽教育出版社，2016，第465頁，《中國美學史中重要問題的初步探索》講稿中，這是作者在1963年為北京大學哲學系、文系高年級學生開設的中國美學史講座的講稿，由葉朗整理。後經宗白華先生審校，校正內容由宗先生女兒宗福紫女士提供。原載《文藝論叢》，1979年第6輯。

〔註81〕宗白華：《宗白華全集》（第2卷）〔M〕，合肥：安徽教育出版社，2016，46頁，《介紹兩本關於中國畫學的書並論中國的繪畫》，原刊登於《圖書評論》第1卷第2期，1932年10月1日出版。

〔註82〕宗白華：《宗白華全集》（第3卷）〔M〕，合肥：安徽教育出版社，2016，第279頁，《論〈遊春圖〉》，原刊登於《人民畫報》1958年第3期。

〔註83〕宗白華：《宗白華全集》（第3卷）〔M〕，合肥：安徽教育出版社，2016，第279頁，《論〈遊春圖〉》，原刊登於《人民畫報》1958年第3期。

〔註84〕宗白華：《宗白華全集》（二），安徽教育出版社，2016，第103頁，《論中西畫法的淵源與基礎》。

〔註85〕宗白華：《宗白華全集》（二），安徽教育出版社，2016，第102頁，《論中西畫法的淵源與基礎》。

獨存孤迥。」言惲南田畫論中的「荒天古木」的體會與元人山水畫的簡淡之畫境是中國藝術境界的最高成就,「元人幽淡的境界背後,仍潛隱著一種宇宙豪情」〔註86〕,中國畫的「簡」是形象上的簡練,但不是意象上的空缺,中國畫常常在寥寥數筆當中表現出自然宇宙的無限,徐悲鴻認為簡練是中國畫高造詣的表現「傑作最現性格處在練。練則簡。簡則無乎華貴,為藝術之極則矣」〔註87〕。宗白華最為稱道家徐悲鴻,也是因為徐悲鴻的畫作在簡練靜穆中體現出個性的真趣和生命力的流動。宗白華也認為簡練是中國畫所要追求的最高境界,因為簡所指向的是那唯一的生命原理,簡練指向的是宇宙最高的法則,如同老子所說的大象無形,大音希聲,中國畫的空寂之中生機流動,鳶飛魚躍。西方藝術很多流派甚至呈現出一種「過分審美化」的傾向,如於 18 世紀 20 年代法國宮廷的過分繁複、精緻的「洛可可風」,當人們佇立於「洛可可風」的殿堂或者廟宇內部(如凡爾賽宮)的時候,那充斥了所有角落的裝飾——甚至天花板的每一角落都被塗抹得金光閃閃、被擁擠的人物或者器物形象填塞,這樣過分的「實」和「有」會產生一種令人窒息的壓抑感。這樣的時候我們才意識到「留白」的美妙和空曠感、自由感,方才領悟到中國藝術的一點桃花,兩三點飛燕才是無限自然和無盡宇宙的啟示,因此簡不僅是宇宙生命之表象,還為中國繪畫所達到的最高境界。美國當代藝術批評家阿瑟・丹托提醒人們「美的濫用」,他指出現當代的生活已經有了美的濫用的表徵——生活無處不美,商場的各個角落是精緻的,街道是精心設計的,人們的居所令人賞心悅目,甚至人的臉和身材都是按「美」的模板和標準改動過的……他指出藝術不應該跟這樣過分審美化的現實生活同流合污,而應該主動警惕這美的濫用,因為美的濫用背後是人們的審美趣味日益受到資本的操控。

宗白華比較得出中國畫注重寫意,而西方繪畫重寫實,中國以黑墨寫於白紙或絹,其精神在抽象,中國畫寥寥數筆便具有豐富的暗示力與象徵作用,超脫而渾厚。宗白華指出中國繪畫的發展經歷了從寫實到寫意的變遷過程,「中國古代繪畫,實先由形似之極致,而超人神奇之妙境也」〔註88〕,而中國畫發

〔註86〕宗白華:《宗白華全集》(二),安徽教育出版社,2016,第 349 頁,《論文藝的空靈與充實》。

〔註87〕宗白華:《宗白華全集》(第 2 卷)〔M〕,合肥:安徽教育出版社,2016,第50 頁,《徐悲鴻與中國繪畫》,原載《國風》1932 年第 4 期。

〔註88〕宗白華:《宗白華全集》(第 2 卷)〔M〕,合肥:安徽教育出版社,2016,第51 頁,《徐悲鴻與中國繪畫》,原載《國風》1932 年第 4 期。

展到水墨階段之後，不再追求外形的肖似，而重視畫者心靈所直接領悟的物態天趣，旨在表達畫者心中的韻律，追求造化與心源的一種結合，「外師造化，中得心源」是中國畫的最高追求。因為文人們是「借筆墨的飛舞，寫胸中的逸氣（即自由的超脫的心靈節奏）」〔註89〕，目的是表達內心的情感，並不是真的要客觀描摹對象，「他的精神與著重點在全幅的節奏生命而不沾滯於個體形象的刻畫」〔註90〕，畫者是通過畫筆來使胸中的氣韻一瀉千里，紙上之呈現如同其心意的起伏，他揮灑筆墨的過程像舞蹈的瀟灑自如，筆在紙上行走的節奏如同音樂的律動。宗白華認為正是因為不追求形似，下筆才能不受牽絆，畫者才能有抒發情感的空間和餘地。宗白華指出中國繪畫的這種寫意風格也被評論家們認為是「反對謹細的美感標準」〔註91〕，唾棄瑣屑和雕琢，寥寥數筆就把對象的真精神表現出來，宗白華讚揚這是中國藝術上的一個重要的造詣和成就，這也被宗白華稱為「壯美，不謹細作風」〔註92〕。「中國樂教失傳，詩人不能絃歌，乃將心靈的情韻表現於書法、畫法」〔註93〕，依託於流動線條的中國書畫就是文人們用無聲勝有聲的方式詠出的心中旋律。宗白華認為西洋繪畫主要採用反映現實的色彩及透視法來力求表現真實〔註94〕，因此模仿是西洋畫占統治地位的主流呈現方式；而中國畫利用筆墨濃淡的變化，實筆與留白的配合來傳達人的心境情緒與宇宙空間的感受，「借筆墨的飛舞，寫胸中之逸氣」〔註95〕。

〔註89〕 宗白華：《宗白華全集》（二），安徽教育出版社，2016，第100頁，《論中西畫法的淵源與基礎》。

〔註90〕 宗白華：《宗白華全集》（二），安徽教育出版社，2016，第100頁，《論中西畫法的淵源與基礎》。

〔註91〕 宗白華：《宗白華全集》（二），安徽教育出版社，2016，第458頁。

〔註92〕 宗白華：《宗白華全集》（第3卷）〔M〕，合肥：安徽教育出版社，2008：第248頁，《古代畫論大意》。

〔註93〕 宗白華：《宗白華全集》（二），安徽教育出版社，2016，第102頁，《論中西畫法的淵源與基礎》。

〔註94〕 關於「透視法」表現真實這一點，透視表現的其實是視覺經驗裏的「真」，而非具體存在的真，就如埃及的畫法跟透視法區別也很大，但埃及的繪畫表現的是一種「理解中的真」，「理解的真」指的是事物最有特徵的方面，將最有特徵的方面揭示表現出來，如埃及畫中對眼睛的刻畫都是其正面看的樣子，對臉的刻畫往往是側面。「透視法」在西方出現之前，藝術表現的是實際中的真實，如古希臘羅馬雕塑努力將人體的每一塊肌肉都刻畫出來，因為他們相信藝術是人們認識這個世界的媒介，基於這一點，有人將古希臘羅馬的美學稱為客觀美學。

〔註95〕 宗白華：《宗白華全集》（第2卷）〔M〕，合肥：安徽教育出版社，2016，第100頁，《論中西畫法的淵源》，原載中央大學《文藝叢刊》第1卷，第2期，1934年10月出版。

不同於西洋畫的「透視法」，中國繪畫的布局遵循「平遠、深遠、高遠」原則。因此中國繪畫也有其不同於西洋畫的欣賞方法，西洋繪畫是觀者從一固定的角度觀察描摹的對象，似乎有一束光從觀者的固定的視點投射出來。而欣賞中國繪畫時，要求的是觀者用心靈的眼睛，暢遊太虛，籠罩全景，從整體上體會對象內在的生命節奏。

　　宗白華指出從唐代王維起，水墨興起，因為從此時期起，文人們間接受印度傳來暈染法之影響，用黑白墨色變化表現明暗遠近，開始具有了反色彩主義傾向。中國人認為用色太多則會模糊形象特點，用色只應烘托出形象，以墨骨為主，色彩不能喧賓奪主。中國畫重視的是筆劃，而非色彩的鋪陳，因為水墨畫關注的是世界背後的意義，而不是世界外在的形式。墨分五彩，分陰陽，中國寫意畫中的「潑墨」實為豐沛生命力的揮灑。宗白華認為「中國畫運用筆勾的線紋及墨色的濃淡直接表達生命情調，透入物象的核心，其精神很簡淡幽微」〔註96〕，不同於西方油畫那樣用豔麗的色彩著重表達對象的真實，中國畫簡約的墨色變化卻起到了抓大放小、直擊所描畫對象靈魂的作用，往往能夠在最不似之處反而最為得神，宗白華認為水墨像無聲的音樂，剝落了所有的障目「直取生命」〔註97〕，直接表現的是最真的生命本象。宗白華認為中國畫是一種「筆墨之舞」，是畫家的人格與情志通過筆墨在宣紙這平面空間上的展開：「中國畫家解衣盤礴，任意揮灑。他的精神與著重點在全幅的節奏生命而不沾滯於個體形相的刻畫。畫家用筆墨的濃淡，點線的交錯，明暗虛實的互映，形體氣勢的開合，譜成一幅如音樂如舞蹈的圖案。物體形象固宛然在目，然而飛動搖曳，似真似幻，完全溶解渾化在筆墨點線的互流交錯之中！」〔註98〕宗白華將西方繪畫比喻為「色彩的詩」〔註99〕，西方畫家甚至各具個性化的色調，他們用色調來表現情緒以及眼前世界的狀態；中國畫通過筆法調節墨氣而取所表現之物的骨相神態，內表繪畫者的心靈。宗

〔註96〕宗白華：《宗白華全集》（二），安徽教育出版社，2016，第102頁，《論中西畫法的淵源與基礎》。

〔註97〕老子：五色令人目盲，五音令人耳聾。

〔註98〕宗白華：《宗白華全集》（第2卷）〔M〕，合肥：安徽教育出版社，2016，第100頁，《論中西畫法的淵源》，原載中央大學《文藝叢刊》第1卷，第2期，1934年10月出版。

〔註99〕宗白華：《宗白華全集》（二），安徽教育出版社，2016，第106頁，《論中西畫法的淵源與基礎》。

白華認為中國繪畫的輕煙淡靄「符合中國心靈蓬鬆瀟灑的意境」〔註100〕，山水
畫中的荒寒寥落之感則表現出一種心襟超脫的最高境界，因為徹悟了生命之
道，表現出了一種無人自足的宇宙荒涼，達到了一種超脫的理想之境。自從文
人畫興起後，中國山水畫不去刻畫具體的形象，而是用抽象的筆墨表達畫者內
心的情調，這從根本上與中國藝術追求的大道至簡〔註101〕、追求生出無限的
一與空，是相通的。有觀點認為寫意繪畫和書法中的水墨特質與佛教的追求有
內在的一致性，表達的是修行之人的心性，筆墨能夠很好地表現對現世的超越
和對來世的嚮往，白象徵的生命的初始、終結和循環往復，更具有一種抽象後
的哲學深度。宗白華在讚揚中國筆墨情韻的同時，也鼓勵中國畫的色彩復興，
指出「中國畫此後的道路，不但須恢復我國傳統運筆線紋之美及其偉大的表現
力，尤當傾心注目於彩色流韻的真景，創造濃麗清新的色相世界。」〔註102〕

　　在繪畫創作主體的要求方面，宗白華認為相對於西方重視模仿之「技」，
中國文人畫重視個性，「而個性之培養，以學問道德為根基，而不把技術放在
首要」〔註103〕。宗白華稱「中國真正的文人畫傳統，是首先注意人格高尚的
修養，心靈生活的充實，不求名利，只以藝術為人格的表現和對自然的崇敬」
〔註104〕，中國文人畫對創作者的人格修養和境界有很高的要求，要求創作者
有充實超逸的心境，有「虛靜」的心境與「澡雪」的精神，對自然有無窮的情
感與崇敬，這是畫作的「心源」，一切美其實都可以視為充實自由心靈的投
射。藝術家以虛靜的心胸欣賞萬物，返回自己內部的宇宙，使外部的宇宙生
命與自我的生命得到接通滌蕩，物我同一，最後物我兩忘。唐代畫家張璪的
「外師造化，中得心源」被宗白華稱為「指示了我理解中國先民藝術的道路」
〔註105〕，其指美與美術的源泉是人類最深心靈與他的環境世界接觸相感時的
波動。宗白華寫到將自己的美學論文結集以《意境》的書名出版，就是仿造
張璪的畫論《繪境》的之「境」，這源於宗白華對張璪畫論、尤其是「外師造

〔註100〕宗白華：《宗白華全集》（二），安徽教育出版社，2016，第110頁，《論中西
　　　　畫法的淵源與基礎》。
〔註101〕老子：為道日損，損之又損，以至於無為；無為而無不為。
〔註102〕宗白華：《宗白華全集》（二），安徽教育出版社，2016，第112頁，《論中西
　　　　畫法的淵源與基礎》。
〔註103〕宗白華：《宗白華全集》（第3卷）〔M〕，合肥：安徽教育出版社，2008：第
　　　　248頁，《古代畫論大意》。
〔註104〕宗白華：《宗白華全集》（二），安徽教育出版社，2016，第339頁。
〔註105〕宗白華：《美學與意境》，人民出版社，1987，第2頁。

化，中得心源」的尊崇。各個美術有它特殊的宇宙觀與人生情緒為最深基礎，「心」指的則是畫家個體的生命和內在的心靈世界，如清代詩畫家錢籜石有「心中空洞無一物，筆與造化相淋漓」〔註106〕，因此在宗白華看來中國的文人畫「使中國的山水、花鳥為世界第一流的，最有心靈價值的藝術」〔註107〕。宗白華還多次引用莊子中「解衣槃礴」的故事來讚美藝術創作者的不拘禮法的解放胸襟，這樣創作出來的藝術才會有恢宏的氣勢。創作者的個性、學識的淵厚、道德水平的高妙，往往被放到比藝術的技藝更重要的位置。

　　宗白華認為敦煌壁畫是獨立於中國傳統繪畫系統之外的一個特殊類型，由於受到西域的影響，它們跟靜謐無窮的中國水墨畫不同，展現的是一種熱烈活潑，色彩絢爛的生動具體境界。敦煌壁畫的藝人們沒有中國傳統禮教之束縛，熱力四射，充滿幻想，畫面上的一切都飛動奔放，虎虎有生氣，宗白華認為這一切都表現出古人原始的感覺和內心的迸發，渾樸且天真。如宗白華尤其喜歡敦煌壁畫中很多生動而具有神魔性的動物畫，「我們從一些奇禽異獸的潑辣的表現裏透進了世界生命的原始境界。」〔註108〕不止是敦煌壁畫，張彥遠就主張藝術要有生氣，宗白華對「生氣」進行了精妙的總結：「生氣就是一種潑辣，粗壯，驃悍，超脫，沉鬱頓挫，酣暢淋漓，又富有生命力的美」〔註109〕，這是宗白華生命美學理論的又一鮮活闡釋，他在同一篇文章中又再次提到這種生命力就是「骨法用筆」抓住的要點〔註110〕，宗白華認為只有藝術家在抓住了對象的真精神之後，才能使表現對象充滿生氣。另外，宗白華指出敦煌藝術的特別之處在於「它的對象以人物為中心，在這方面與希臘相似」〔註111〕，不僅人佔據如此中心的位置，而且敦煌人像的重大特點在於「全是在飛騰的舞姿中（連立像、坐像的軀體也是在扭曲的舞姿中），人像的著重點

〔註106〕見於其《籜石齋集》。
〔註107〕宗白華：《宗白華全集》（二），安徽教育出版社，2016，第339頁。
〔註108〕宗白華：《宗白華全集》（第2卷）〔M〕，合肥：安徽教育出版社，2016，第418頁，《略談敦煌藝術的意義與價值》，原載於上海《觀察》週刊，第5卷第4期，1948年。
〔註109〕宗白華：《宗白華全集》（二），安徽教育出版社，2016，第444頁，《張彥遠及其〈歷代名畫記〉》。
〔註110〕宗白華：《宗白華全集》（二），安徽教育出版社，2016，第457頁，《張彥遠及其〈歷代名畫記〉》。
〔註111〕宗白華：《宗白華全集》（第2卷）〔M〕，合肥：安徽教育出版社，2016，第418頁，《略談敦煌藝術的意義與價值》，原載於上海《觀察》週刊，第5卷第4期，1948年。

不在體積而在那克服了地心吸力的飛動旋律」〔註112〕。另外宗白華指出「敦煌的意境是音樂意味的，全以音樂舞蹈為基本情調，《西方淨土變》的天空中還飛躍著各式樂器呢。」〔註113〕這相比於中國畫普遍的「深沉靜默」境界，敦煌壁畫則是無盡的飛動。宗白華高度讚美敦煌藝術的地位，稱「敦煌真正是東方最偉大的藝術寶庫，我們要保護它，使它成為中國藝術復興的發源地，只有這高華境界的啟示，才能重振衰退的民族心靈」〔註114〕。

　　總之，繪畫是宗白華進行中西比較研究的初始，正是從繪畫起，宗白華試圖尋找出中國藝術、中國文化的美麗精神、與眾不同的個性。宗白華通過中國繪畫所呈現出來不同於西方繪畫透視法立體構造的空間感，論述了中國人時空合一的宇宙觀，繪畫正好表現出中國人以大觀小〔註115〕、萬物皆備於我和俯仰宇宙的宇宙觀，由特定的宇宙觀，中國畫具有了尚簡、注重留白等個性。宗白華總結了中國繪畫不同於西方團塊特徵的線條流動性特徵，這線條性流動性、充滿生命律動的特點也同樣適用於中國其他的傳統藝術如雕塑、書法、舞蹈、音樂、建築等，基於線條的流動性，中國繪畫也就具備有氣韻生動的特點和追求。比較於西方藝術對自然的模仿，要求逼真寫實，中國繪畫則注重畫者生命情感的表達，因此具有寫意的特徵……繪畫作為中國藝術的突出代表，已經將中國藝術的個性精神明確地表達了出來。

二、中國書法所崇尚的生命風骨

　　宗白華認為中國書法是中華民族特有的極具情感表現力的藝術形式，「中國的書法，不像其他民族的文字，停留在作為符號的階段，而是走上藝術美的方向，而成為表達民族美感的工具」〔註116〕。宗白華高度贊同清代梁巘在

〔註112〕宗白華：《宗白華全集》（第 2 卷）〔M〕，合肥：安徽教育出版社，2016，第418 頁，《略談敦煌藝術的意義與價值》，原載於上海《觀察》週刊，第 5 卷第 4 期，1948 年。

〔註113〕宗白華：《宗白華全集》（第 2 卷）〔M〕，合肥：安徽教育出版社，2016，第419 頁，《略談敦煌藝術的意義與價值》，原載於上海《觀察》週刊，第 5 卷第 4 期，1948 年。

〔註114〕宗白華：《宗白華全集》（第 2 卷）〔M〕，合肥：安徽教育出版社，2016，第399 頁。

〔註115〕宗白華指出這是宋朝思想家沈括在《夢溪筆談》中所提出，見於全集第二卷第 473 頁《中國古代時空意識特點》。

〔註116〕宗白華：《宗白華全集》（第 3 卷）〔M〕，合肥：安徽教育出版社，2016，第611 頁，《中國書法藝術的性質》，約寫於 1983 年。

《評書貼》中提到的「晉尚韻，唐尚法，宋尚意，元明尚態」，認為書法表現著一個民族、一個階級在不同的時代和社會條件裏對生活的不同體會和不同的世界觀。正是由於漢字本身象形的特徵和歷代書家們努力的創作，使得包含生命情緒的漢字能夠成為一門藝術。書法能夠能表現人格，創造意境，通於音樂的韻律和舞蹈的飛動，他稱「書法為中國特有之高級藝術：以抽象之筆墨表現極具體之人格風度及個性情感，而其美有如音樂……筆之運用，存於一心，通於腕指，為人格個性直接表現之樞紐」〔註117〕。宗白華把中國書法藝術的性質規定為生命的表達，這是他對中國書法藝術的獨特體認。

宗白華指出，中國每一時代都有其對應的書體「表現那時代的生命情調與文化精神。我們幾乎可以從中國書法風格的變遷來劃分中國藝術史的時期，像西洋藝術史依據建築風格的變遷來劃分一樣。」〔註118〕宗白華認為因為中國樂教衰落，書法成為了代表各時代精神的中心藝術。中國書法的書體流變大致脈絡為：先秦時期的甲骨文、金文、大篆、小篆、隸書，至東漢魏晉時期的草書、楷書、行書。西方建築風格的流變大致脈絡為羅馬式、哥特式、巴洛克式、古典主義、新古典主義、現代主義、後現代主義。「中國古代樂教衰落，還幸喜有普遍於社會的寫字藝術來表現各人的及時代的情調韻律，各種微妙的境界。漢代邊疆小吏的木簡，六朝隋唐普通人的寫經，都有韻味，有表現，都是深厚樸實的藝術。我們窺見那是『力』和『美』的結晶，是充實的韻律生活的自然流露。」〔註119〕當我們想窺見某一歷史朝代人們的生活情調與藝術風格時，便可以找出那時代具有代表性的書法作品，從中體會。也正由於此，宗白華大力倡導音樂和書法教育，尤其是代表了中國民族特色藝術的書法。

宗白華認為書法的每一個字都是一個佔據一定空間的「生命單位」〔註120〕，

〔註117〕 宗白華：《宗白華全集》（第2卷）〔M〕，合肥：安徽教育出版社，2016，第49頁，《徐悲鴻與中國繪畫》，原載《國風》1932年第4期。

〔註118〕 宗白華：《宗白華全集》（第2卷）〔M〕，合肥：安徽教育出版社，2016，第143頁，《中國畫法所表現的空間意識》，原載於商務印書館出版的《中國藝術論叢》，1936年，第1輯。

〔註119〕 宗白華：《宗白華全集》（第2卷），安徽教育出版社，2016，第199頁，《〈當代法國大詩人保兒·福爾〉編輯後語》，原刊於《時事新報·學燈（星期增刊）〉（渝版）第23期。

〔註120〕 宗白華：《宗白華全集》（第2卷）〔M〕，合肥：安徽教育出版社，2016，第143頁，《中國畫法所表現的空間意識》，原載於商務印書館出版的《中國藝術論叢》，1936年，第1輯。

其有筋有骨有血有肉。他說「中國字若寫得好，用筆得法，就成為一個有生命有空間立體味的藝術品……這一幅字就是生命之流，一回舞蹈，一曲音樂。」〔註121〕中國古書家主觀追求將構造、筆觸、粗細等特色跟生命軀體的骨、肉、筋、血等相對應，努力用自己的工具和技法去表現生命體的特徵。「有了骨、筋、肉、血，一個生命體誕生了」〔註122〕，如一個字在用筆方面的特色以及構造布局是否恰當適宜會直接影響其反映出來的「骨力」，「用筆中鋒，為直接表達生命，透入骨肉，墨溢而為肉的線條」〔註123〕……每一個單獨筆劃的長短、大小、疏密，不同組合部件間的連接、穿插、配合等，這都會影響人們的感觀，即中國傳統審美範疇的「風骨」，在書法領域，人們常用「險勁」、「遒健」等語形容書法中骨力，其中「顏筋柳骨」為一典範。宗白華還具體分析了「骨力」，「筆墨落紙有力、突出，從內部發揮一種力量，雖不講透視卻可以有立體感，對我們產生一種感動力量」〔註124〕，可見骨力不僅依賴於書寫者對筆墨的把握，還是書寫者內在生命力量的一種投射，即宗白華在評《歷代名畫記》中所說的「形似皆本於立意，而歸乎用筆」〔註125〕。宗白華還引用了董其昌在《畫眼》的話並且進行了詳細的解釋，「『古人論畫有云：下筆便有凹凸之形』……筆下的『點』和『線』，能以它的輕重濃淡表現出物體的生命，把握住物體的精神」。〔註126〕

　　書法通過布局來重新切分和組織空間，即使不著筆墨的空白部分也跟筆劃有著同等重要的價值，注重虛實相生。中國書法體現的空間感在宗白華看來跟西洋建築裏的結構規律一樣代表著中國人的空間感型式。書法的結構是書法家們在創作時重點考慮的問題，即書法這門視覺藝術的空間處理，每一個字筆劃與空白之間的有關係，字與字之間的關係，所有字與整張書法紙之間的關係，清代書法家鄧石如有「計白當黑」的主張，即說明了在書法藝術

〔註121〕　宗白華：《宗白華全集》（第2卷）〔M〕，合肥：安徽教育出版社，2016，第143頁，《中國畫法所表現的空間意識》，原載於商務印書館出版的《中國藝術論叢》，1936年，第1輯。

〔註122〕　宗白華：《宗白華學術文化隨筆》〔M〕，北京：中國鐵道出版社，1996，第153頁。

〔註123〕　宗白華：《宗白華全集》（第3卷）〔M〕，合肥：安徽教育出版社，2016，第381頁，《建築美學簡記》，根據宗白華約寫於1960～1961年的筆記本整理。

〔註124〕　宗白華：《意境》，〔M〕，北京：北京大學出版社，2003，第104頁。

〔註125〕　宗白華：《宗白華全集》（第2卷），安徽教育出版社，2016，第459頁。

〔註126〕　宗白華：《宗白華全集》（第2卷），安徽教育出版社，2016，第232頁。

中實處與虛空處同樣的重要作用。唐代書法家歐陽詢留下了字體結構的三十六法，如排疊、闕就、頂戴、穿插、向背、偏側等，使得書法的結構布局有如排兵佈陣一樣耐人尋味。宗白華用書聖王羲之的《蘭亭序》為例，來說明其之所以成為書法的巔峰之作，便是由於不僅每一個字都結構優美，全篇的章法布局也是前後相管領、相接應，在有主題貫穿的同時又變幻莫測，如全篇十八個「之」字每個都神態各異；從開篇第一個「永」到最末的「文」一氣貫通，瀟灑風流，將晉人對於美的理想、關於人生宇宙的思索與王羲之個人的精神風度都展現得淋漓盡致〔註127〕。

　　宗白華認為正是因為毛筆這一特殊的書寫工具使中國書法能夠表達生命的情感，宗白華說：「中國人這支筆，開始於一畫，界破了虛空，留下了筆跡，既流出人心之美，也流出萬象之美。」〔註128〕「殷朝人就有了筆，這個特殊的工具才使中國人的書法有可能成為一種世界獨特的藝術，也使中國畫有了獨特的風格。中國人的筆是把獸毛（主要用兔毛）捆縛起做成的」〔註129〕，書法的創作工具本身就是生命的載體，名滿天下的《蘭亭集序》為王羲之用鼠鬚筆創作出來的。毛筆之毛即源於動物的毛髮，一般按其質感分為軟毫、硬毫和兼毫三大類。軟毫一般由柔軟的羊毫或雞毫製成；硬毫主要由狼毫、鼠毫、兔毫等製成；兼毫主要有羊兔兼、羊狼兼兩種。製筆的動物毛髮不僅能從軟硬上影響書寫，其上的油脂狀況也會影響著墨。宿毫已存放多年，脂肪乾化，容易著墨；新毫的油脂還比較旺盛，著墨較難，但彈性會相對較好。源於不同動物毫毛的質感與彈性的不同，毛筆於是具有了極盡變化之能事，其與紙面接觸時的寬窄粗細，與紙面接觸時的快慢提按，呈現在紙面上墨水的濃淡枯潤，使得一個個被毛筆書寫出來的漢字能夠反映出書寫者不同的情緒；這在宗白華看來與音樂用強弱、高低、節奏、旋律等表達情緒和生命是一樣的，蔡邕在《九勢》中提到「惟筆軟則奇怪生焉。」〔註130〕中國的毛筆一般都把毛按短排列成圓錐狀，形成一個尖的「鋒」，這個「鋒」在長久的中國書法和繪畫中就發生了美學上的重要功能；而在西方，因為把動物的毛排

〔註127〕宗白華：《宗白華全集》（第3卷）〔M〕，合肥：安徽教育出版社，2016，第401頁，《中國書法裏的美學思想》，原刊登於《哲學研究》，1962年第1期。
〔註128〕宗白華：《美學散步》，上海人民出版社，1981，第169頁。
〔註129〕宗白華：《宗白華學術文化隨筆》〔M〕，北京：中國鐵道出版社，1996，第153頁。
〔註130〕蔡邕《九勢》：「勢來不可止，勢去不可遏，惟筆軟則奇怪生焉。」

列成平頭的形式，因此比較適用於做塊狀面積的塗抹，西方繪畫就和中國書法繪畫以「線條」為主要表達方式的性格不同。軟而有彈性的獸毛使得漢字從筆劃到組合結構都能夠變化無窮，這是硬筆所不能比的，由於毛筆的彈性，當書寫者採用中鋒行筆之時，筆的點面都在不同的平面之上，因而會呈現出立體的「骨肉」之感。毛筆與水墨、宣紙的配合，與西方的炭筆、油畫等區別，已經從藝術的物質材料層面決定了中國書法的流動不拘，變幻多端，極能用於表達人的性情和心緒，可莊整，可拙樸，可野逸，可雋秀。

　　不同的創作者通過<u>運筆</u>具體方式的不同，形成不同的書法效果，宗白華認為「筆之運用，存於一心，通於腕指，為人格個性直接表現之樞紐」〔註131〕，孫過庭《書譜》中對於書法技法的論述，主要是圍繞著「運筆」來闡釋的。「運筆」也即筆法，一直是歷代書家所熱衷探討的問題。孫過庭在總結歷代研究成果的基礎上，將運筆歸納為執、使、用、轉四個方面。「今撰執使用轉之由，以祛未悟。執謂深淺長短之類是也；使謂縱橫牽掣之類是也；轉謂鉤環盤紆之類是也；用謂點畫向背之類是也。」關於執筆，歷來並沒有形成統一的執筆標準，孫過庭也認為執筆有深淺長短的不同。「使」可理解為運筆，運筆有豎、橫、牽連、拉拽等不同方式，其中比較重要的是「提」和「按」兩種。筆鋒漸漸離開紙叫做提，筆鋒用力向下壓叫做按。提按是書法中形成力感和節奏感的重要手段。姜夔《續書譜》中說道：「一點一畫皆有三使，一波一折又有三折」。這種一波三折的起伏節奏感與提按的使用密不可分。即使是一長橫，也是起筆、收筆時較重，為「按」，中間平移部分筆鋒稍向上提起，從而形成頭尾渾厚有力、中部俊瘦秀美之感。「轉」是指書法中的轉折、迴環一類的筆劃。楷書多方筆，我們看《多寶塔碑》《玄秘塔碑》，轉折處棱角分明，剛勁有力；行草書多圓筆，字中的轉折以弧線帶過，從而造成靈動、輕盈之美。用，在這裡指點畫有揖讓向背一類的規則。就以懷素《自敘貼》中「云奔蛇走虺勢入座」中的「勢入」二字為例，「勢」字整體靠右，下面「力」字的一撇很是收斂，而「入」字一撇一捺則極其誇張。「勢」字蓄勢待發，而「入」字則如江河奔湧一瀉千里，二者相互呼應，相映成趣，使人感受到強勁的氣勢和活動的靈氣，令人歎為觀止。

　　宗白華非常精妙地論述了書法中<u>圓筆與方筆</u>與生命情調的關係。他指出

〔註131〕宗白華：《藝境》，商務印書館 2011 年，第 43 頁，《徐悲鴻與中國繪畫》，原載《國風》1932 年第 4 期。

「圓筆所表現的是雍容和厚，氣象渾穆，是一種肯定人生，愛撫世界的樂觀態度，諧和融洽的心靈……圓筆是愛自然，親近自然的精神和態度……因為自然界現實多半是圓曲線的，很少筆直的抽象線條」〔註132〕，宗白華舉例說王羲之的書法便是圓筆的代表，同時也是親切和藹，尤愛自然精神的代表，宗白華一定程度上贊同王羲之的圓筆受到了對鵝柔美彎曲的頸項之說；另外，宗白華指出「晉人書札是家人朋友間的通訊，他們用筆圓和親切……」〔註133〕他這裡的晉人既包括了王羲之王獻之等人的書信〔註134〕，也泛指他一直崇敬愛慕的晉代風流韻士。他還舉例說泰山經石峪的金剛經大字全用圓筆，充滿了一種大乘佛教救世普渡的精神。相比之下，「方筆是以嚴峻的直線折角代替柔和撫摩物之圓曲線。它的精神是抽象地超脫現實，或嚴肅地統治現實（漢代分書）。龍門造像的書體皆雄峻偉茂，是方筆之極軌。這是代表佛教全盛時代教義裏的超越精神和宗教的權威量。」〔註135〕宗白華詳細論述了不同筆鋒所具有的不同審美效果，書法創作時通過中鋒、側鋒、藏鋒、出鋒、方筆、圓筆、輕重、徐疾等不同的區別變化來表徵書寫者內心豐富的情感世界。

宗白華十分贊成「書畫同源」說，「書畫同源」是中國的一傳統認識〔註136〕，宗白華認為這既有歷史的原因也因為兩門藝術所用的工具——「筆」相同〔註137〕。歷史的原因是由於漢字最初象形，所以書寫就如同繪畫。二是因

〔註132〕宗白華：《宗白華全集》（第2卷）〔M〕，合肥：安徽教育出版社，2016，第205頁，《中國書學史》緒論及編輯後語。

〔註133〕宗白華：《宗白華全集》（第2卷）〔M〕，合肥：安徽教育出版社，2016，第205頁，《中國書學史》緒論及編輯後語。

〔註134〕如王羲之的《快雪時晴帖》、《平安帖》《行穰帖》、《胡桃貼》、《雨後貼》、《妹至帖》等，王獻之的《中秋帖》、王珣《伯遠帖》等，都是書法中的極品，同時感情真切，充滿生活真味。

〔註135〕宗白華：《宗白華全集》（第2卷）〔M〕，合肥：安徽教育出版社，2016，第205頁，《中國書學史》緒論及編輯後語。

〔註136〕關於「書畫同源」，歷來有很多說法，張彥遠在他的《歷代名畫記·敘畫之源流》提到「書畫同體而未分、書畫異名而同體」，趙希鵠有言「善書必能善畫，善畫必能書。書畫其實一事爾」，楊維楨「書與畫，一耳。士大夫畫者必工書，其畫法即書法所在。」錢杜在他的《松壺畫憶》寫到「子昂嘗謂錢舜舉曰：如何為士大夫畫？舜舉曰：隸法耳。隸者有異於描，故書畫皆曰寫，本無二也。」張岱「今見青藤諸畫，離奇超脫，蒼勁中姿媚躍出與其書法奇崛略同太宗之言為不妄矣。故昔人謂摩詰之詩，詩中有畫；摩詰之畫，畫中有詩。余亦謂青藤之書，書中有畫；青藤之畫，畫中有書。」

〔註137〕宗白華：《宗白華全集》（二），安徽教育出版社，2016，第218頁，《〈教育合理化運動發端〉等編輯後語》。

為工具之「筆」相同，並且書法和繪畫的筆法也相同，他引用西晉大書家鍾
繇的書法理論來說明：「筆跡者界也，流美者人也，非凡庸所知。見萬象皆類
之，點如山頹，摘如雨線，纖如絲毫，輕如雲霧，去者如鳴鳳之遊雲漢，來者
如遊女之入花林……」〔註138〕宗白華認為「書畫同源」的另一個原因是中國
畫與書法的題字是相生一體的，中國畫的畫幅上如果沒有題字，便是不完整
的，「借書法以點醒畫中的筆法，借詩句以襯出畫中意境」〔註139〕，字和畫
起到了相互襯托，交相輝映，將境界引向更深遠之處。宗白華認為書法不僅
是繪畫的骨幹，「書法實用中國繪畫的骨幹，各種點線皴法溶解萬象超入靈虛
妙境，而融詩心、詩境於畫景」〔註140〕，書法所表現出來的詩詞的文字境界
還能成為畫幅的靈魂，詩、書、畫是相輔相成的，這與西方雕塑、建築、油畫
之間的交互關係是類似的。宗白華指出「元明以來更有書畫合流的趨向……
『文人畫』創出一種抽象化的，心靈化的藝術。這書法化，文學化的結果使
中國畫離開了繪畫的本位，成為文人所賞玩的『墨戲』，或是所寄託的宗教——
——禪」〔註141〕。書畫本同源，亦是合流，兩者具有微妙和諧的關係，宗白華
稱二者是「姊妹藝術，同具有舞蹈性，同具有音樂性，同具有壯美性」〔註142〕。
關於「書畫同源」的問題考察，鄧以蟄堅持的是「字生於畫」〔註143〕，即認
為書法與畫的產生有一個先後的關係，甚至很多字的繪畫意味依然有保留，
鄧以蟄是從文字發生學的角度來考察「書畫同源」問題的，如書中國的書法
和繪畫有共同的源頭——河圖洛書、庖犧仰觀俯察所創「八卦」，倉頡作書史
皇作圖、六書之象形。

　　宗白華不僅認為書畫本同源，並且書法繪畫與<u>舞蹈相通</u>，都是富有韻律
的空間藝術。書法就如同筆墨之舞，蘸墨後變化無窮的毛筆在能夠暈染的宣

〔註138〕宗白華：《宗白華全集》（二），安徽教育出版社，2016，第 203 頁，《〈中國
　　　　書學史・緒論〉編輯後語》。
〔註139〕宗白華：《宗白華全集》（二），安徽教育出版社，2016，第 102 頁，《論中西
　　　　畫法的淵源與基礎》。
〔註140〕宗白華：《宗白華全集》（二），安徽教育出版社，2016，第 101 頁，《論中西
　　　　畫法的淵源與基礎》。
〔註141〕宗白華：《宗白華全集》（二），安徽教育出版社，2016，第 218 頁，《〈教育
　　　　合理化運動發端〉等編輯後語》。
〔註142〕宗白華：《宗白華全集》（二），安徽教育出版社，2016，第 460 頁。
〔註143〕唐善林：《差異中匯通——宗白華與鄧以蟄「書畫同源」觀之啟示》，《貴州
　　　　大學學報（社會科學版）》，2013.04。

紙上飛舞，變化萬千，宗白華舉例說明在歷史上舞蹈對書法的啟示作用「唐代張旭見公孫大娘舞劍，因悟草書；吳道子觀裴將軍舞劍而畫法益進。書畫都通於舞。它的空間感覺也同於舞蹈與音樂所引起的力線律動的空間感覺。」〔註144〕書法與舞蹈的相通不僅在於兩者都非常重視空間性，也因為線條的流動性。中國書法跟中國繪畫是線條的藝術非常直觀，其實舞蹈的運動軌跡如若可視，也是流動接連不斷的線條。中國書法和舞蹈還都是注重節奏和韻律的藝術，即兩者都具有音樂性，書法用筆的起承轉合與舞蹈動作的緩急收放是相似的過程，都是通過對時間的精妙把控而實現的。書法由於是毛筆和水墨的藝術，加之具有良好滲透性的宣紙為其主要用紙，因此筆與紙的接觸時間與狀態會從很大程度上影響書法表現，用筆不能凝滯，落筆一氣呵成是書法藝術的重要要求，類似舞蹈的連貫性和生命熱情。宗白華在談論張彥遠評繪畫的文章中寫到「要再現對象的生命之韻律的動態，這便和舞蹈的藝術有些相通」〔註145〕，都以生命的律動節奏為表現的高妙與藝術的追求，基於線條的書法、繪畫、舞蹈都具有音樂的韻律性。

宗白華高度肯定書法的<u>抽象性</u>，他說「中國樂教失傳，詩人不能絃歌，乃將心靈的情韻表現於書法、畫法。書法尤為代替音樂的抽象藝術」〔註146〕，草書尤其是抽象藝術的代表。草書在抽象方面達到了極致，從自然物到漢字符號，已經是第一層抽象；草書則是在漢字基礎上的第二次重大抽象，草書甚至擺脫了「形」，唯感氣韻流動，不見具體字形。徐渭有言：「天下無物非草書」，草書化為萬物，融於宇宙當中。二十世紀西方的抽象主義發展，西方的抽象派畫家馬克‧托比、波洛克、亨利‧米肖等都直言受到了中國書法的影響。中國草書的抽象線條及空間組織、黑白對比等，都給予了抽象派畫家靈感，馬克‧托比自己稱自己的「白色書寫（white writing）」技法就是受到了中國狂草的影響〔註147〕。

宗白華認為書法不僅是一個表達思想概念的文字符號，而且是一種書

〔註144〕宗白華：《宗白華全集》（第2卷）〔M〕，合肥：安徽教育出版社，2016，第144頁，《中國畫法所表現的空間意識》，原載於商務印書館出版的《中國藝術論叢》，1936年，第1輯。

〔註145〕宗白華：《宗白華全集》（二），安徽教育出版社，2016，第457頁。

〔註146〕宗白華：《宗白華全集》（二），安徽教育出版社，2016，第102頁，《論中西畫法的淵源與基礎》。

〔註147〕柳福兵：《草書與抽象表現主義——兼論「現代書法」的無名化》，《書法》，2017年第6期。

法家塑造的、用以反映<u>自然生命</u>和表現<u>內在情感</u>的抒情藝術。書法取象於天地人心，通於文學的美，宗白華指出「中國的書法，是節奏化了的自然，表達著深一層對生命形象的構思，成為反映生命的藝術」〔註148〕。他借助唐代大書家李陽冰論的理論，說明書法取象於天地自然，表達人內心最幽微的情緒，「於天地山川得其方圓流峙之常，於日月星辰得其經緯昭回之度。近取諸身，遠取諸物，幽至於鬼神之情狀，細至於喜怒舒慘，莫不畢載。」〔註149〕宗白華認為書法取象於自然是因為中國文字起初是象形的，如「日」、「月」、「山」、「水」等象形字本來就是自然生命萬象的刻畫，其本身就是天地間各種生命物象的載體，張彥遠在《法書要錄》第七卷中提到「頡首四目，通於神明，仰觀奎星圓曲之勢，俯察龜文鳥跡之象，博採眾美，合而為字。」〔註150〕宗白華認為書者如也，寫出的漢字就如同我們對宇宙萬物生命情調的理解和表現，中國漢字以「象」為本，這是書法表達生命的先天性條件，雖然歷經了千百年的演化和不斷抽象，象形的特點至今仍有保留，如「江、河、湖、海」這樣的字彷彿讓人們目視水流，耳聞水聲，身臨水畔。

書法又能以抽象之筆墨表現極具體之人格風度及個性情感，直接表達生命，中國歷來有「字如其人」的說法；在宗白華看來，書法能極好地反映書寫者的情緒，這就好像「人愉快時，面呈笑容，哀痛時放出悲聲，這種內心情感也能在中國書法裏表現出來」〔註151〕。宗白華認為筆劃是從人心中流出來的，書法使得萬象得以在自由自在的感覺裏表現自己，就是「美」，也就是筆者從於心也。這一筆之美不是外物簡單的描畫，而是從心而出，貫注了情感，這包含情感的一筆，才具有美的特徵。中國書法不管如何壯美，仍舊給心靈一種寧靜和諧，而不是狂躁不安，中國的藝術是一種心靈的藝術，王岳川多次在其文藝美學課堂及其著作中提出「書法是國人的心電圖」的觀點。如行書最能表達晉人的瀟灑風流，不凝滯於物，行草有如被神秘的天機

〔註148〕宗白華：《宗白華全集》（第3卷）〔M〕，合肥：安徽教育出版社，2016，第612頁，《中國書法藝術的性質》，約寫於1983年。

〔註149〕宗白華：《宗白華全集》（二），安徽教育出版社，2016，第203頁，《〈中國書學史·緒論〉編輯後語》。

〔註150〕張彥遠：《法書要錄》，第七卷。

〔註151〕宗白華：《宗白華學術文化隨筆》〔M〕，北京：中國鐵道出版社，1996，第151頁。

主宰著，全無定法，全看下筆之時書寫之人的胸中之氣一瀉萬里，天馬行空，逍遙自由……這樣的瀟灑超逸，只存在於晉人以王羲之王王獻之的作品當中，《蘭亭序》、《快雪時晴》、《中秋帖》等，無論是暢談天地世宇觀的大手筆，還是細節化地記眼前飄灑的一場快雪，都將那個時代人們的自然主義和個性主義體現得淋漓盡致。又如在《喪亂帖》中，王羲之感歎時局動亂、追思先祖，「號慕摧絕，痛貫心肝」，書寫時先行書後草書，草字愈來愈多，以至於最後兩行已不見行書的綜影，表明其感情由壓抑直至激憤的劇烈變化，營造出一種慘淡之美。再拿《祭侄稿》來說，顏真卿得知兄長、侄子遇難的消息，在極度悲憤的情緒中寫下了這篇千古佳作。蘇東坡《黃州寒食帖》同樣如此。作者因宋朝最大的文字獄——烏臺詩案，「貶官黃州四年，政治上鬱鬱不得志，經濟上收入甚微」。全帖隨著作者情感的起伏波動，字寫得越來越大，氣勢越來越盛，寫到「哭途窮，死灰吹不起」時，情感已到了無法控制的地步：字寫得既重且大，筆力雄健，勢不可擋。蘇軾在這裡把壓抑於心中的苦悶之情一齊宣洩出來，可以說，《寒食帖》是他在黃州時內心情感狀況的最好寫照。在中國，到了唐代，晉人書法之「韻」凝結成了「法」，生機活潑的意趣消失了，而在西方，這種個性主義的表達一直要到晚了一千多年的文藝復興之時。

宗白華指出，書法評論的一個重要方面就是評價書法的「骨力」，何謂「骨力」？宗白華解釋到「力量是藝術家內心的表現，但並非劍拔弩張，而是既有力，又秀氣。這就叫做『骨』。『骨』就是筆墨落紙有力、突出，從內部發揮一種力量，雖不講透視卻可以有立體感，對我們產生一種感動力量。」〔註152〕「骨力」不僅是中國書法繪畫的重要的理論範疇，也用於文化批評當中。「骨」是一種生命和行動的支持點，一個字或者一個繪畫中的形象呈現紙上時，要有站得住站得穩的感覺，可以理解為一種堅固的結構框架般的力量。宗白華認為「骨力」不僅是書畫家對表達形象內部核心的把握，同時也是其對對象的評價。中國書法講究中鋒行筆，中鋒行筆的字如果用光源從背後一照，筆

〔註152〕宗白華：《宗白華全集》（第 3 卷）〔M〕，合肥：安徽教育出版社，2016，第467 頁，《中國美學史中重要問題的初步探索》，這是作者在 1963 年為北京大學哲學系、文系高年級學生開設的中國美學史講座的講稿，由葉朗整理。後經宗白華先生審校，校正內容由宗先生女兒宗福紫女士提供。原載《文藝論叢》。

劃的正中會有一道墨色最濃的線，其周圍的墨水則很淡，這在書法界被稱為
「綿裏鐵」，會非常有立體的感覺，「骨」的感覺也就自然存有了。要做到這
一點，用筆和用墨水都有很多講究，因為在中國書法和繪畫中，用筆和用墨
總是相互包含的。「骨力」的評價標準昭示著書法境界的一種至高追求，其既
要求書法作品的立意端正，同時又要有豐富的情感表達。

　　與之前提及的中國繪畫對創作者的人格修養和境界有很高的要求一樣，
書寫者的個人修養和氣質也是歷來被重視的，如漢朝的趙壹在他的《非草書》
中批評了當時之人盲目迷戀草書而不注重個人修養的現象有如東施效顰，只
能徒增其醜：

> 凡人各殊氣血，異筋骨：心有疏密，手有巧拙；書之好醜，在
> 心與手，可強為哉？若人顏有美惡，豈可學以相若耶？昔西施心疹，
> 捧胸而，眾愚傚之，只增其醜趙女善舞，行步媚蠱，學者弗獲，失
> 節葡匐。夫杜、崔、張子（杜度、崔瑗、張芝），皆有超俗絕世之才，
> 博學餘暇，游手於斯。

> 後世慕焉，專用為務；鑽堅仰高，忘其疲勞；夕惕不息，戹不
> 暇食。十日一筆月數丸墨。領袖如皂，唇齒常黑。雖處眾座，不遑
> 談戲，展指畫地，以草劇壁，臂穿皮刮，指爪摧折，見腮出血，猶
> 不休輟。

> 然其為字，無益於工拙，亦如效顰者之增醜，學步者之失節也。

　　　　　　　　　　　　　　　　　　　　　　　　　　——《非草書》

　　歸根到底，書法是一種線條的藝術，藝術的線條性是中國藝術的一個突
出特徵，在書法中，線條的長短、粗細、濃淡、布局等，都影響著書法藝術的
節奏與生命感。線條的形狀與運動姿態都蘊含著力量感與生命力，這是與書
家的心靈軌跡相通的，是生命情感的自然流露。王岳川曾經說：「書法是人的
心電圖。」書法以線條表達情感，是表達人生命感悟的符號，是人心源的一
種外流，「流美者，人也」〔註153〕，宗白華借用鍾繇的書法評語來形容心源
對於書家而言跟其對於畫家有著同樣重要的作用，書畫本同源，並且書法跟
繪畫一樣「外師造化，中得心源」。

〔註153〕鍾繇：「筆跡者，界也；流美者，人也。」《書苑著華‧秦漢四朝用筆法》。

三、中國音樂蘊含的生命韻律

音樂與生命相交互融，表達了最深的生命意境，「音樂不只是數的形式的構造，也同時深深地表現了人類心靈最深最秘處的情調與律動。音樂對於人心的和諧、行為的節奏，極有影響。」〔註 154〕在宗白華看來，音樂是跟人類最親密的藝術門類，人有口有喉就能歌唱，雙手可以敲打、彈撥樂器，有靈活的身體可以應節奏起舞，「音樂這門藝術可以備於人的一身，無待外求。所以在人群生活中發展得最早，影響和勢力也最大。」〔註 155〕另外，音樂的韻律性是一切其他藝術所追求達到的圓滿和諧境界，因此宗白華多次借用 Pater 的話說「一切藝術常是憧憬於音樂的狀態」〔註 156〕。

關於音樂的<u>本質</u>是什麼，宗白華引用《禮記·樂記》中的話：「凡音之起，由人心生也。人心之動，物使之然也。感於物而動，故形於聲……」〔註 157〕，將音樂解釋為由人的情感發出，具有旋律性的聲音，節奏、和聲、旋律構成音樂形象的三要素，宗白華認為三者是音樂的核心，既是音樂的形式，又是音樂的內容。「生活的經歷是主體，音樂用旋律、和諧、節奏把它提高、深化、概括。」〔註 158〕

宗白華認為音樂是一個民族的<u>靈魂</u>，一個民族如果沒有音樂，就會變得心胸狹隘，甚至沒有了國魂，失去了構成生命意義、文化意義的高等價值。「音樂直接地表現了人生的內容，一切人生精神界、命運界（即對世界的種種關係）各種繁複問題，都在音樂中得到了超然的解脫和具體的表現」〔註 159〕。宗白華稱「禮和樂是中國社會的兩大柱石，『禮』構成社會生活的秩序

〔註 154〕宗白華：《宗白華全集》（第 2 卷）〔M〕，合肥：安徽教育出版社，2016，第54 頁，《哲學與藝術》，原載於《新中華》創刊號，1933 年 1 月。

〔註 155〕宗白華：《宗白華全集》（第 3 卷）〔M〕，合肥：安徽教育出版社，2016，第427 頁，《中國古代的音樂寓言與音樂思想》，宗白華於 1961 年 12 月 28 日受中國音樂家協會之約作了同名的報告，後寫成此篇。

〔註 156〕宗白華：《宗白華全集》（第 3 卷）〔M〕，合肥：安徽教育出版社，2016，第457 頁。

〔註 157〕宗白華：《宗白華全集》（第 3 卷）〔M〕，合肥：安徽教育出版社，2016，第428 頁，《中國古代的音樂寓言與音樂思想》。

〔註 158〕宗白華：《宗白華全集》（第 3 卷）〔M〕，合肥：安徽教育出版社，2016，第429 頁，《中國古代的音樂寓言與音樂思想》。

〔註 159〕宗白華：《宗白華全集》（第 1 卷）〔M〕，合肥：安徽教育出版社，2008，第414 頁，《致柯一岑書》，原刊登於 1922 年 6 月 7 日《時事新報·學燈》（上海版）「通訊」欄上。

條理，韻律的節奏的生活才是真實的生舌，才是健康的壯大的生活，才是一切創造力的源泉。所以中國古代拿禮和樂做社會生活的骨架。但中國文化裏喪失最多的是樂教。唐代以後的中國幾乎成了一個無音樂的國土。比起近代歐洲國家，真是慚愧。樂教喪失，一種人類的狹隘，自私，暴戾，淺薄，空虛，苦悶，充塞了社會。不能有真的同情與團結，不能發揚愉快光明的創造精神。生活沒有節奏韻律，簡直不是人的生活。」〔註160〕宗白華說。

　　宗白華指出音樂代表著一種天地秩序與人倫秩序的和諧，如中國的《樂記》有「大樂與天地同和，大禮與天地同節」〔註161〕的表達，西方的畢達哥拉斯學派也認為的音樂表現出的是宇宙與自然的旋律，音樂既是天與地的和諧，又是自然與人的和諧。當人們很早在音樂的規律裏發現數的嚴整比例時，驚奇不已。如「當畢達哥拉斯發現琴弦的長短和音高成數的比例時，他覺得自己窺見了宇宙的奧秘」〔註162〕，他認為整個宇宙就是一個和諧的樂章，星球都會發出樂音，不過人類的耳朵聽不到罷了；宗白華指出莊子在《天地》中將宇宙的秩序理解為一種「無聲之樂」〔註163〕──「視乎冥冥，聽乎無聲，冥冥之中，獨見曉焉，無聲之中，獨聞和焉，故深之又深，而能物焉」〔註164〕，即「道」如音樂那樣是無聲的韻律，能夠變化無窮。音樂家嵇康也是用音樂的心靈去領悟宇宙，嵇康有名句：「目送歸鴻，手揮五弦。俯仰自得，遊心太玄」〔註165〕。我國明朝的朱載堉率先發明了「十二平均律」，此理論被廣泛運用在世界各國的鍵盤樂器上，被譽為「鋼琴理論的鼻祖」。

　　宗白華讚美孔子「盡善盡美」的音樂觀，即音樂的形式和其內容都應該得到重視。孔子重視音樂的內容，宗白華用劉向《說苑》裏的故事，「孔子把

〔註160〕宗白華：《宗白華全集》（二），安徽教育出版社，2016，第199頁，《〈當代法國大詩人保兒・福爾〉編輯後語》，原刊於《時事新報・學燈（星期增刊）》（渝版）第23期。

〔註161〕出自《禮記・樂記》，《樂記》是我國最早的一部具有比較完整體系的音樂理論著作，其總結了先秦時期儒家的音樂美學思想，創作於西漢時期。

〔註162〕宗白華：《宗白華全集》（第3卷）〔M〕，合肥：安徽教育出版社，2016，第427頁，《中國古代的音樂寓言與音樂思想》，寫於1961年。

〔註163〕宗白華：《宗白華全集》（第3卷）〔M〕，合肥：安徽教育出版社，2016，第438頁，《中國古代的音樂寓言與音樂思想》，寫於1961年。

〔註164〕宗白華：《宗白華全集》（第3卷）〔M〕，第438頁。

〔註165〕出自嵇康《贈秀才入軍・其十四》。

嬰兒的心靈美比做他素來最愛的韶樂，認為這是韶朱所啟示的內容」〔註166〕，因此孔子也重視音樂能夠起到的教育意義，這跟他「文質彬彬」〔註167〕以及「繪事後素」〔註168〕是一以貫之的對內容美的重視，是將活潑的生命力與條理秩序相結合的中庸的文藝觀。如《八佾》中「樂而不淫，哀而不傷」，即表達一種將充沛的感情控制在合理範圍內的美學思想。宗白華指出孟子讚揚孔子「金聲玉振」〔註169〕，其實便是讚美孔子生活的音樂化，即孔子的人生將條理秩序與活潑潑的生命結合了起來，「就像音樂把音樂形式同情感內容結合起來那樣」〔註170〕，不斷追求一種盡善盡美的生活，力圖達到形式與內容統一的「盡善盡美」〔註171〕，如條理清晰的交響樂。

宗白華認為音樂表現的是生活的「真」，「樂的表現人生是不可以為偽，就像數學能夠表示自然規律那樣，音樂表現生活裏的真。」〔註172〕樂通過表達生活的「真」深入生命意境的核心，音樂可以通過形象來表達音樂與心靈和人格是相通的，我們可以通過形象領悟音樂，也可以通過音樂來展現形象，這比把音樂只看成是情感的表達要全面深刻的多，因為音樂的樂調就像詩歌的語言繪畫的顏料一樣，能夠形成意象，表達生命的意境。宗白華總結了音樂可能表達的三個方面〔註173〕：第一，形象的和抒情的：一個愛人的軀體的

〔註166〕 宗白華：《宗白華全集》（第3卷）〔M〕，合肥：安徽教育出版社，2016，第431頁，《中國古代的音樂寓言與音樂思想》，寫於1961年。

〔註167〕 《論語·雍也》子曰：「質勝文則野，文勝質則史。文質彬彬，然後君子。」

〔註168〕 《論語·八佾》子夏問曰：「『巧笑倩兮，美目盼兮，素以為絢兮。』何為也？」子曰：「繪事後素。」曰：「禮後乎？」子曰：「起予者商也！始可與言詩矣。」繪事後素一般指繪畫活動進行之初應該先有白色的底子，被引申為美產於於純正的思想之上，這一點與「思無邪」有相通之處。

〔註169〕 在《孟子·萬章下》中，孟子對孔子有過這樣的評價：孔子之謂集大成。集大成者，金聲而玉振之也。金聲也者，始條理也；玉振之也者，終條理也。金聲玉振表示奏樂的全過程，擊鐘則表示金聲開始，擊磬則表示玉振告終。

〔註170〕 宗白華：宗白華全集（第3卷）〔M〕，合肥：安徽教育出版社，2008，第432頁，《中國古代的音樂寓言與音樂思想》，宗白華在此篇後附言定到：1961年12月28日中國音樂家協會約我作了這個報告，現在展寫成篇，請讀者指教。

〔註171〕 《八佾》中記載，「子謂《韶》，『盡美矣，又盡善也。』謂《武》，『盡美矣，未盡善也。』」，「盡善盡美」歷來被認為是孔子最高的文藝美學原則。

〔註172〕 宗白華：《宗白華全集》（第3卷）〔M〕，合肥：安徽教育出版社，2016，第434頁，《中國古代的音樂寓言與音樂思想》。

〔註173〕 宗白華：《宗白華全集》（第3卷）〔M〕，合肥：安徽教育出版社，2016，第432頁，《中國古代的音樂寓言與音樂思想》，宗白華於1961年12月28日受中國音樂家協會之約作了同名的報告，後寫成此篇。

美可以由一個建築物的數字形象傳達出來，而這形象又好像是一曲新婚的歌；
第二，嬰兒的一雙眼睛令人感到心靈的天真聖潔竟會引起孔子認為韶樂將作；
第三，孔子的豐富的人格是形式與內容的統一，始條理和終條理，像一金聲
而玉振的交響樂。

　　總之，人們通過音樂能夠表達最真實的情感，音樂能夠展現人們最真切
的人生百味，了悟宇宙最深的旋律與奧秘，跟隨音樂的節奏，人們能夠把握
生命最深的節奏與起伏。

四、中國舞蹈彰顯的生命熱情

　　宗白華指出舞蹈是一種以人體的動態形象反映人類情緒和最古老的藝術
形式之一，英國哲學家科林·伍德說「舞蹈不僅是一切藝術之母，而且是一
切語言之母」〔註174〕。舞蹈不是一種表演，而是一種人本來就具有的身體的
語言，《毛詩序》中有言，「情動於中而行於言，言之不足故嗟歎之；嗟歎之不
足故詠歌之；詠歌之不足，不知手之舞之，足之蹈之也」，當我們心中萌發了
某種情緒而需要表達與釋放時，我們自然就會用聲音和動作來表達，當情緒
高昂到超出了語言表達的程度之時，我們自然而然就整個身體——即舞動，
來表達自己。

　　舞蹈又是人類社會最古老的一種儀式，舞蹈起源於對勞動生產、戰鬥、
社會生活的模擬和表現，在原始社會，舞蹈還是非常重要的族群與部落進行
凝結的一種方式、祭祀的重要手段，因為舞蹈形象鮮明，感情豐沛，十分具
有感觀的震撼力。宗白華重視舞蹈中生命的浩馳，與他同時期也關注舞蹈藝
術的聞一多也重視舞蹈的原始力量，在聞一多的《說舞》裏寫「原始舞是一
種劇烈的、緊張的，疲勞的動，因為只有這樣人們才體會到最高限度的生命
情調……在調度的律動中，舞者得到一種生命的真實感，覺得自己是活著的
感覺，那是一種滿足」〔註175〕。又如印度信仰中的舞蹈之神「濕婆 Siva」，
他有三隻眼，四隻手臂，頭戴火焰冠，主宰生命和死亡，終年在喜馬拉雅山
修煉苦行。他創造了剛柔兩種舞蹈，被尊為「舞王」，當他翩翩起舞的時候，
三隻眼睛都會睜開，分別洞察過去、現在和未來，跳舞時所形成的圓環代表

〔註174〕〔英國〕科林·伍德：《藝術原理》，王至元、陳華中譯，〔M〕，中國社會科
　　　　　學出版社，1985，第 5 頁。
〔註175〕聞一多：《說舞》，「實用性的意義」一節。

著生死的輪迴，濕婆的舞蹈象徵著的是整個宇宙運動的圖景。中國的舞蹈也有著悠久的歷史，如早在公元前四千年的新石器時代的仰韶文化出土文物中，先人們就在陶器上創繪各種舞蹈的場景和伴奏的樂器。

宗白華熱情歌頌舞蹈之中充溢的浩蕩生命，稱舞本身就是浩蕩奔馳的生命，是一種「生命玄冥的具象化、肉身化之美」〔註176〕、「舞是最高度的韻律、節奏、秩序，理性，同時是最高度的生命，旋動、力、熱情，它不僅是一切藝術表現的究竟狀態，還是宇宙創化過程的象徵。」〔註177〕「人類這種最高的精神活動，藝術境界與哲理境界，是誕生於一個最自由最充沛的深心的自我，這充沛的自我，真力彌滿，萬象在帝，超脫自在……於是「舞」是它最直接、最具體的自然流露，是中國一切藝術境界的典型。中國的書法、畫法都趨向飛舞。莊嚴的建築也有飛簷表現著舞姿」〔註178〕，宗白華將舞蹈放置於中國藝術美學的一個基礎性位置。

宗白華所點出的舞蹈區別於其他時間的和空間的藝術之處在於它是一種時空並行的藝術。「由舞蹈動作伸延，展示出來的虛靈的空間，是構成中國繪畫、書法、戲劇、建築裏的虛實感和空間表現的共同特徵，而造成中國藝術在世界上的特殊風格」〔註179〕，宗白華指出中國的各類藝術其實都善於運用舞蹈虛實結合的形式，大至建築，小至印章藝術，都運用虛實相生的表現原則，用舞蹈動作伸延效果，展現虛靈空間，中國繪畫、音樂、書法、戲曲、建築裏的共同具有舞蹈空間感的特徵，是中國藝術屹立於世界藝術之林的特殊風格。

宗白華引用了許多我國古代關於舞蹈的文獻來讓人感受中國古代舞蹈風氣之盛。如宗白華詳細引用了東漢時期的傅毅的《舞賦》，其非常細緻生動地記錄了東漢時期舞蹈的實況，所重點描繪的領舞女子比希臘雕塑裏的女神更

〔註176〕宗白華：《宗白華全集》（第2卷）〔M〕，合肥：安徽教育出版社，2016，第366頁。

〔註177〕宗白華：《宗白華全集》（第2卷）〔M〕，合肥：安徽教育出版社，2016，第366頁，原刊於《哲學評論》第8卷第5期。1944年1月，中國哲學會編輯出版。作者「附識」云：「本文係拙稿《中國藝術底寫實傳神與造境》的第3篇。前2篇尚在草擬中。本文初稿曾在《時事潮文藝》創刊號發表，現重予略增改，俾拙旨稍加清晰，以就正讀者。承《哲學評論》重予刊出，無任感激。」

〔註178〕宗白華：《宗白華全集》（第2卷）〔M〕，合肥：安徽教育出版社，2016，第368頁，同上注。

〔註179〕宗白華：《宗白華全集》（第3卷）〔M〕，合肥：安徽教育出版社，2016，第390頁，《中國藝術表現裏的虛和實》，原刊登於《文藝報》，1961年第5期。

有活力，更有魅力和神韻。領舞女子的「資絕倫之妙態，懷愨素之潔清，修儀操以顯志，獨馳思乎杳冥」、「舒意自廣，遊心無垠，遠思長想，在山峨峨，在水湯湯，與志遷化，容不虛生，明詩表旨，喟息激昂，氣若浮雲，志若秋霜」〔註180〕。這很容易讓人聯想起歷史上著名的趙飛燕，她能夠跳「掌中舞」，身姿曼妙，舞步輕盈。宗白華還舉了郭若虛《圖畫見聞志》中描寫的唐將軍裴旻的劍舞：「走馬如飛，左旋右轉，擲劍入雲，高數十丈，若電光下射」。杜甫《觀公孫大娘弟子劍器行》中：「昔有佳人公孫氏，一舞劍器動四方，觀者如山色沮喪，天地為之久低昂」。還有敦煌莫高窟壁畫藝術中的飛天舞蹈也受到宗白華的關注：「那克服了地心吸力的飛動旋律……所以身體上的主要衣飾不是帖體的衫褐，而是飄蕩飛舉的纏繞著的帶紋」〔註181〕，一根輕盈的綢帶，似乎就已經把人們托舉在空中，人們在壁畫中翱翔著、騰躍著，表現著人們無限地上升希冀……這些具體的從歷史中走出來的舞蹈者形象都表現了生命玄冥肉身化的藝術意境——歷史中這些舞者的肉體已經灰飛煙滅，但是他們的舞蹈卻以文學藝術的載體，穿越時空，來到我們面前。

中國的民族民間舞尤其彰顯著一種「生力主義」，民族民間舞有一種源自泥土的厚重力量感，還有一種對生長與收穫的無限期盼感，舞者們用扭、收、放、旋轉等動作〔註182〕、豐富的面部表情及與鮮明的節奏表達對森林、對天空、對流水及一切大自然之賜予的無限感恩。舞蹈是人類的一種本能的情緒和感受，越高度理性的民族往往離舞蹈越遠，越是原始的、充滿野性的民族，則越是天然地跟舞蹈緊密聯繫，舞蹈是他們生活中自然的一部分。漢民族早期的舞蹈可以在出土文物和《詩經》等相關文獻中看到記載，在之後的發展中，舞蹈經歷了秦漢時代的宮廷舞樂大發展和民間舞蹈的興盛，到唐朝時達

〔註180〕宗白華：《宗白華全集》（第3卷）〔M〕，合肥：安徽教育出版社，2016，第437頁，《中國古代的音樂寓言與音樂思想》，宗白華於1961年12月28日受中國音樂家協會之約作了同名的報告，後寫成此篇。

〔註181〕宗白華：《宗白華全集》（第2卷）〔M〕，合肥：安徽教育出版社，2016，第418頁，《略談敦煌藝術的意義與價值》，原載於上海《觀察》週刊，第5卷第4期，1948年。

〔註182〕動作既是構成舞蹈語言的核心元素和基本材料，也是舞者在創作舞蹈過程中的思維方式。很多舞蹈的動作極具地區的和民族的特色，如印度舞中人們對眼神的高度重視，蒙古舞中人們對腳踝的特殊角度的展折，藏族舞蹈中靠揮動手臂而振動翻折長袖，芭蕾舞對腳踝與腳掌成直線的強調等。舞蹈中這些高度藝術化的人體動作能起到非常強烈的傳達情感的作用。舞蹈可以說就是人內在的激情外化為可見的持續的動作流。

到了高峰〔註183〕，到宋代以後隨著文明的高度成熟和理性化，人們身體本能的律動逐漸失卻，舞蹈不斷典雅化、舞臺表演化，舞蹈成為了少數的行當和角色從事的專門工作，並且走向了與戲曲的結合。

尼采有關於酒神祭祀節中人們在迷醉中狂舞代表生命強力的敘述，這與中國舞蹈的生命性、力量性有一定區別。關於舞，尼采有一句名言，「每一個不曾起舞的日子，都是對生命的辜負」，相對比尼采狂舞背後的是一種毀滅生命式的終結，中國舞蹈背後的精神是《易經》所表達的接通宇宙精神的生生不息。對比中國飛舞與尼采所描述的酒神節狂舞，中國的飛舞是一種精神的極大解放，境界的不斷提升，而尼采的狂舞是一種酒神似的狂歡，是一種更注重肉體力量釋放的形式，他在《悲劇的誕生》中曾提到在古代酒神節上，個體常常借助舞蹈來表達自己，他忘記如何說話、如何走路，處於飄飄欲仙的醉的狂喜狀態。

舞蹈的初始便是人對自己身體本能的一種使用發揮，身體產生的歡悅、悲傷都可以用舞蹈來表達，舞蹈發展到「現代舞」的階段，又一反數世紀以來確立的無數規程，回歸到身體對生命和力量的表現，拋棄掉外在的多餘的物質用具，回到人自身所攜帶的「身體」這舞蹈最好的媒介，從「自發的情感」出發，呈現出一種「反芭蕾」的趨勢。現代舞崇尚自然美，對舞者的身材沒有什麼嚴苛的規定，旨在表現生活中的正常人身體的正常結構與狀態，是什麼樣的身材就去表達什麼樣的力量，因為不同的力量都可以是美的。現代舞的這種對原始生命與力量的回歸要追溯到現代舞的先驅洛伊·富勒，她成名後開始帶舞蹈學生，被稱為「現代舞之母」的鄧肯就是她的學生。洛伊·富勒帶著自己舞蹈學校的女孩們在森林裏舞動，去模仿自然的清風，去模仿狂暴的龍捲風，模仿隨風搖曳的蘆葦，模仿跳動的青蛙，像極了森林裏的仙子，自然間的精靈。在 1914 年的一段採訪中，洛伊·富勒說到，「我希望創造出一種與普遍的藝術形式完全無關的藝術，一種能夠同時給予靈魂與感官徹底的快樂的藝術。在這種藝術中，現實與夢幻，光影與音響，動作與韻律令人興奮得相結合……」〔註184〕

〔註183〕如唐太宗李世民親自參與編排的大型樂舞《秦王破陣樂》，唐玄宗和楊貴妃共同創製的柔舞代表「霓裳羽衣舞」，身型肥碩的安祿山在跳胡旋舞的時候「其疾如風」，可見舞蹈在當時從皇宮到民間都發展到了一種高峰狀態。

〔註184〕Carolyn Sinsky：《穿越時光的舞蹈故事》，耶魯大學現代藝術實驗室網站，具體網址為 http://modernism.research.yale.edu/。

綜上所述，舞蹈源起於人類豐富的情感，記錄著人類社會的儀式，是一種代表著最直接最強力生命力的時空並行的藝術形式。中國歷史上很重視舞蹈，舞蹈的表演形式到唐代達到了高峰，以《霓裳羽衣舞》為代表，然而從宋代起舞蹈作為獨立的藝術不再受重視，取而代之的是雜劇、百戲等表演形式，舞蹈開始有了敘事性、情節性。舞蹈活動的主流，逐漸轉向民間，並匯入戲曲藝術發展的長河之中。

五、中國雕刻彰顯出靈肉不二的生命和諧

宗白華認為商周時期鍾鼎鏡盤上的各種富含生命節奏的雕刻正是中國繪畫的淵源和基礎〔註185〕，中國的繪畫藝術便是從青銅器的圖案中脫胎換骨而來。從最初最簡單的紋理到後來的山川星辰飛禽走獸，都用其流動的線紋象徵了宇宙生命的節奏。「銅器的形體之美，式樣之美，花紋之美，色澤之美，銘文之美……表出民族的宇宙意識（天地意識），生命情調，以至政治的權威，社會的親和力。在中國文化裏，從最低層的物質器皿，穿過禮樂生活，直達天地境界，是一片混然無間，靈肉不二的大和諧，大節奏。」〔註186〕

初民們無限靠近大自然，與大自然中的活波生命接觸，感動山川原野，動物植物到處都是生命力的奔騰，因此他們的雕刻作品也充滿旺盛的生氣。銅器時代的中國人就把日常用的器皿等精雕細琢，竭盡當時最精湛的工藝賦予了它們優美的形式和崇高的意義，便日常的用具昇華至了國家的至寶，同時擁有了天地境界的象徵。宗白華總結到「中國人的個人人格，社會組織以及日用器皿，都希望能在美的形式中，作為形而上的宇宙秩序，與宇宙生命的表徵。這是中國人的文化意識，也是中國藝術境界的最後根據。」〔註187〕

出生在書香世家的宗白華一生對藝術如繪畫、雕刻、建築、書法、戲曲等都有深厚的興趣，他一生收藏了不少繪畫與雕刻。宗白華對中國傳統藝術的一往情深可以從他的一個雅號——「佛頭宗」看出。20世紀30年代中期，宗白華在逛南京夫子廟時，在一家古玩店裏偶然遇見了一尊雕刻精美的隋唐時期的佛頭，其低眉美目，秀美慈祥，宗白華當時就被這種安詳靜穆的美所

〔註185〕宗白華：《宗白華全集》（二），安徽教育出版社，2016，第104頁，《論中西畫法的淵源與基礎》。

〔註186〕宗白華：《宗白華全集》（二），安徽教育出版社，2016，第412頁，《藝術與中國社會》。

〔註187〕宗白華：《藝境》，商務印書館，2011，《藝術與中國社會》，第241頁。

吸引，對之愛不釋手，當場買下後一直將其置於案頭，並陪伴了其往後餘生。宗白華對這尊佛頭熱愛把玩不止，同時邀請自己的親朋好友來共同欣賞，大家都對其讚不絕口〔註188〕。

抗日戰爭期間宗白華不得不隨著學校遷入四川，百般倉促之中，他仍然不忘將這尊佛頭掩埋在院子裏的棗樹下，在重慶的日子，每每跟友人談論起仍然留在家中的古董，總是對這尊佛頭充滿著最強烈的懷念。抗日戰爭勝利後宗白華回到南京，發現家裏的其他物品皆已喪失，只有棗樹下的佛頭仍在，這讓他欣喜不已，於是，佛頭更是成為了他最親密的夥伴，無論他調動到哪裏，都將佛頭留在身邊，置於自己每天工作的案頭。其對以佛頭為代表的中國雕塑、中國藝術的愛，已經超越了日常的情感，上升為一種思接千載的眷戀。

在宗白華留下的為數不多的照片中，赫然存有他於1964年參觀洛陽龍門石窟在大佛前的留影，「佛頭宗」對中國的佛像有著非常細緻的論述〔註189〕。宗白華指出從六朝到晚唐宋初的七八百年間的佛教藝術滋生出了空前絕後的中國佛教雕像，以雲岡石窟、龍門石窟、龍山石窟，麥積山石窟和四川大足造像為代表，這批偉大的雕塑藝術，分布地域極廣，規模極大，數量極多，造詣極深，足以和古希臘雕塑鬥妍爭輝，它們是中國宗教藝術的典範代表。

宗白華認為從總體上而言，中國的雕刻像畫，跟中國的繪畫藝術類似，其不重視立體感，而注重流動的線條〔註190〕，因此中國的雕塑具有一種畫風，像古代中國畫那樣用線條傳神，而不像希臘雕塑那樣重要立體的感覺；他用中國歷史上唐代的塑聖楊惠之〔註191〕來舉例，說其雕塑與吳道子的繪畫有想

〔註188〕宗白華：《宗白華全集》（第3卷）〔M〕，合肥：安徽教育出版社，2016，第614頁，《我和藝術》，本文是宗白華於1983年為《藝術欣賞指要》一書所作的序。

〔註189〕宗白華：《宗白華全集》（第3卷）〔M〕，合肥：安徽教育出版社，2016，第537頁，《中國美學思想專題研究筆記》，此稿是全集的主編林同華根據宗白華寫於1960～1963年的筆記整理。

〔註190〕宗白華：《宗白華全集》（第3卷）〔M〕，合肥：安徽教育出版社，2016，第462頁，《中國美學史中重要問題的初步探索》，這是作者在1963年為北京大學哲學系、文系高年級學生開設的中國美學史講座的講稿，由葉朗整理。後經宗白華先生審校，校正內容由宗先生女兒宗福紫女士提供。原載《文藝論叢》，1979年第6輯。

〔註191〕楊惠之，唐開元年間人，先曾學畫，和吳道子同師張僧繇。後見吳名聲漸重，於是焚毀筆硯，後專攻雕塑，當時有「道子畫，惠之塑，奪得僧繇神筆路」之說。他在南北各地寺院，雕塑過許多塑像。

通之處〔註192〕。中國這一雕塑與繪畫之間的關係在宗白華看來是正好跟西方相反的，在西方，繪畫是受了雕刻的影響，繪畫力圖在二維平面的畫紙上呈現圓雕那樣立體的物體。由於中國雕刻把形體化為流動的線條，這使得雕刻都帶有舞蹈的意味，這一點從漢代石刻到敦煌藝術都能很明確把握，甚至初唐時期的第 205 窟等最為光彩奪目的敦煌群被稱為「東方維納斯」〔註193〕。在漢代，雕刻連同舞蹈、雜技、繪畫等藝術一起，也無呈現出一種飛舞姿態，圖案畫常常用雲彩、雷紋和翻騰的龍構成，雕刻也常常是雄壯的動物，並且常常飛動的翅膀，充分反映了漢民族在當時勃發的活力。

宗白華指出中國佛像雕塑發展經歷了從鏤刻到圓雕的路徑，在圓雕佛像中的某些部分仍然會運用浮雕的處理方法和線刻，造型上採用圓潤、豐滿的裝飾性提煉概括的表現手法，主要是為了適應雕塑特點與環境的需要，也為了烘托出主題（如不同的佛像代表的不同含義），也有欣賞習慣發展形成的，如麥積山 62 號窟右邊的觀音菩薩的衣飾即起了突出主題的表現，此尊雕像把不主要的衣紋用線刻處理，主要的或起裝飾作用的衣紋則作凸出的表達。通過這突出主要的特徵的刻畫很好地表現了衣紋的質感與動態，使裝飾品和衣著相呼應和相襯托，整尊佛像溶合於統一飽滿的情緒之中，突出地表現了觀音的端莊安詳。

宗白華指出中國佛像或菩薩的雕刻非常重視臉部線條，宗白華具體用如麥積山 60 窟中多尊頭像之間的區別進行分析，如本尊頭像線條簡潔明確，而天王、力士、小鬼等頭像則肌肉線條誇張。在佛與菩薩的頭像線條更強調肅穆莊嚴、慈悲為懷，而天王力士的面部線條更多地要強調孔武有力。而 123 窟中的童女像眉目口鼻等主要部分線條簡單，表現出了童女的天真無邪、純潔美麗。面頰與耳朵之間，只是輕輕的壓了一條線，巧妙地顯示出少女面部的豐腴可愛。回看那些肌肉發達、有著很大形體起伏的力士臉部，雕刻者在表現人物感情的前提下，對眼、鼻、口的線的刻畫強化了感情，給人以醒目的印象。在我們古代雕刻中刻線的運用是變化多端的，會實際根據不同的表現對象及不同的主題營造予以創造性的處理。

〔註192〕宗白華：《宗白華全集》（第 2 卷）〔M〕，合肥：安徽教育出版社，2016，第100 頁，《論中西畫法的淵源》，原載中央大學《文藝叢刊》第 1 卷，第 2 期，1934 年 10 月出版。

〔註193〕穆紀光：《宗白華與敦煌藝術研究》，《美學的雙峰》，安徽教育出版社，1999年，第 469 頁。

　　另外中國雕塑的人物多是佛像，是中國人的面貌，中國人的神態，衣服等都中國化了，並且越靠近內地，中國化的程度越高。他讚美敦煌的雕刻水平精湛，形象活潑優美；雲岡石窟和龍門石窟規模巨大，具有恢宏的宇宙精神氣質，並且巨大的佛像還能擁有非常逼真的神態和非常細節化的服飾造型，令人歎為觀止。宗白華告訴我們一些雕刻南京棲霞山山洞裏面佛像的工匠們已經擁有了強烈的「自我精神」，他們會在自己所雕刻佛像後面的角落裏再雕刻一個如自雕像一樣的拿斧頭的石像，就好像他們各自獨一無二的簽名。

　　漆器也是中國日用品中情韻的代表，漆雕早在新石器時代就已經出現，夏代的木胎漆器不僅用於日常生活，也用於祭祀，殷商時代已有「石器雕琢，觴酌刻鏤」的漆藝。唐朝漆器大放異彩，呈現出華麗的風格，漆器製作技術也往富麗方向發展，金銀平脫、螺鈿、雕漆等非常費時的技法在當時極為盛行。宗白華認為使一般民眾在最日常的生活中隨時能接觸到趣味高超、形制特別之美，是一個民族文化水平的尺度〔註194〕。中國人對日常的生活用具，不只是用來圖取生存，而是希望在每件用品裏，表達自己對自然虔誠的愛，把大自然裏啟示的和諧，秩序和美都表現在具體微小的器皿裏，「在中國文化裏，從最低層的物質器皿，穿過禮樂生活，直達天地境界，是一片混然無間，靈肉不二的大和諧，大節奏。」〔註195〕這其中體現了與西方「兩分」不同的「天人合一」的思想：中國道器不兩分，中國人從日常生活之器，平時行為之禮，直達道德、宗教與美，日常生活與至高生命始終共存為一。

　　宗白華還力圖打破人們認為中國小體量的裝飾性雕刻是雕蟲小技的偏見〔註196〕，稱這種偏見源於古代文人對手藝工匠的貶低，這是不公允的。以象牙雕刻為代表的小型裝飾雕刻也能夠達到非常高的水平。很多工藝品反映出了當時超群的工藝水平，其上千變萬化的花紋都是創造，宗白華指出「古代畫工雕匠集於一身，畫與雕不分」〔註197〕。通過研究他們我們不僅能夠更好地把握中國人的審美特點、美感形態，還能給當代藝術以無窮的啟示。宗白

〔註194〕宗白華：《藝境》，商務印書館，2011，《中國文化的美麗精神往哪裏去？》，第209頁。

〔註195〕宗白華：《藝境》，商務印書館，2011，《藝術與中國社會》，第239頁。

〔註196〕宗白華：《宗白華全集》（第3卷）〔M〕，合肥：安徽教育出版社，2016，第595頁，《關於美學研究的幾點意見》。

〔註197〕宗白華：《宗白華全集》（第3卷）〔M〕，合肥：安徽教育出版社，2016，第525頁，《中國美學思想專題研究筆記》，此稿是全集的主編林同華根據宗白華寫於1960～1963年的筆記整理。

華說：「中國人的個人人格，社會組織以及日用器皿，都希望能在美的形式中，作為形而上的宇宙秩序，與宇宙生命的表徵」〔註198〕，中國人的技術不只是作為實用，同時也表現著人生，創作者的情感和個性是表現其上的。宗白華說現代西方的很多畫派，如野獸派、畢加索等，都是從一些小島上發現來自古老藝術的花紋和原始的圖案，進行改造和引用而形成自己獨特的風格。

宗白華還指出我國古代的雕飾，還有著<u>區別等級</u>的功用，跟以屋頂的形制、門釘的多少、色彩的使用等是具有類似的政治作用與意義的。三代銅器上的雕工已經非常細密生動優美，這是美術服務於政治與階級制度的一個重要例子。如戰國的雕飾競賽，如今看來有些讓人困惑不解，其實不全為美感，乃是表示自己在階級地位的上升，展示自己的貴與富。這也從另一個側面說明那個時期人們追崇的是「鏤金錯采，屛繢滿眼」的美，如今置於國家博物館的戰國時期的「蓮鶴方壺」就是一個突出的例子。

宗白華指出<u>刻印</u>藝術是中國所獨有的，他說「中國書法和雕刻結了緣，也就成就了中國獨有的刻印藝術。」〔註199〕刻印，也稱篆刻，一般用刀將漢字刻於石、牙、角、木等印材上，作為古代人們在交往時權力和憑證的信物，後慢慢走向藝術化的道路。在中國文化中，印章與詩、書、畫一起，以「四絕」著稱，而印章堪稱中國藝林的一株靈草，在方寸之間，就能表現萬千的氣象。篆刻跟中國的其他藝術一樣，講究線條、結構和章法布局，採用虛實、挪讓、屈伸、呼應等方式，相映成趣，可溫婉，可雄健，奇恣跌宕，神韻飛揚，在方寸之間表現宇宙境界，是中國「以小見大」藝術信仰的突出代表。

中國美學追求有兩大類型：「鏤金錯采」與「初發芙蓉」，<u>鏤金錯采</u>即源於中國古代極其發達的雕刻技術。宗白華認為「雕飾是中國工藝美術及一切藝術的基礎動作……人的文化、教育，也即雕飾之美」〔註200〕，《詩·大雅·棫樸》五章中有：「追琢其章，金玉其相，勉勉我王，綱紀四方。」追，雕也，這句的意思是君子應該做到表裏如一，跟《詩》中：「雕琢其章，金玉其相，

〔註198〕宗白華：《宗白華全集》（第2卷）〔M〕，合肥：安徽教育出版社，2008：第412頁，《藝術與中國社會》。

〔註199〕宗白華：《宗白華全集》（第2卷）〔M〕，合肥：安徽教育出版社，2016，第259頁。

〔註200〕宗白華：《宗白華全集》（第3卷）〔M〕，合肥：安徽教育出版社，2016，第515頁，《中國美學思想專題研究筆記》，此稿是全集的主編林同華根據宗白華寫於1960～1963年的筆記整理。

勉勉我王，綱紀四方。」表達的類似的追求，追琢玉使成文章，喻文王為政，先以心研精，合乎禮義，然後施之萬民，視而觀之，其好而樂之，如都金玉然，言其政可樂也。」

　　宗白華指出中國從漢末起，「君子比德於玉」〔註201〕的人格美追求就開始了。中國古代的雕刻還跟玉石之美、君子的品質是緊密結合在一起，宗白華說「中國向來把『玉』作為美的理想。玉的美，即『絢爛之極歸於平淡』的美。可以說，一切藝術的美，以至於人格的美，都趨向玉的美。」〔註202〕孔子尤其喜歡用雕刻來比喻教育，如最有名的「朽木不可雕也」〔註203〕。《周頌・有客》（微子來周見祖廟也）：「敦琢其旅」。鄭曰：選擇眾臣卿大夫之賢者與之朝王，言敦琢者，以賢美之，故玉言之。陳曰：「敦琢猶雕琢謂以治玉之事言擇人也。擇人如治玉。」這裡的「擇人如治玉」跟中國古代的「以物比德」的思想是一致的，溫潤如玉是君子的本質與品德，而對玉的雕琢，則代表君子後天的學習與修養。「以物比德」是中國古代一種重要的思維及審美方式，也是一種文化現象，其基本內涵是將自然中存在一些物象與人的某些特殊精神品德相聯繫，使自然之物具有人格化的屬性，也將人的道德品質外化為客觀之物，如「歲寒而知松柏之後凋也」，這是一種使人和自然發生關聯的審美思維方式，《禮記》中就有「君子比德於玉」，及「煥乎其有文章」、「玉不琢，不成器」、「金聲玉振」等都是中國人熟悉的跟玉有關的比附，中國向來把「玉」之美作為一種美的理想與典範，其內部含蓄之光彩具有一種光而不耀的狀態，「中國的畫，瓷器，書法，詩，七絃琴，都以精光內斂，溫潤如玉的美為意象」〔註204〕。

　　綜合以上論述可以得知，中國雖然不像古希臘那樣以雕刻為其藝術的代表與典範，但雕刻對於中國的藝術、中國的宗教和中國的日常生活都有著深刻的影響。宗白華甚至認為中國商周青銅器等之上雕刻的線條紋飾是中國繪畫等藝術的淵源與基礎，中國的木雕、漆雕刻、根雕，都十分具有民族特色。

〔註201〕宗白華：《宗白華全集》（第2卷）〔M〕，合肥：安徽教育出版社，2008：第269頁。

〔註202〕宗白華：《宗白華全集》（第3卷）〔M〕，合肥：安徽教育出版社，2016，第453頁，《中國美學史中重要問題的初步探索》。

〔註203〕出自《論語・公冶長第五》：宰予畫寢，子曰：「朽木不可雕也，糞土之牆不可圬也！於予與何誅？」子曰：「始吾於人也，聽其言而信其行；今吾於人也，聽其言而觀其行。於予與改是。」

〔註204〕宗白華：《藝境》，商務印書館，2011，《藝術與中國社會》，第241頁。

雕刻不僅非常貼近中國人民的日常生活，其中蘊含著人們無限生命的溫度，從雕刻中，人們還總結出「鏤金錯采」這樣的美學範式和「切磋琢磨」這樣的教育理念，充滿了生命的智慧。

六、中國建築生命情緒的深廣壯闊

宗白華是中國最早對建築藝術的美進行關注的理論家之一，他不僅在《藝術學（講演）》中對於建築藝術作了理論探討，他關於建築的評論還散見於多篇文章當中。建築不僅是人類最為古老的實用空間藝術，同時還是與人類生活關係最緊密的藝術種類，人們的生產、生活，物質活動和精神活動都離不開建築。建築是人類在充滿難以抵禦力量的大自然面前豎立起的屏障，以減少自己在嚴寒酷暑、猛獸攻擊之時所受的傷害，因此建築從初始之時就帶有人類強烈的情感和情緒，並且跟自然環境有著重要的關係。漸漸地，建築自然成為了心靈的港灣和精神的寄託，帶上了精神的審美功能、宗教的象徵功能。

宗白華認為建築為一大型綜合藝術，其可以將其他藝術包括其中，他說「一切藝術綜合於建築，繪畫雕刻原本建築之一部，而禮樂詩歌劇舞之表演亦與建築背景調協為一片美的生活。」〔註205〕著名的龐貝壁畫原本就是龐貝城中各個建築上的畫幅，而很多著名的希臘雕刻原本就屬於帕特農神廟的一部分，例如大英博物館中現有的來自帕特農神殿的雕塑原本是高高置於神殿頂部及楣梁的雕版上，原本高懸的、向神的、僅讓人瞻仰的雕塑現在擺在了人們面前讓人可以平視，今人觀看它們的方式較古人而言產生了巨大的變化，但即使是殘片式、細處化地平視這些雕塑，也很容易讓人感受到帕特農神殿的宏偉聖潔。

宗白華認為建築是民族生命特點的表現，一個民族的建築特點往往能體現本民族人們的天地境界觀及生活態度，這與他的藝術本質論是一致的。藝術是生命的表現，藝術家用以表現生命，給欣賞家以生命的印象。建築作為藝術的一種，自然也表現生命，宗白華認為「每一文化的強盛時代，莫不有偉大建築以容納和表現這豐富的生命」〔註206〕。宗白華認為中國建築藝術不

〔註205〕宗白華：《宗白華全集》（第3卷）〔M〕，合肥：安徽教育出版社，2016，第258頁。

〔註206〕宗白華：《宗白華全集》（第3卷）〔M〕，合肥：安徽教育出版社，2016，第258頁。

同於西方，非常有自己的民族特色。如宗白華指出從材料方面而論，中國的建築是木框架結構，因為中國人相信木質材料具有「生發」之機〔註207〕，這不同於石料的冰冷生硬，木料給人一種溫暖、實用、輕盈的入世之感，如廣西三江侗族自治縣的鐘鼓樓、風雨橋，其結構全部用木榫造成，不用一個鐵釘。西方建築由於對神靈的崇拜、對宗教的信仰，他們的建築突出建築本體、直指蒼穹並高聳入雲，表達了人渴望不斷接近上帝和天堂的願望。中國的宗教建築不具備這個特點，這是因為中國的宗教只能位於強大的皇權的籠罩之下成為一種世俗宗教，非超越性宗教，其建築也主要是在一個平面上鋪開，體現的是一個社會的倫理構成。

宗白華指出中國藝術注重線條感是一以貫之的，中國建築藝術也不例外，對比希臘（埃及）建築的石之團塊美，宗白華指出中國的木建築追求的是線條美，鏤空美，線條的交錯、雕刻、漆色之連綿不斷，是其特色。中國建築的空間可堆疊可穿鑿，有離有合，有隔有通，卻又延綿不斷，化空間為生命的境界，遊走其中即在空間中體會有節奏感時間，如聽一首交響樂那樣，充滿跌宕起伏和主題的變化。宗白華舉了臺閣的八字布圖，說明其流線型的飛簷顯得非常輕盈，尤能表現氣韻生動。中國的木結構建築之裝飾以雕鏤和木刻為主，人們在樑柱上、長廊上、飛簷上、欄杆上雕刻出各種圖案花紋，雕鏤的柱廊菱窗飛簷與山川自然融為一體。中國建築無論從整體還是從內部的裝飾，都表現出一處「飛簷」的動態，跟埃及、希臘建築的團塊厚重感不同。

宗白華提示人們注意中國建築不同「面」上的生命呈現。談論建築也應該重視建築自身的語言，如「面」，很多建築都是以「面」的方式呈現在我們眼前的，「面」的處理往往要求造型藝術的圖案美，中國建築重視「面」之上的生命呈現，如宗白華指出在《考工記》裏就有記載中國古代的工匠喜歡把生氣勃勃的動物（如龍、虎、鳥、蛇等）用於建築的裝飾，還常常給它們加上兩個能飛的翅膀，呈現出一種飛舞的活力顛沛的狀態，這昭示著漢民族在當時前進的活力。「中國建築的裝飾不但有碧綠的蓮蓬和水草等裝飾，尤其有許多飛動的動物形象：有飛騰的龍，有憤怒的奔獸，有紅顏色的鳥雀，有張著

〔註207〕根據中國傳統的「五行」觀念，東方主生發，屬青色，屬木。所有的陵墓建築採用石材，因為西方屬於金，屬於白色，主死亡。木材的使用導致中國古代的建築很難得到保存，如建於遼清寧二年（至和三年公元 1056 年）的山西應縣木塔是中國現存最三的並且唯一一座木構塔式建築，其與意大利比薩斜塔、巴黎艾菲爾鐵塔並稱「世界三大奇塔」。

翅膀的鳳凰，有轉來轉去的蛇，有伸著頸子的白鹿，有伏在那裡的小兔子，有抓著橡在互相追逐的猿猴，還有一個黑顏色的熊，背著一個東西，蹬在那裡，吐著舌頭，不但有動物，還有人：一群胡人，帶著愁苦的樣子，眼神憔悴，面對面跪在屋架的某一個危險的地方。上面則有神仙、玉女，『忽瞟眇以響象，若鬼神之彷彿』」〔註208〕。宗白華指出這跟希臘建築上的雕飾很不同，希臘建築上的雕飾，多採用靜態的植物葉子構成的有規律的花紋，而植物花紋雕飾在中國，唐代以後才逐漸興起，唐代以前建築「面」上多呈現生龍活虎的動物形象。

宗白華指出中國的建築在空間運用方面遵循著「<u>天圓地方</u>」的古老信念，建築藝術的方或者圓的形式能象徵生命的節奏，表達生命的高潮和心靈的律動。建築的空間布置與人們的思想信仰息息相關，人們在創造建築的過程中，會將自己的觀念融入其中，建築的形式很多時候寄託的是人們的精神。「形制」和「體量」的不同特點也給激發人不同的生命情緒，形式最深的作用是能引人由美入真，深入生命節奏的核心。如埃及錐形金字塔的厚重龐大，表達了這個崇拜太陽的民族對於永恆、對於往生，對於穩固秩序的追求，人們立於其前往往感到個體生命的渺小。希臘神廟秩序嚴整又高高聳立的柱子〔註209〕和質樸的形體線條，則讓人感到生命的靜默和諧，有高遠聖美的意境，令人不能忘懷。中世紀歐洲教堂的每個結構中都有「數」（如「一」、「三」、「七」這樣在基督教中具有特殊意義的數），這些數代表著神的意義和規範，這些數昭示著神聖世界的精密和完美，大教堂的莊重雄偉的外表能夠引發人們精神的無限上升；而當人們身處其中時，由於受到光線和厚重石料的壓制，人的本性和欲望會受到壓抑，感覺到自己是卑微的存在，是微小的、不重要的一部分，是歌頌神之宏大交響樂曲中的一個無足輕重的音符。這跟光明通透的希臘神廟正好相反。如果說希臘神廟表現出來的尺度是對人和現世生活的一種肯定，那麼中世紀教堂的尺度則是對人的否定。而中國先民在「天圓地方」的思想支配下，建築元素中出現了很多方與圓相套用相配合，如上圓下方、內圓外方的建築很多，以皇家祭壇為例，天壇模仿天的形狀，因此是多層嵌

〔註208〕宗白華：《宗白華全集》（第 3 卷）〔M〕，合肥：安徽教育出版社，2016 年版，第 475 頁，《中國美學思想專題研究筆記》，此稿根據作者寫於 1960〜1963 年間的筆記整理。

〔註209〕古希臘的神廟建築主要有三種不同的柱式──多立克式、愛奧尼亞式和科林斯式，三種柱式代表了一種從簡潔到繁複的變化。

套的圓環，地壇則是模仿地的形狀，為多層嵌套的方層……圓形給人圓滿和諧之感，方形則讓人感覺寧靜沉穩。建築給人的這種生命感，使得建築具有了藝術的性質，具有了文化的意蘊。

宗白華指出中國建築的<u>門窗</u>非常有特色，不僅透雕之工非常精細、起到採光和通風的實用功能，同時也跟外面的環境相交輝映構成獨立的畫面，一種視野的分割。宗白華指出「菱花窗是中國建築構件裝飾特別的成就之一，它最初可能是木板門窗上雕刻的透空花紋」〔註210〕，目前可見的菱花窗主要是故宮宮殿的窗戶，其常用朱金兩色，端莊高雅。一般家用的雕空花窗戶工匠們則會創造出很多方便於糊紙的圖案。在南方的宅院中，磚造漏窗起到重要的裝飾作用，它們是完全敞開的窗洞／門洞，被設計成圓形、扇形、瓶形、葉形等多種形狀，窗洞本身就像一個畫框，外面的風景彷彿一幅畫。另外，中國建築中門窗的設計也十分符合宗白華在談論美的形式時所說的美的需要的「間隔」與「構圖」，宗白華言無論在畫的框、雕塑的基座、堂宇的臺階欄杆、舞臺的幕布燈光等，都是通過「間隔」加強藝術的效果；而通過組織、配合和配置使片景自組成一意義豐滿的宇宙與境界，就是「構圖」〔註211〕。

中國建築的<u>空間</u>配置是最能表現有無相承、虛實相生的藝術。宗白華將希臘的廟宇，與中國的亭，天壇的內外空間作了比較，指出中國的建築講究虛實的相互滲透，而希臘則內實外虛。他分析希臘的廟宇是封閉的空間，只有前門的透光，後屋頂光，與洞窟相同，如羅馬的萬神殿，只有頂光。中國每一室都會鑿出窗戶，讓光充盈，尤其是亭，與大宇宙的空間相溝通。中國建築的這種虛實相生的觀念源自道家，如老子在《道德經》中明確提到過建築空間的問題：「埏埴以為器，當其無，有器之用。鑿戶牖以為室，當其無，有室之用。故有之以為利，無之以為用。」〔註212〕正由於此，中國建築或者園林的整體布局在空間的處理方面非常注重虛實的關係，對景、借景、隔景、分景等都是布置空間、布置空間和創造擴大空間的常用手法。另外，園林，

〔註210〕宗白華：《宗白華全集》（第 3 卷）〔M〕，合肥：安徽教育出版社 2008 年版，第 518 頁，《中國美學思想專題研究筆記》，此稿根據作者寫於 1960～1963 年間的筆記整理。

〔註211〕宗白華：《宗白華全集》（第 2 卷）〔M〕，合肥：安徽教育出版社，2016，第 70 頁，《略談藝術的「價值結構」》，原載於《創作與批評》第 1 卷第 2 期，1934 年 7 月。

〔註212〕老子《道德經》，第十一章。

還特別注意從小窗看畫的「隔看」，如園林中的窗就像一個個取景的看臺，並且從不同角度通過窗往外看景色都不同；不僅如此，每一扇窗框出的幾杆竹子、幾叢樹影，本來就如同畫框裏有生命的、會隨風搖曳的風景。至於中國人最高祭祀的天壇，則是一種典型的開放大空間，「因為天神的一般性的建築不能容納它只有用有形的建築，用具體的造型，象徵天圓地方的中國人空間觀念，才能使天壇的空間意識表現出來。」〔註213〕宗白華解釋到。由於中國的建築如此強烈的空間性的特點，我們在欣賞建築時，應該走進這樣的空間，在這個特殊空間的內外去把握其空間的變化。

宗白華指出中國建築往往不是「獨體」出現的，而是跟很多其他建築一起構成連綿不斷的建築群，借助「群體」表現出一種流動變化的節奏和整體意境。如以故宮為代表的宮殿建築群、以四合院為代表的民宅建築群、寺廟建築群等。再進一步，「綜合建築成為都市，都市計劃之完美，實為文化高明之象徵」〔註214〕，中國的北平、長安的布局規劃，使得其是古代城市規劃的典範與高峰。中國的建築群往往採用一種中軸對稱的組合方式，如北京仍然保留了中軸線，而西方很多建築則呈現一種交響樂式的高低錯落之感。中國祭祀祖先和神靈的神祠不僅是跟人們的住宅融為一個整體的，而且其形制也跟居宅無異，這體現了中國的神祠緊貼生活的特點，如現在北京的故宮仍然很好地保留了「左廟右學」的傳統，用於祭祀的太廟和國家最高學府就毗鄰故宮而建。西方的神殿往往遠離生活區，高高聳立在城市的高處，與民居有著強烈的區分性，如十分具有代表性的雅典帕特農神廟，如今依然屹立在希臘衛城的最高點上，像一個時光的客觀見證者，傾訴著兩千多年以來的風雨滄桑。

宗白華指出中國的建築往往能跟周圍自然環境完美地融合，宗白華稱中國的「風水之說在迷信的外形下，具含著一種『大自然的美學』。」〔註215〕能工巧匠總能夠通過不同廊柱飛簷、樓臺軒樹、天井窗戶的配合，通過造景、

〔註213〕宗白華：《宗白華全集》（第 3 卷）〔M〕，合肥：安徽教育出版社，2016 年版，第 520 頁，《中國美學思想專題研究筆記》，此稿根據作者寫於 1960～1963 年間的筆記整理。

〔註214〕宗白華：《宗白華全集》（第 3 卷）〔M〕，合肥：安徽教育出版社，2016，第 258 頁。

〔註215〕宗白華：《宗白華全集》（第 3 卷）〔M〕，合肥：安徽教育出版社，2016，第 258 頁。

借景色、分景、隔景等手法，昭示出建築所在之地的自然風景的旋律。宗白華說，「在山明水秀的地方，適當地著一亭，我們會感覺到它融合於自然，而這是一人工所造，非自然的表現，何以感覺它為自然呢？每一種不同的山水，均各有其不同的特色、線條、結構、靈魂，造成不同的風格，偉大的建築家能夠因山就水，創造合適的建築物，表達山水的風格，顯示山水的精神靈魂。建築能表現山水的靈魂，是由於建築家的『創造』，而建築家的創造正是生命的表現，生命與自然契合，成就建築藝術的美。」〔註216〕。他分析古希臘人不關注廟宇四圍的自然風景，把建築本身孤立起來欣賞；中國人就不同，中國人尊崇「天人合一」，因此我們總要通過建築物接觸外面的大自然，通過門窗內的小空間來體會門窗外無限的空間，從小空間進入大空間，豐富美的感受。中國建築注重與周圍環境相融合、相生發，總是跟周邊的環境（自然環境、人文環境）融合在一起的，因此建築還是一種環境藝術。更有甚者，中國很多城市的整體建造都是跟自然環境、地勢相配合的，「北平的都市計劃，實曾著眼於數百里路以內的山河形勢」〔註217〕，中國風水學重山，往往將起伏延綿的山稱為「龍脈」，北京就是依傍太行山的支脈西山而建，取「靠山」之意，寄寓了山河永固的美好願望。

　　宗白華還指出，中國古代的很多建築修在高臺之上，這種臺早期主要為土臺，晚期主要為磚臺〔註218〕，《老子・六十四章》中有「九層之臺，起於累土」之句，《老子・第二十章》的「眾人熙熙，若享太牢，若春登臺」，還有因詩句「銅雀春深鎖二喬」而聞名的曹操擊敗袁紹後在鄴都所修建的銅雀、金虎、冰井三臺，即史書中之「鄴三臺」，其還是建安文學的發源地，臺高十丈，有屋數百間，歷代文化名人在此題詠甚多。宗白華還指出殷商、戰國等時期留下的建築遺址有很多巨大的夯土臺，高臺建築從我國早期文明時代一直流行到西漢時期，材質從夯土變成硬石，從最初就是一種權力的象徵，人在高臺上，可以觀天地，望氣息，檢閱臣民；從實用的意義而言，高臺建築抬

〔註216〕宗白華：《宗白華全集》（第3卷）〔M〕，合肥：安徽教育出版社2008年版，第516頁，《中國美學思想專題研究筆記》，此稿根據作者寫於1960～1963年間的筆記整理。

〔註217〕宗白華：《宗白華全集》（第3卷）〔M〕，合肥：安徽教育出版社，2016，第258頁。

〔註218〕沒有建築於其上的臺就是「壇」，為帝王祭神敬天的場所，如「天壇」，另外紫禁城的三大高臺既有臺的功能，又有壇的意象。

高了木建築的海拔，減少了其遭受水浸泡的風險，因此高臺是另一將實用、審美及超越性意義結合而成的一個典範。今天的天安門城樓就修築在磚砌的高臺之上，一般認為建築高臺是為了使人感到莊嚴、尊貴，既可以登臺遠望、開闊視野，同時有利於中國傳統木框架建築通風和防潮。《禮記》記載：「天子之堂九尺，諸侯七尺，大夫五尺，士三尺。」這裡的「堂」，指的就是「臺基」，臺基的高度很早就列入等級規定。高臺一般分為天然高臺和人工夯土高臺，有的天然高臺在山坡處利用山半腰突出的相對平坦的部位，也有的直接在山頂上建廟宇。人工高臺，多用於廟宇和宮殿建築，有的也用於城市建築（多為都城）一組建築，或一個城市裏的高臺建築大都是重要的建築物，這可使整個建築群高低錯落此起彼伏，形成一種錯落有致、波瀾壯闊的節奏感。「從臺榭上眺覽大地山河，遠山近水，丘陵起伏，水道瀠洄，所得到的空間感是有層次的、曲折的、迴旋的。不是直線透視的，正面的，一面的，幾何學的，直線型的」〔註219〕，正是從這裡郭熙父子得出了「三遠」的理論，深刻影響了中國繪畫藝術的空間感悟，平遠，深遠，高遠，通望周博，以暢遠情；《毛傳》中還有「升高能賦，可以為大夫」之句。人類早期文明具有很多共通的地方，如人類很多早期城市整體就建立在高地之上，如兩河流域的烏爾城（Ur），著名的雅典衛城等。雅典衛城還被稱為雅典的阿克羅波利斯，希臘語「阿克羅波利斯」的原意就為「高處的城市」或「高丘上的城邦」。

　　中國建築之明珠的園林之不規則之美深刻地影響了西方現代建築，西方現代美學最初就是從不服從規則的「反理性」開始的，這種反抗可以最早追溯到歐洲人對中國園林「Sharawadgi」〔註220〕的追捧。宗白華舉了法國凡爾賽宮的例子說西方的園林一進去就是橫平豎直的幾何形，而中國園林所呈現出來的中國古典美學與西方古典美學強調規則和對稱不同，追求的是一種超越規則和形式之上的境界和感受，這一點從莊子美學就開始了。因此人們認為中國古典美學擁有的恰恰是西方現代美學的特徵。

〔註219〕宗白華：《宗白華全集》（第3卷）〔M〕，合肥：安徽教育出版社2008年版，第523頁，《中國美學思想專題研究筆記》，此稿根據作者寫於1960～1963年間的筆記整理。

〔註220〕英國坦普爾爵士在1685年所寫的《論伊壁鳩魯的花園／或關於造園的藝術》一文中首次提到中國造園藝術中的 "Sharawadgi" 美學原則。Sharawadgi，即中國園林的不規則的美感，這被最初引入到歐洲來反對廣泛流行於歐洲的幾何圖案式的花園。

總之，宗白華關於中國傳統建築的論述抓住了其從外形到精神內涵的特點，從建築材料——木頭的選用上，中國建築就充滿了生發之氣，其與自然相互融合相互激發的特點讓中國建築充滿了自然生命的天趣，其面上的點綴裝飾動物刻畫等也充滿生命的活力。中國建築的空間配置方面既遵循了「天圓地方」的信念，也體現了道家虛實結合的理念。中國建築跟中國其他藝術形式（如繪畫、書法、雕刻等），都重視線條的流動感。

七、中國戲曲言語行動所表現的生命真切

「隨動產生，隨動發展」〔註221〕是宗白華對中國戲曲的總結，宗白華認為中國戲曲通過動作感動人，動作強烈能使人哭，也能使人笑，這跟亞里士多德的《詩學》中對行為的突出是類似的，沒有動作則無所謂戲劇可言。中國的戲曲藝術淵遠流長，很多學者在早期的蠟、雩、巫〔註222〕等祭祀的儀式中就看到了戲曲的音樂與表演之結合的萌芽因素。到宋代，戲曲擁有了穩定的藝術形式和極為廣泛的群眾基礎，成為了人們的一種生活方式。

宗白華認為戲曲在文藝中具有最高地位，其是敘事文學和抒情文學結合的產物〔註223〕。抒情文學的對象是「情」，敘事文學的對象是「事」，因而戲曲文學的對象是人的「行為」，由外境的「事」和內在的「情」交織而成、互相影響的人的「行為」，因此戲曲的中心就是「行為」的藝術表現。

宗白華指出戲曲的動作表演就尤為重要，中國戲曲尤其如此，他指出「中國戲曲一切服從動，沒有動就沒有中國戲，動是中心」〔註224〕。宗白華還指出中國的戲曲的動作具有很強烈的程序性的特點，程序性是生活動作的一種規範化，表演者賦予表演以相對固定的格式，並且將生活中常用的動作舞蹈化和節奏化，比如演員表演騎馬的動作，舞臺上並不需要一匹真馬或假馬的

〔註221〕宗白華：《中西戲劇比較及其他》，《北京大學校刊》，1985 年 10 月 16 日。

〔註222〕蠟為先民一年一度慶祝豐收的儀式，雩為祈雨的儀式，巫則是驅趕邪魔的儀式，先民的祭師們在舉行儀式時一般都戴面具，這被認為是後來戲曲臉譜的源起；儀式中一般會配有音樂、說詞、舞蹈和表演等，戲曲的元素都能在其中找到。

〔註223〕宗白華：《藝境》，商務印書館，2011，第 12 頁，《戲曲在文藝上的地位》，原刊登於《時事新報·學燈》，1920 年 3 月 30 日。

〔註224〕宗白華：《宗白華全集》（第 3 卷）〔M〕，合肥：安徽教育出版社 2016 年版，第 395 頁，《中西戲劇比較及其他》，原為宗白華 1961 年一個戲曲座談會上的發言稿，發表於《北京大學》校刊 1985 年 10 月 16 日。

道具，演員表演搖櫓的動作舞臺上也並不需要一艘船，而是演員通過逼真的表演，給人以策馬奔騰、江海之上的感覺。宗白華對「程式化」進行了很深刻的分析，指出「中國戲曲的程式化就是打破團塊，把一整套行動，化為無數線條，再重新組織起來，成為一個最有表現力的流動的美的形象」〔註225〕，即將「程式化」這個特點跟中國藝術共通性的「線條」性特徵聯繫了起來。宗白華還比較了中西戲劇著重點的不同，他指出，西方戲劇「著重思想，中國戲曲，著重感動人，動作強烈，能使人哭，亦能使人笑」。〔註226〕

　　宗白華高度讚美了中國戲曲的抽象性特點，抽象性一表現在舞臺設置的簡約上，二表現在由動作帶出場景方面。具體說來，中國戲曲有著非常簡單的舞臺——一般不用逼真的布景，這是中國戲曲最突出的特點——中國戲曲的布景全在演員身上。演員用程序手法、舞蹈動作等「逼真地」表現出人的內心情感和行動，就會使人忘掉對布景的需要。宗白華說「中國舞臺運動在二千年的發展中形成一種富有高度節奏感和舞蹈化的基本風格，這種風格既是美麗的，同時又能表現生活的真實，演員能用一兩個極洗煉而又極典型的姿勢，把時間、地點和特定情景表現出來」〔註227〕。中國戲曲虛實相生的特點使其不需要環境的布景阻礙而表演靈活，宗白華稱之為「真境逼而神境生」〔註228〕，這便是藝術啟示的、比真實更具有啟示性的「真」。宗白華具體舉了越劇裏的「十八相送」的例子，指出整劇沒有任何背景，十八送就是十八個景，景隨動作表現出來；京劇《三岔口》裏的夜是依靠演員的摸黑演出的動作表現出來的；而川劇《秋江》中的船與起伏的江水都是通過艄翁與陳妙常的精妙表演的動作表現出來。「演員結合劇情的發展，靈活地運用表演程

〔註225〕宗白華：《宗白華全集》（第3卷）〔M〕，合肥：安徽教育出版社，2016，第463頁，《中國美學史中重要問題的初步探索》，這是作者在1963年為北京大學哲學系、文系高年級學生開設的中國美學史講座的講稿，由葉朗整理。後經宗白華先生審校，校正內容由宗先生女兒宗福紫女士提供。原載《文藝論叢》，1979年第6輯。

〔註226〕宗白華：《宗白華全集》（第3卷）〔M〕，合肥：安徽教育出版社2016年版，第394頁，《中西戲劇比較及其他》，原為宗白華1961年一個戲曲座談會上的發言稿，發表於《北京大學》校刊1985年10月16日。

〔註227〕宗白華：《宗白華全集》（第3卷）〔M〕，合肥：安徽教育出版社2016年版，第389頁，《中國藝術表現裏的虛和實》，原載於《文藝報》1961年第5期。

〔註228〕宗白華：《宗白華全集》（第3卷）〔M〕，合肥：安徽教育出版社2016年版，第388頁，《中國藝術表現裏的虛和實》，原載於《文藝報》1961年第5期。

序和手法，表達出人物的內心情感和行動，使人忘掉對於劇中環境布景的要求」〔註229〕。

宗白華指出中國戲曲的舞臺<u>極簡的布景</u>方式是跟中國畫的空間表現是相通的，「中國舞臺上一般不設置逼真的布景，僅用少量的道具桌椅等」〔註230〕，也通於中國詩歌空靈的意境營造，因為有留空，演員才能更有發揮餘地地充分表現劇情，觀眾們也需要積極調動自己實際的生活經驗與經歷融入戲中，演員和觀眾能夠得到更深入的精神交流。這跟中國畫的留白是具有相同意義的，空白處自有靈氣往來，宗白華分析這表明了中國藝術很早「突破了自然主義和形式主義的片面性，創造了民族的獨特的現實主義的表達形式，真和美，內容和形式高度地統一起來。」〔註231〕而宗白華指出「西洋戲劇是主張用布景的，易卜生就很注意用景色。中國戲曲景與情全由演員來表演」〔註232〕。西方的戲劇布景則跟西方的油畫那樣，處處被填滿，沒有一處空白，西方戲劇布景追求的是一種現實的樣式化效果，甚至宗白華指出「文藝復興以後，西洋講究透視學，舞臺也要求透視，先有布景，後有人物；中國戲曲人物出場，手拿馬鞭就說明是騎馬出來了」〔註233〕，西方戲劇在舞臺上使用了大量的真實的物質材料，如表現壁爐旁邊的情節時，舞臺上會真的燃燒起壁爐中的火焰，以及豐富多樣的舞臺技術：燈光、投影、聲音效果，同時舞臺的整體色調會與音樂節奏相一致，從而體現出戲劇的寫實意味，展現出西方世界獨特的風貌。值得指出的是，西方戲劇尤其重視燈光的使用使舞臺富於變化，現代投影裝置的使用展現出綜合性的舞臺效果。燈光作為展現戲劇舞臺設計綜合性的一種媒介，「不僅能夠讓布景建築更加立體，同時還能讓演員面部表情更加突出，既有助於突出布景創造戲劇動作的瞬間空間，還能作為一種

〔註229〕宗白華：《宗白華全集》（第3卷）〔M〕，合肥：安徽教育出版社，2016，第388頁，《中國藝術表現裏的虛和實》，原載於《文藝報》1961年第5期。

〔註230〕宗白華：《宗白華全集》（第3卷）〔M〕，合肥：安徽教育出版社2016年版，第388頁，《中國藝術表現裏的虛和實》，原載於《文藝報》1961年第5期。

〔註231〕宗白華：《宗白華全集》（第3卷）〔M〕，合肥：安徽教育出版社2016年版，第389頁，《中國藝術表現裏的虛和實》，原載於《文藝報》1961年第5期。

〔註232〕宗白華：《宗白華全集》（第3卷）〔M〕，合肥：安徽教育出版社2016年版，第394頁，《中西戲劇比較及其他》，原為宗白華1961年一個戲曲座談會上的發言稿，發表於《北京大學》校刊1985年10月16日。

〔註233〕宗白華：《宗白華全集》（第3卷）〔M〕，合肥：安徽教育出版社2016年版，第395頁，《中西戲劇比較及其他》，原為宗白華1961年一個戲曲座談會上的發言稿，發表於《北京大學》校刊1985年10月16日。

增強情感的催化劑，渲染氣氛，使觀眾心理發生細微的變化。」〔註234〕西方戲劇因此不像中國戲曲那樣背景都背負在演員的動作中，而是需要依靠演員、化妝師、服裝師、舞臺效果師等相配合共同實現，每個人奉獻自己獨特的才華，共同去完成舞臺的呈現效果。中國戲劇因為沒有具體的布景，景都在演員身上，因此「戲曲的空間隨動產生，隨動發展……」〔註235〕，而西洋的戲劇的背景反而因為寫實化了，演員們的表演就被侷限在了固定的、背景規定的空間裏了。

宗白華指出「角兒」對中國戲曲的決定性意義，中國人流行「看戲看角兒」，正是因為所有的「戲」都在演員的表演，即「唱、念、做、打」的行動上，「角兒」往往是舞臺經驗豐富、表演得到大家一致認同的演員。宗白華說觀眾們到劇場來，「不獨看的是動作，瞭解的也是動作，賞悅的是動作，悲憫的也是動作，恐怖的也還是動作。只有動作才將人山人海的觀眾的視線調值得萬個心變成一個心。動作的魔力為什麼有如此之大？因為劇中的動作是腳踏實地，體貼入微的動作；換言之，是有訓練的身手的演員的動作，不是一般人日常的散漫無精彩的動作了」〔註236〕。「角兒制」甚至是京班的組織形式，指的是一齣戲的各個演員是由名角兒挑選組織形成，名角兒是一齣戲的核心人物，跟其他腳色有著很不一樣的地位，名角兒一般擁有自己專用的場面、行頭，不跟其他人共用衣箱，「角兒制」能夠很好地促進名角兒的創作性和積極性，促成了近代京劇藝術的繁榮。

宗白華指出中國的戲曲跟西方戲劇一樣講究情節的起伏跌宕，要有畫龍點睛之筆的「務頭」，「務頭」即是戲曲當中曲調與情節相配合最妙之處，宗白華引用李漁在《閒情偶寄》中的解釋〔註237〕，強調務頭是戲曲之畫龍點睛之筆，一齣戲必須有高潮，有平緩之處，這樣才能有高低起伏的錯落精彩。這好比寫文章時不能從頭到尾都精彩高潮，必須用平淡之處來突出精彩之妙，又好像人的精彩在「眼」，「眼」是人跟外界世界溝通的關鍵，人若失去眼中

〔註234〕孔令科：《論舞臺美術設計的形式美》，〔J〕，大眾文藝，2009 年（23）。

〔註235〕宗白華：《宗白華全集》（第 3 卷）〔M〕，合肥：安徽教育出版社 2016 年版，第 395 頁，《中西戲劇比較及其他》，原為宗白華 1961 年一個戲曲座談會上的發言稿，發表於《北京大學》校刊 1985 年 10 月 16 日。

〔註236〕宗白華：《宗白華全集》（第 3 卷）〔M〕，合肥：安徽教育出版社 2016 年版，第 389 頁，《中國藝術表現裏的虛和實》，原載於《文藝報》1961 年第 5 期。

〔註237〕宗白華：《宗白華全集》（第 3 卷）〔M〕，合肥：安徽教育出版社 2016 年版，第 389 頁，《中國藝術表現裏的虛和實》，原載於《文藝報》1961 年第 5 期。

的光，就彷彿失去了生命的活力。詩也有「詩眼」，「眼」是特別能引起人注意的地方，在戲曲中就叫「務頭」。

宗白華還指出中國的戲曲的<u>唱腔</u>還反映出語言發展從邏輯語言到音樂語言的過程〔註238〕，戲曲表演裏講究「咬字行腔」體現的即是這條規律。「字」和「腔」就是中國戲曲唱法的基本元素，咬字要清楚，因為「字」表現的是思想內容，反映的是客觀現實。但為了充分的表達（古代沒有良好的擴音設備，只能夠靠演員在發音時最大限度地打開共鳴腔和拖長發音的辦法進行擴音），需要從「字」引出「腔」〔註239〕。程硯秋打了一個形象的比方說，「咬字」像貓抓老鼠，不可以下子抓死，既要抓穩，又要保活，這樣才能使唱腔既有內容的表達，又有藝術的韻味。

總之，宗白華關於中國戲曲的論述是圍繞著「動」這個核心範疇的，「動」本來就是生命最直接和最深刻的特質。在中國戲曲中，「動」是演員的表演動作，也是動作上所寄寓的情節和場景，「動」還構成戲曲的主線、劇目衝突之「務頭」，能夠將動作最好地表現在舞臺上的、具有天賦和豐富經驗的演員便是看戲觀眾們追捧的「角兒」，也是一幕劇的核心。宗白華高度讚美中國戲曲經過千年的積累，能夠極好地「用藝術的真實表現出生活的真實」〔註240〕，其高度虛實結合的表現手法，是我國古典藝術遺產中對全人類美學的特殊貢獻。

第三節　宗白華在中國傳統思想中汲取的生命資源

宗白華生於書香世家，不僅其父是清末的舉人，其外祖父也是晚清的秀才，在這個墨香四溢的家庭裏，宗白華耳濡目染，對儒家思想、道家思想、《周

〔註238〕宗白華：《宗白華全集》（第3卷）〔M〕，合肥：安徽教育出版社，2016，第472～474頁，《中國美學史中重要問題的初步探索》，這是作者在1963年為北京大學哲學系、文系高年級學生開設的中國美學史講座的講稿，由葉朗整理。後經宗白華先生審校，校正內容由宗先生女兒宗福紫女士提供。原載《文藝論叢》，1979年第6輯。

〔註239〕魏良輔《南詞引正》中寫到「腔有數樣，紛紜不類，各方風氣所限，有崑山（蘇州）、海鹽、餘姚、杭州、弋陽（江西）」，江南的方言複雜，每一種方言都能衍生出一種聲腔，明代時期影響最大的是弋陽腔，因為江西方言跟當時的官話接近，最早傳播到了全國各地，其他幾種聲腔主要在當地傳播。

〔註240〕宗白華：《宗白華全集》（第3卷）〔M〕，合肥：安徽教育出版社2016年版，第400頁，《中國藝術表現裏的虛和實》，原載於《文藝報》1961年第5期。

易》哲學和禪宗等有著天然的熟稔，他更對中國傳統文化與藝術更有一種與生俱來的敏感和熱愛。從宗白華的求學軌跡及關注重點來看，宗白華的學術重心實現了從「西學」轉向「中學」的變化〔註241〕，早年熱衷西方哲學的宗白華留德回國之後越來越傾慕東方精神與藝術之美，力圖從中國的傳統思想中汲取無限的生命資源。美學家李澤厚在為《美學散步》所作的序中稱宗白華美學「相當準確地把握住了那屬於藝術本質的東西，特別是有關中國藝術的特徵……體現著『天行健，君子以自強不息』的儒家精神、以對待人生的審美態度為特色的莊子哲學，以及並不否棄生命的中國佛學禪宗」〔註242〕。

一、魏晉名士表現出的極大生命赤誠

宗白華從青少年時期起即無限嚮往魏晉風流所表現出來的生命之赤誠，其後一生都從魏晉名士身上汲取了無盡的力量，他稱此時期人們「這樣解放的自由的人格是洋溢著生命」〔註243〕、「精神上的大解放，人格上思想上的大自由」〔註244〕。宗白華仰慕這個時期的人物，熱情洋溢地讚美這個時期的「真」人，宗白華稱「晉人既從性情的直率和胸襟的寬仁建立他的新生命，擺脫禮法的空虛和頑固，他們的道德教育遂以人格的感化為主」〔註245〕。同時，宗白華指出在魏晉也是中國審美的轉變的關鍵時期，人們開始認為「初

〔註241〕王岳川在《宗白華學術文化隨筆·跋》一文中提出了宗白華先生從青年的哲學詩人走向中年的體驗美學家的四個具體表現：1. 學術方向上由「西學」轉向「中學」，由注重歌德、叔本華尼采轉向注重晉人風度所表現出的華夏人格精神美，張揚中國審美主義；2. 學術課題上轉向中西美學詩學比較，不再僅僅研究西方美學精神，而且在比較中出現了較明顯對東方美學精神的傾慕、感歎和依戀，並力求在比較中發見中國美學的精英和靈魂；3. 研究角度上轉向體驗美學，尤其注重以心性情懷的體悟去尋繹中國文化的美麗精神，全面地確立哲理情思的直觀把握這一進入問題的角度，使自己在感受和心靈體驗中保持住人間的本真意緒和詩性；4. 言說方式更為清晰地定位為詩化體即鬆散的學術小品，在流雲般的思想中湧動著對晉人之美和對自由超越的嚮往。而且，在五十年代前中期日益轉向沉默，出現了發表文章最少的現象。

〔註242〕宗白華：《美學散步》，上海人民出版社，1981年，第2頁。

〔註243〕宗白華：《宗白華全集》（第2卷）〔M〕，合肥：安徽教育出版社，2008：第284頁。

〔註244〕宗白華：《宗白華全集》（二），安徽教育出版社，2016，第268頁，《論〈世說新語〉和晉人的美》。

〔註245〕宗白華：《宗白華全集》（第2卷）〔M〕，合肥：安徽教育出版社，第282頁，《論〈世說新語〉和晉人的美》，原刊於《星期評論》第10期，1941年1月。

發芙蓉」比「鏤金錯采」有著更高的審美境界〔註246〕，這是中國美學的一次重要的解放，藝術開始成為「活潑潑的生活的表現，獨立的自我的表現」〔註247〕，正因為這個時代藝術品的「真」和活力，讓宗白華情有獨鍾，這樣的「真」即一種率性，一種盡性。

宗白華在抗日戰爭期間的 1941 年發表了其飽含深情的文章《論〈世說新語〉和晉人的美》，除了上一段分析的兩點原因，還有深刻的歷史背景和意義。一方面是宗白華希望在艱苦的抗日戰爭時期給予人們戰勝困難和黑暗的希望，因為宗白華指出魏晉時期中國也同樣處於歷史「政治上最混亂、社會上最苦痛的時代，然而卻是精神史上極自由、極解放，最富於智慧、最濃於熱情的一個時代」〔註248〕，那個時代人們還創造出了最富於智慧和生命熱情的藝術，書聖王羲之的書法就是極好的代表，所以宗白華是希望由此來鼓勵當時處於戰亂和外族侵略的中華民族，不要喪失希望和追求。另一方面，宗白華從人們在抗日戰爭表現出來的真誠和熱情當中，看到了人們精神面貌的另一方面，因此宗白華想用這種精神狀態來進一步打擊廣泛流行於中國的虛偽的鄉愿主義，鼓勵人們做「真」人。關於這一點，宗白華在此文的說明中有「作者識」，其中有明確的說明：「秦漢以來，一種廣泛的『鄉愿主義』支配著中國精神和文壇已兩千年。這次抗戰中所表現的偉大熱情和英雄主義，當能替民族靈魂一新面目。在精神生活上發揚人格底真解放，真道德，以啟發民眾創造的心靈，樸儉的感情，建立深厚高闊、強健自由的生活，是這篇小文的用意。環視全世界，只有抗戰中的中國民族精神是自由而美的了！」〔註249〕宗白華用《世說新語》中很多生動的情節來說明晉人無論在生活上還是人格上都閃現著個性主義的光芒，如殷浩的「我與我周旋久，寧作我！」〔註250〕，

〔註246〕如此時期與《文心雕龍》並肩的詩論《詩品》提出「直尋說」，即以自然以最高美學原則，主張詩歌內容的自由抒情，情感的清新流暢，反對齊梁時代重雕刻的形式主義之風，正是《詩品》的作者鍾嶸首先提出「謝詩如芙蓉出水，顏如錯彩鏤金」，而將「出水芙蓉」和「鏤金錯采」的對照美學範疇提出。

〔註247〕宗白華：《宗白華全集》（第 3 卷）〔M〕，合肥：安徽教育出版社，第 451 頁。

〔註248〕宗白華：《宗白華全集》（二），安徽教育出版社，2016，第 282 頁，《論〈世說新語〉和晉人的美》。

〔註249〕宗白華：《宗白華全集》（二），安徽教育出版社，2016，第 267 頁，《論〈世說新語〉和晉人的美》。

〔註250〕宗白華：《宗白華全集》（第 2 卷）〔M〕，合肥：安徽教育出版社，2008：第 269 頁。

這都是個性主義、真誠熱情的代表，這些近似狂狷的真性情是反抗桎梏性靈之禮教及虛偽庸俗的良藥，這些品質都是對抗鄉愿的積極力量。

宗白華認為魏晉時代是人極自由的時代，他稱魏晉「幾百年間是精神上的大解放，人格上、思想上的大自由」〔註251〕，因為這個時代舊的秩序和禮教崩塌，新的和外來的思想（如佛教的思想）傳入，大的自由和新元素刺激了人們創造力的勃發，這使宗白華用西方的文藝復興時代來比對這個時代，稱「這是強烈、矛盾、熱情、濃於生命彩色的一個時代」〔註252〕。

宗白華指出魏晉時期也是中國藝術得到極大發展的時代，書聖王羲之的書法達到了頂峰狀，雲山龍門石窟具有一種宇宙氣息的氣勢，「三曹」、「建安七子」和「竹林七賢」的文學造詣，嵇康生命之絕響的古琴曲，音樂舞蹈方面的蘭陵王破陣舞，顧愷之、陸探微和張僧繇的繪畫，這時期的藝術創作「無不光芒萬丈，前無古人，奠定了後代文學藝術的根基與趨向。」〔註253〕在各個藝術門類中，宗白華又認為書法最能體現此時期魏晉思想上的傾向，他說「晉人的書法是這美最具體的表現」〔註254〕，書法中的行書在宗白華看來最能表現晉人的自由瀟灑，不滯於物的特點，行草更是一氣呵成，天馬行空，「這優美的自由的心靈找到一種最適宜表現他的藝術，這就是書法中的行草……晉人的書法是這自由的精神人格最具體最適當的藝術表現。這抽象的音樂似的藝術才能表達出晉人的空靈玄學精神和個性主義的自我價值。」〔註255〕

宗白華還指出，魏晉時期的藝術批評也相應地發展到了高峰，並且是中國的美學思想大轉折的時期，人們由原來追求「鏤金錯采」變得偏好「初發芙蓉」。「中國藝術和文學批評的名著，謝赫的《畫品》，袁昂、庾肩吾的《畫品》、鍾嶸的《詩品》、劉勰的《文心雕龍》都產生在這熱鬧的品藻人物的空氣中。後

〔註251〕宗白華：《宗白華全集》（第2卷）〔M〕，合肥：安徽教育出版社，2008：第268頁。

〔註252〕宗白華：《宗白華全集》（第2卷）〔M〕，合肥：安徽教育出版社，2008：第268頁。

〔註253〕宗白華：《宗白華全集》（第2卷）〔M〕，合肥：安徽教育出版社，2008：第267頁。

〔註254〕宗白華：《宗白華全集》（第2卷）〔M〕，合肥：安徽教育出版社，2008：第268頁。

〔註255〕宗白華：《宗白華全集》（第2卷）〔M〕，合肥：安徽教育出版社，2008：第271頁。

來唐代司空圖的《二四品》,乃集我國美感範疇之大成。」〔註256〕依託於此時
期空前繁榮的藝術創作實踐,人們自然想得出區分藝術品優劣的標準,因此藝
術批評的繁榮與藝術實踐本身的大發展是相輔相成的。而也是在此時期,中國
人開始認為「初發芙蓉」之清麗美比「鏤金錯采」的繁複美表現出更高的審美
境界。宗白華認為這跟此時期人之率真澄澈是一致的,人達到了真誠的生命狀
態,其藝術也「開始成為活潑潑的生活的表現,獨立的自我表現。」〔註257〕

　　宗白華指出魏晉人「簡約玄澹」〔註258〕的傾向,並且晉人追崇「人」本身
的美,「是全時代的最高峰」〔註259〕,關於這時期「人」之美的記錄,則在劉
義慶的《世說新語》當中,宗白華用「自然主義」和「個性主義」〔註260〕來總
結這時代人們呈現出來的精神狀態,對個性的尊重即是對人的充分肯定,也就
是對生命的極大肯定。魏晉之人對自然美有敏銳的感知,對自然的發現讚美已
儼然是後來中國山水畫的境界,宗白華認為晉人正是從對山水的欣賞而入超人
的玄境,他舉例〔註261〕當時畫家宗炳的「山水質有而趣靈」和陶淵明的「採菊
東籬下,悠然見南山」,並且總結到「晉人以虛靈的胸襟、玄學的意味體會自
然,乃能表裏澄澈,一片空明,建立最高的晶瑩的美的意境!」〔註262〕魏晉人
除了性格中的個性主義和自然主義傾向外,宗白華還讚美他們的「一往情深」,
宗白華認為他們「無論對於自然,對探求哲理,對於友誼」〔註263〕皆飽含深

〔註256〕宗白華:《宗白華全集》(第 2 卷)〔M〕,合肥:安徽教育出版社,2008:第
　　　　269 頁。
〔註257〕宗白華:《宗白華全集》(第 3 卷)〔M〕,合肥:安徽教育出版社,2016,451,
　　　　《中國美學史中重要問題的初步探索》。
〔註258〕宗白華:《宗白華全集》(第 2 卷)〔M〕,合肥:安徽教育出版社,2008:第
　　　　268 頁。言魏晉人「簡約玄澹」是明朝胡應麟在其《少室山房筆叢·九流緒
　　　　論下》提出的,「讀其語言,晉人面目氣韻,恍忽生動,而簡約玄澹,真致
　　　　不窮。」
〔註259〕宗白華:《宗白華全集》(第 2 卷)〔M〕,合肥:安徽教育出版社,2008:第
　　　　268 頁。
〔註260〕宗白華:《宗白華全集》(第 2 卷)〔M〕,合肥:安徽教育出版社,2008:第
　　　　268 頁。
〔註261〕宗白華:《宗白華全集》(第 2 卷)〔M〕,合肥:安徽教育出版社,2008:第
　　　　269 頁。
〔註262〕宗白華:《宗白華全集》(第 2 卷)〔M〕,合肥:安徽教育出版社,2008:第
　　　　270 頁。
〔註263〕宗白華:《宗白華全集》(第 2 卷)〔M〕,合肥:安徽教育出版社,2008:第
　　　　272 頁。

情。正是出於這樣的深情，才能夠悲天憫人，才能夠對世間萬物有深入的感受，就是由於這樣感受的敏銳，才能在藝術方面有不可企及的成就。

宗白華稱謝安為「東晉風流的主腦人物」[註264]，言其「天真仁愛的赤子之心實是他偉大人格的根基」[註265]，在宗白華的青少年時期，他就用親自走過謝安留下足跡的地方、拜謁謝安墓的方式來表達自己對魏晉風流的神往，表達自己對這位中國歷史上膽識與謀略之傑出代表的仰慕。在其十七歲所寫的《遊東山寺二首有序》[註266]中，他寫到自己白天努力追尋探索謝安千百年前在東山的足跡，夜半之時仍然懷著激動的心情在謝安祠前徘徊的赤誠。在《論〈世說新語〉和晉人的美》中，宗白華不僅讚美謝安在淝水之戰中表現出來的忠誠勇氣，還讚美了他在教育兒子問題上採用的靈活的人格感化、潛移默化的方式，而不是用蒼白的禮法來限制禁梏，更不是用教條的語言來管束。宗白華讚美藐視禮法最為徹底的阮籍，因為他「要把道德的靈魂重新築在熱情直率之上，擺脫陳腐禮法的外形。因為這禮法已經喪失了它的真精神，變成阻礙生機的桎梏」[註267]

晉人身上表現出來的率真和灑脫在宗白華看來是莊子所說的「藐姑射仙人，綽若處子，肌膚若冰雪[註268]」理想人格的代表，晉人以莊子所描繪的純真率直的人格為追求，為美，他們的人格在黑暗的時代熠熠生輝，為同樣處於黑暗中的人們照進未來，為後世子孫們做出典範。

二、儒家思想包含的生命之率性和真誠

宗白華一生以天下為己任，關心國家興亡命運，其父親在地方上有出色的治理水利的政績，家風之中便有儒家的積極入世進取精神，禮樂的人文和美學主張，這些後來都成為了宗白華生命美學理論根基，宗白華的一生可以

〔註264〕宗白華：《宗白華全集》（第 2 卷）〔M〕，合肥：安徽教育出版社，2008：第282 頁。

〔註265〕宗白華：《宗白華全集》（第 2 卷）〔M〕，合肥：安徽教育出版社，2008：第282 頁。

〔註266〕宗白華：《宗白華全集》（第 1 卷）〔M〕，合肥：安徽教育出版社，2008：第1～2 頁。

〔註267〕宗白華：《宗白華全集》（第 2 卷）〔M〕，合肥：安徽教育出版社，2008 年，第 284 頁。

〔註268〕宗白華：《宗白華全集》（二），安徽教育出版社，2016，第 271 頁，《論〈世說新語〉和晉人的美》，原刊於《星期評論》第 10 期，1941 年 1 月。

說正是對孔子「志於道，據於德，依於仁，游於藝」〔註269〕的實踐。

　　宗白華將原始儒家的「禮樂」〔註270〕視為具有生命藝術的典範，因為禮樂是天道在生活中的顯現。「人生裏面的禮樂負荷著形而上的光輝，使現實的人生啟示著深一層的意義和美，禮樂使生活上最實用的、最物質的，衣食住行及日用品，昇華進端莊流麗的藝術領域。」〔註271〕宗白華認為宇宙間萬物和流轉運行體現著這個世界的本質和規律，而儒家的禮和樂，就是這個世界節奏與和諧的顯現，這個節奏與和諧既是藝術創作的根本來源，也是藝術境界立足的根基，是實現社會和諧、使社會富有生機又不乏節制的重要因素。一年四季的輪換交替使萬物並作不息，這是天地間的節奏，這種節奏順萬物之性，而人之性與萬物之性相通，但人之性會被無窮無盡的欲望遮蔽，所以需要條理和控制，這種條理和控制的力量就是禮和樂〔註272〕，儒家的禮樂精神啟示著宗白華奔騰的生命洪流需要條理來使其恒常不息。宗白華認為只有對生命有最高度的把握，對生活有最深度的體驗，才會最終形成禮樂，「而人類社會生活的高峰，禮和樂的生活，乃寄託和表現於禮器和樂器」〔註273〕，在宗白華看來，生命之道為最上，禮樂為中，器為下層，三者是一個相互貫通的體系：形而上的生命之道、天地境界是禮樂的根據，同時也是器的表現對象；器多為禮器和樂器，是用來直接服務於禮樂制度的。

　　宗白華所堅持的美感教育不僅受到了席勒等西方思想家的影響，更是受到了孔子的啟示，宗白華寫到：「孔子說『興於詩，立於禮，成於樂』，這實在就是美感教育」〔註274〕，宗白華指出教育不應該只講求實際，而忽略人格精神的培養缺乏美的薰陶和感動，好的教育應該是美育與實用教育並行的，

〔註269〕見於《論語・述而篇》。

〔註270〕在先秦，詩、舞、樂等藝術形式往往是合一的，如《詩經》之「詩」就是用來吟唱、而非閱讀。因此先秦儒家的禮樂文化之「樂」，並不狹義地指代音樂。

〔註271〕宗白華：《宗白華全集》（第2卷）〔M〕，合肥：安徽教育出版社，第411頁，《藝術與中國社會》。

〔註272〕宗白華：《宗白華全集》（第3卷）〔M〕，合肥：安徽教育出版社，2016，第641頁，《形上學——孔子形上學》。

〔註273〕宗白華：《宗白華全集》（第2卷）〔M〕，合肥：安徽教育出版社，第411頁，《藝術與中國社會》。

〔註274〕宗白華：《宗白華全集》（第2卷）〔M〕，合肥：安徽教育出版社，2008年，第261頁。

因此孔子不愧是中國偉大的教育家。

在宗白華看來，孔子是中國古代禮法社會和道德體系的建立者和倡導者，因此宗白華堅持「孔子才是真正瞭解這道德意義的人。孔子知道道德的精神在於誠，在於真性情，真血性，所謂赤子之心。擴而充之，就是『仁』，一切的禮法，只是它託寄的外表……能超然於禮法之表追尋活潑真實的豐富的人生」〔註275〕，孔子將「誠」、「真性情」、「真血性」視為道德的真正內涵，從而能夠做到「隨心所欲不逾矩」〔註276〕。禮法是「赤子之心」的外在形式，保有「赤子之心」才是根本。如果利用道德禮法去脅迫「赤子之心」則是本末倒置的「鄉愿」。宗白華發現孔子超脫達觀的態度和晉人的率真是一樣的，晉人是美的，原始儒家的精神也是極富剛建清新之美的。宗白華痛斥「鄉愿」，認為重禮法卻忽視道德真精神之「誠」的人，便是「舍本執末，喪失了道德和禮法的真精神真意義，甚至假借名義以便其私，那就是『鄉愿』」〔註277〕，孔子對鄉愿深惡痛絕，怒斥那是「德之賊」、「小人之儒」〔註278〕，然而宗白華指出可悲的事情卻是孔子死後，鄉愿支配了中國社會，甚至對極高明的中庸精神進行了曲解，將其解釋為折衷主義。

宗白華非常讚美的「赤子之心」是一個非常儒家並且道家的美學觀念，其具有非常豐富的哲學、文化和心理的內涵。「赤子」源於老子《道德經》的「嬰兒說」，如：「志氣致柔，能嬰兒乎……我獨泊兮其未兆，如嬰兒之未孩」〔註279〕、「含德之厚，比於赤子」〔註280〕，指的是人像初生的嬰兒一樣率真純潔，具有一種不受外在侵染的至情至真至誠的態度。後孟子對「赤子之心」

〔註275〕宗白華：《宗白華全集》（第2卷）〔M〕，合肥：安徽教育出版社，第284頁，《論〈世說新語〉和晉人的美》，原刊於《星期評論》第10期，1941年1月。
〔註276〕出自《論語·第二章·為政篇》子曰：「吾十有五而志於學，三十而立，四十而不惑，五十而知天命，六十而耳順，七十而從心所欲不逾矩。」
〔註277〕宗白華：《宗白華全集》（第2卷）〔M〕，合肥：安徽教育出版社，2008：第280頁。
〔註278〕宗白華：《宗白華全集》（第2卷）〔M〕，合肥：安徽教育出版社，2008：第280頁。
〔註279〕見於《道德經》第十章：載營魄抱一，能無離乎？專氣致柔，能嬰兒乎？滌除玄鑒，能無疵乎？愛民治國，能無知乎？天門開合，能為雌乎？明白四達，能無為乎？生之、畜之，生而不有，為而不恃，長而不宰。是謂玄德。
〔註280〕見於《道德經》第五下五章：含德之厚，比於赤子，蜂蠆虺蛇不螫，猛獸不據，攫鳥不搏。赤子無求無欲，不犯眾物，故毒蟲之物無犯之人也。

有過進一步發揮，明代的李贄的「童心說」、袁宏道的「童趣說」等，「赤子之心」發生了思想觀念的轉型。李贄的「童心」〔註281〕說是一種主張文學作品要表達個體的真實感情與欲望，要真誠坦率，具有活潑潑的生命力，而非偽善的道學。袁宏道的「童趣說」來源於他對《西遊記》的觀照，他認為《西遊記》的「童趣」表現為去除裝飾的「天真之趣」，無視規範的「叛逆之趣」，掙脫約束的「自在之趣」〔註282〕。龔自珍在他的《己亥雜詩》「少年哀樂過於人，歌泣無端字字真。既壯周旋雜癡黠，童心來復夢中身」中寫到的「童心」主要指一種情感的真實與豐沛。王國維在《人間詞話》中也褒揚「赤子之心」——「詞人者，不失其赤子之心者也。故生於深宮之中，長於婦人之手，是後主為人君所短處，亦即為詞人所長處。」〔註283〕這裡的「赤子之心」是一種他對於詞人主張的「主客不分」的對萬物的同情，是一種超越了「有我」和「無我」之境的「全我」之境。

　　「赤子之心」發展到宗白華這裡，加入了一些西方思想資源的內容，如叔本華的「天才觀」中對「天真」的讚頌，是宗白華多次介紹和引用的。叔本華認為一直保持的「天真」是天才的一大特點，因為他認為只有天才能夠抵禦住社會的世故、複雜與多變，一直保持一種孩童般的天真與熱情。叔本華在其散文《論天才》中以歌德為例〔註284〕，提到同時代的人在回憶起歌德時，通常都提到歌德哪怕到了很大的年齡，都一直保留著很多像孩子般的舉止和態度。同樣的，很多成就大事業的大藝術家、科學家等，也都能保持著天真單純的一面，最具有代表性的還有莫扎特，他始終天真單純，童心不泯，對世界充滿好奇心。因此跟關於「赤子之心」之前的論述相比，宗白華所讚美的「赤子」主要指的是人格方面的天真率性，回歸到了老子所謂「嬰兒」的初始層面。

〔註281〕　《童心說》是李贄著名的議論文，收錄《焚書》集，寫於明神宗萬曆十四年（1585年），其有明確的批駁的對象，為耿定的「定向論」。李贄在此文中開頭就寫到：「夫童心者，真心也。若以童心為不可，是以真心為不可也。夫童心者，絕假純真，最初一念之本心也。若失卻童心，便失卻真心；失卻真心，便失卻真人。人而非真，全不復有初矣。童子者，人之初也；童心者，心之初也。」

〔註282〕　袁宏道：《袁中郎全集》，卷二十七，明崇禎刻本。

〔註283〕　王國維：《人間詞話》，上海古籍出版社，1998年，第33頁。

〔註284〕　〔德〕叔本華：《叔本華思想隨筆》，〔M〕，上海：上海人民出版社，2005，第9頁。

「誠」，對自己真誠、對外部世界真誠，是宗白華生命美學的重要部分，他正是從儒家思想、尤其是孔子的思想中得到了無限關於「誠」的啟示。宗白華提倡人們應該保有一顆真誠赤子之心，從生命的內部去認識生命的真理。宗白華在其《形上學》中提及了「反身而誠」的觀點：「保持秉彝之道無他，誠好好之，誠惡惡之而已。學者當由愛好塵世形色之嘉美以進於行為習慣之懿美，復由行為習慣之懿美，以進於思想觀念之優美，又復思想觀念之優美，以保合天地充實無垠之大美。所謂哲人生活無他，即時時默識觀照，此絕對之至美（真善具其中）而已。」〔註285〕

宗白華先生所倡導的「誠」源於《大學》，《大學》的第六章中對「誠」進行了非常形象生動的定義：「所謂誠其意者，毋自欺也，如惡惡臭，如好好色，此之謂自謙。」「誠」就是一種自然而然，不用經過邏輯思考演繹的天然反應，好比一個人聞到污濁腐朽的氣味而產生本能的厭惡，看到漂亮美好的人而發自內心地喜歡那樣，這是對「誠」無比生動而深刻的解釋。「誠」就是鐫刻在人們血脈裏的天然、天生、天真、本能、本真的品格。

「儒家之『誠』是一個很高的心性德行要求，重在心意真誠，思想端正，遵守信用，言行一致，心懷善念，衷心敬愛」〔註286〕。「誠」的範疇在我們儒家經典《大學》、《中庸》中都有著關鍵、樞紐的位置。在大學的八目「格物、致知、誠意、正心、修身、齊家、治國、平天下」中，「誠意」具有的是溝通客觀世界認識及主觀能動性的樞紐環節；在《中庸》中，「誠」不僅是自第二十二章起集中論述的議題，更是整個「中庸」思想的關鍵和核心，是整部《中庸》的精神實質，「誠」更是是「中國儒家仁學思想中的核心範疇，是君子必得完成的本體修為」〔註287〕。《中庸》以誠為人生的最高境界，

〔註285〕宗白華：《宗白華全集》（第1卷）〔M〕，合肥：安徽教育出版社，2016年，第588頁，《形上學──中西哲學之比較》，此筆記大約寫於1928年～1930年。

〔註286〕王岳川：《大學中庸講演錄》，桂林，廣西師範大學出版社，2009年版，第133頁。

〔註287〕王岳川：《大學中庸講演錄》，桂林，廣西師範大學出版社，2009年版，第131頁。另外，王岳川還就「誠」在歷代思想家的闡釋中，歸納出了三層含義：其一，誠實，真誠，忠誠。《周易》：「閑邪存其誠。」孔穎達疏：「言防閑邪惡，當自存其誠實也。」其二，表示真實、真情。《韓非子》：「皆自謂真堯舜，堯舜不復生，將誰使定儒、墨之誠手？」其三，心志專一，使之真誠。西漢賈誼有言：「志操精果謂之誠，反之為殆。」

人道的第一原則〔註288〕，「誠」，是整個天地運行的法則，如太陽每天的朝起夕落，是自然宇宙的大道；「誠之」則是對「誠」的一種實踐，是人道，范祖禹在其所著《中庸論》中指出：「夫誠者，聖人之性也；誠之者，賢人之性也。」、「誠」將「天道」和「人道」連接了起來，達到了儒家所提倡的「天人合一」的境界。

「誠」是一種精神的平和、愉悅和喜歡。「誠」人去實踐「誠」時，會顯得非常從容和自然，是發自肺腑、不假思索去實行中庸，並且能夠持之以恆、矢志不渝地執行下去。這樣從容、「擇善而固執之者」的典範便是孔子的愛徒顏回，孔子曾經讚揚過顏回的為人：「回之為人也，擇乎中庸，得一善，則拳拳服膺而弗失之矣」、「一簞食，一瓢飲，居陋巷，人不堪其憂，而回不改其樂也。」真正的中庸之道、真正對「誠」的踐行就是在日常生活中的一種平淡，一種安然，一份優雅，一份樸素，一顆平常心，一方安寧，最平常生活中堅守最具有感人的力量。

宗白華還對比了西方之「誠」與中國之「誠」的區別，「希臘重視人體中之美，觀其比例，對稱，完形，以像 Cosmos 之數理秩序。中國則反身而誠，以發現良知良能之善性。」〔註289〕「公理者，為本身明白之理，令人一見即明無庸加以證明（在中國為「反身而誠」之誠），但可普遍引為證立其他未明定理之前提根據。如其書之第一公理曰：「等於同量之量亦互等。」」〔註290〕在西方近代，最有代表性的關於「誠」的討論是康德的「絕不說謊」，當康德的學生問康德，如果如一個他的學生這樣的好人躲藏在他家中，而如納粹分子那樣的蓋世太保問他學生在下落時，即在這種情況下，康德依然堅持不能說謊。康德的這個「絕不說謊」引發了無數人從不同的角落進行辯論，這個辯論至今仍然在進行。筆者認為康德所理解的「誠實」、「不說謊」太過於偏激和狹隘，因為對明顯缺乏正義、道德和人性的一方，「說慌」才是真誠，是對天地宇宙的真誠，是對生命與正義的尊重。近現代西方的哲學家們、科學家們，總是緊緊咬著幾個淺薄的定理、範疇和公式，無論做什麼從最繁瑣的

〔註288〕《中國哲學大綱》，中國社會科學出版社，1982 年版，第 328 頁。
〔註289〕宗白華：《宗白華全集》（第 1 卷）〔M〕，合肥：安徽教育出版社，1996 年，第 624 頁。
〔註290〕宗白華：《宗白華全集》（第 1 卷）〔M〕，合肥：安徽教育出版社，1996，第 601 頁。

推理、論證、邏輯出發，卻總是忘記了對天地宇宙的尊重，只低著頭望著土地上的塵埃，總是忘記了抬頭仰望星空。這也是為什麼這群蠅營狗苟的學問家們，永遠不會有「大智不割」的如耶穌一般聖人那樣偉大，當人們個個口喊正義，拿著石頭要把一個妓女砸死的時候，耶穌來到人群中，說「你們中間誰若是從來沒有犯過錯誤的，誰就可以用石頭砸她。」於是，所有人都放下了自己手中的石頭。在這個故事中耶穌沒有去為妓女的「不正義」清洗，也沒有用邏輯去反對眾人的正義，而是讓人們反求諸己，這便是源於耶穌對生命的大愛，對宇宙人生的參透。

　　宗白華在比較中西畫法與藝術時，將藝術最深的基礎歸結成為了「真」與「誠」——「一切藝術雖是趨向音樂，止於至美，然而它最深最後的基礎仍是『真』與『誠』」〔註291〕。在宗白華看來，「誠」不僅是個人生活生命的出發點，也是學術的基礎。要做好學術，要從最基本的「誠好好之，誠惡惡之」開始，從體悟生活中的點滴之美開始，從身體「如好好色，如惡惡臭」的身敏銳感受力，忠誠於自己的感覺和判斷。如當宗白華在比較杜甫和李白詩歌特色與成就時，認為在「深度、廣度、高度」方面在「深度」方面的造詣略高於李白，他引用杜甫詩中「直取性情真」〔註292〕來讚美杜甫不斷用詩歌發掘人性深度。另外在給鄒士方的贈書題字中，宗白華寫到：「學美學首先要愛美」〔註293〕，我們愛應該將美，讚揚美，研究美，發揚美作為一種自覺化的內在要求。

　　起源於儒家的「誠」不僅為宗白華生命美學思想的重要層面，其更是自古至今都有著重要的哲學及倫理層面的意義，在人們處理如此自身關係、與他人關係、與社會成為及外界自然的有關係時，「誠」都應該是前提和基礎。宗白華欣賞真誠之人，讚美真誠之藝術，他自身便是一個具有「慧眼童心」〔註294〕的真誠之人。

〔註291〕宗白華：《宗白華全集》（第2卷）〔M〕，合肥：安徽教育出版社，1996年，《論中西畫法的淵源與基礎》，第112頁。

〔註292〕宗白華：《宗白華全集》（第1卷）〔M〕，合肥：安徽教育出版社，2016年，第338頁，《形上學——中西哲學之比較》，此筆記大約寫於1928年～1930年。

〔註293〕鄒士方：《宗白華評傳》（上），西苑出版社，2013年，前插頁。

〔註294〕這是王岳川對宗白華的評價，宗白華先生是王岳川青年時代在北京大學哲學系進修期間導師，王岳川一生敬重宗白華先生，每次在文藝美學課堂上向學生們介紹美學家宗白華都充滿崇敬，並且高度評價宗白華先生「慧眼童心」。

　　另外，宗白華一生喜愛孟子的「充實之謂美，充實而有光輝之謂大」〔註295〕，經常在給學生的題字中寫這句話〔註296〕，鼓勵年青人去過充滿的、積極的、創造的生活。孟子認為美需要有充盈的外在形式，若論人之「充實」，則是指個人通過自覺主觀努力，把其固有的善心擴而充之，使之貫注充盈於人體之中。「充實」美在於它能使人的外形飽滿，給人以美感。

　　宗白華還欣賞儒家的荀子的美學思想，指出荀子是中國第一位寫出了系統性美學論著《樂論》的人，宗白華尤其提到了荀子的「全粹」美學觀〔註297〕——「不全不粹不足以謂之美」〔註298〕，即如音樂這樣的藝術既要全面地反映和表現自然與社會生活，又要通過提煉和昇華反映出一種更高的真實，這就好像在繪畫雕塑中能夠通過用「一鱗一爪」來表現龍的首尾完好的存在，一葉知秋，管中窺豹，用象徵的手法表現整體的豐滿。荀子批判了當時墨子主張「非樂」的文藝觀，認為人們對於感官之樂的喜愛是人之天性，如《樂論》在論述音樂給人的快感時指出快感是人不可避免的追求：「夫樂者，樂也，人情之所必不免也。故人不能無樂。」〔註299〕不應全部扼殺人求樂愛美的追求，同時也強調在追求和享受過程中「度」的問題，即只有符合禮義規範的快感才是可取的美。

　　綜合以上宗白華對孔子、孟子、荀子文藝觀的論述，可以將宗白華對儒家生命思想的理解大致分為三個層次，第一個層次為「天命」，即宇宙中的生命，那大化流行的生生不已，這第一層生命體現出一種最高的秩序與和諧。第二個層次即為「禮樂」，正如宗白華所指出來的那樣，「禮樂」其實是對「天命」的投射，是儒家的先賢們希望社會能夠擁有宇宙那般的秩序調理而做出的努力；第三個層次為「仁德」，這是一種個人的修為，也是人與人之間進行交往時的依據和秩序。

〔註295〕見於孟子《盡心下》一文談到：「可欲之謂善，有諸己之謂信，充實之謂美，充實而有光輝之謂大，大而化之之謂聖，聖而不可知之之謂神。」

〔註296〕鄒士方：《宗白華評傳》（上），西苑出版社，2013年，前插頁。

〔註297〕宗白華：《宗白華全集》（第3卷）〔M〕，合肥：安徽教育出版社，2016，第386～387頁，《中國藝術表現裏的虛和實》，原載中央大學《文藝叢刊》1961第5期。

〔註298〕見於荀子《荀子・勸學》：「君子知夫不全不粹之不足以為美也，故誦數以貫之，思索以通之，為其人以處之。」

〔註299〕見於荀子《荀子・樂論》：「夫樂者，樂也，人情之所必不免也。故人不能無樂，樂則必發於聲音，形於動靜；而人之道，聲音動靜，性術之變盡是矣。」

總之，儒家的這幾位代表人物從不同方面給予宗白華的生命美學思想以養料，孔子的赤子之心、孟子的「充實之謂美」啟示著宗白華追尋充滿活力的豐富人生，積極進取，真誠坦率；荀子的《樂論》則講求正視人性當中的追求感官之樂的部分，為感性正名。儒家一以貫之所倡導的「禮樂」精神從某種意義上而言是宗白華生命美學思想的內核——生生不息，節制平衡，這種從容中道正是一種最強勁生命力的表現。

三、道家思想中生命的超脫

此時期宗白華不僅從道家思想中得到了生命本體的了悟，道家思想的遺世獨立的出世思想、虛實觀、空間觀等，都給以宗白華重要的啟示。宗白華在上一生命美學的建立期對生命本體的歸納是理性下層的、鮮活的、流動不居、充滿力量的一切存在。「一切真實的、新鮮的、如火如荼的生命，未受理知文明矯揉造作的原版生活，對於他是世界上最可貴的東西。」〔註300〕而此時期，宗白華則在《論〈世說新語〉和晉人的美》中將「生命本體」歸納為「道」：「所謂『道』，就是宇宙裏最幽深最玄遠卻又彌綸萬物的生命本體」〔註301〕，宗白華此時期所說的生命本體之「道」，基本上與道家之「道」重合——「有物混成，先天地生。寂兮寥兮，獨立而不改，周行而不殆，可以為天地母。吾不知其名，強字之曰：『道』」〔註302〕，這樣的一種普遍但又無法確指的存在，宇宙天地都由其而出，延綿不絕，創化不斷，萬物的生長發成熟結果都是由於「道」。

宗白華認為老莊的思想裏討論空間問題很多，他「覺得老子、莊子與儒家《周易》裏的思想相比，較為傾向於『空間』意識」〔註303〕，並且道家「虛空」的空間觀以了宗白華啟示，宗白華論述的很多中國藝術中的範疇（如虛與實，動與靜，有限與無限等），都是從道家的「虛空」空中衍生出來的。「老、莊名之為『道』、為『自然』、為『虛無』，儒家名之為『天』。萬象皆從

〔註300〕宗白華：《宗白華全集》（第2卷）〔M〕，合肥：安徽教育出版社，2008，第6頁，《歌德之人生啟示》。

〔註301〕宗白華：《宗白華全集》（第2卷）〔M〕，合肥：安徽教育出版社，2008：第278頁。

〔註302〕見於《道德經》第二十五章。

〔註303〕宗白華：《宗白華全集》（第3卷）〔M〕，合肥：安徽教育出版社，2008：第280頁，《道家與古代時空意識》。

空虛中來，向空虛中去。」〔註304〕老子說：「致虛極，守靜篤。萬物並作，吾以觀其復。」〔註305〕莊子有言「虛室生白」，又言「唯道集虛」。宗白華引用老子的：「三十輻共一轂，當其無，有車之用。埏埴以為器，當其無，有器之用。鑿戶牖以為室，當其無，有室之用」〔註306〕老子在此論述的就是「有」與「無」的關係和「無」的重要性：首先，「有」和「無」是相互依存的、相互為用的；「無」並不是沒有意義的，而且能夠產生很大的作用，只是容易被人忽略，因此老子在此特別把「無」的作用揭示出來。

　　宗白華認為中國畫出入太虛，表現萬象，整個畫幅上都流淌著一種宇宙靈氣，中國藝術的「意境」也就產生於道家的虛實動靜的空間觀基礎之上。藝術的虛實如同動物的一呼一吸，動靜之間生意盎然，意境由此而生。這表現著中國人最深刻的宇宙觀，即認為宇宙最深處是無、是虛空，虛無是萬物的本源，是無盡的創造力。宗白華做了很多具體的分析，如中國山水畫的留白就像「空中蕩漾著『視之不見，聽之不聞，搏之不得的』的『道』，老子名之為『夷』、『希』、『微』」〔註307〕，書法中的結構與布局的「計白當黑」，音樂中的「此時無聲」，園林設計當中的借景與開窗等組織空間的方法，戲曲演員的以動作代替布景，都無不體現出道家「虛空」的時空觀宇宙觀。宗白華指出「中國人對『道』的體驗，是『於空寂處見流行，於流行處見空寂』唯道集虛，體用不二，這構成中國人的生命情調和藝術意境的實相。」〔註308〕

　　宗白華所論述的中國藝術家「以小見大」的思維方式也源於道家思想。宗白華言「老子喜歡觀察落葉歸根的境界，所以傾向於『歸根』之靜，而主『常』、主『靜』、主『定』，和《易經》思想相反」〔註309〕，老子從微觀

〔註304〕宗白華：《宗白華全集》（第2卷）〔M〕，合肥：安徽教育出版社，2016，45頁，《介紹兩本關於中國畫學的書並論中國的繪畫》，原刊登於《圖書評論》第1卷第2期，1932年10月1日出版。

〔註305〕見於《道德經》，第十六章。

〔註306〕宗白華：《宗白華全集》（第3卷）〔M〕，合肥：安徽教育出版社，2008：第281頁，《道家與古代時空意識》。

〔註307〕宗白華：《宗白華全集》（第3卷）〔M〕，合肥：安徽教育出版社，2016，第335頁。

〔註308〕宗白華：《宗白華全集》（第3卷）〔M〕，合肥：安徽教育出版社，2016，第335頁。

〔註309〕宗白華：《宗白華全集》（第2卷）〔M〕，合肥：安徽教育出版社，2016，第476頁。

的小的視角觀察世界，參悟宇宙的玄妙，不出戶而知天下，並基於自己對空間的觀察與思考，提出了「守靜篤」、「抱樸」、「柔弱」等，宗白華說蘇軾詩中的「納萬境與群動的『空』即是道，即是老子所說的『無』，也是中國畫上空間。」〔註310〕宗白華指出老子哲學的起點在於從觀察「其小無類」〔註311〕的空間出發，他提出了一系列如同「虛」、「無」、「空」、「谷」、「門」等概念，主張足不出戶，思索宇宙的道理，「樸雖小，天下莫能臣」〔註312〕，老子從「小」從「無」中領悟了「道」。

　　宗白華認為「遊」是莊子與老子最大的不同，莊子「遊」的精神啟示了宗白華的飄逸空靈，宗白華認為不同於老子空間觀的「靜守」，莊子的空間觀念是「大而無垠、包羅萬象的虛空」〔註313〕，他的靈魂如大鵬鳥那樣展翅遨遊，扶搖直上九萬里，深邃宏偉，他要遊於無窮，寓於無境，「他的空間意識深閎而肆意，是無窮廣大，無窮深遠而伸展不止、流動不息的。」〔註314〕莊子「獨與天地精神往來而不敖倪於萬物」〔註315〕，宗白華的「散步」跟莊子的「逍遙」、「遊」之間就有著非常深刻的聯繫。宗白華認為莊子的思想中「彌漫著浪漫精神的音樂，這是戰國時代楚文化的優秀傳統，也是中國音樂文化裏高度藝術性的源泉。」〔註316〕

　　莊子撫愛萬物的態度也是宗白華所崇敬的，他引用莊子的「聖人達綢繆，周遍一體也」〔註317〕來說明聖人通達於人世間的種種現象，透徹地瞭解萬物混同一體的狀態。中國的詩人、哲人、藝術家是這樣撫愛世界的代表，他們

〔註310〕宗白華：《宗白華全集》（第2卷）〔M〕，合肥：安徽教育出版社，2008：第439頁，《中國詩畫中所表現的空間意識》。

〔註311〕宗白華：《宗白華全集》（第3卷）〔M〕，合肥：安徽教育出版社，2008：第280頁，《道家與古代時空意識》。

〔註312〕見於《道德經》第三十二章：道常無名，樸雖小，天下莫能臣也。侯王若能守之，萬物將自賓。天地相合，以降甘露，民莫之令而自勻。始制有名，名亦既有，夫亦將知止，知止可以不殆。譬道之在天下，猶川谷之於江海。

〔註313〕宗白華：《宗白華全集》（第3卷）〔M〕，合肥：安徽教育出版社，2008：第281頁，《道家與古代時空意識》。

〔註314〕宗白華：《宗白華全集》（第3卷）〔M〕，合肥：安徽教育出版社，2008：第282頁，《道家與古代時空意識》。

〔註315〕見於《莊子·逍遙遊》。

〔註316〕宗白華：《宗白華全集》（第3卷）〔M〕，合肥：安徽教育出版社，2016，第440頁，《中國古代的音樂寓言與音樂思想》，寫於1961年。

〔註317〕宗白華：《宗白華全集》（第2卷）〔M〕，合肥：安徽教育出版社，2008：第438頁，《中國詩畫中所表現的空間意識》。

體察一切，經驗所有，深入宇宙的節奏中去，與之一起蕩漾，對世界一往情深，就如莊子的精神逍遙於世間，宗白華指出莊子的「靜而與陰同德，動而與陽同波」〔註318〕表達的就是中國人所體悟的動靜結合的宇宙生命節奏。

宗白華指出莊子是藝術評論的天才，「莊子是具有藝術天才的哲學家，對於藝術境界的闡發最為精妙。」〔註319〕因為莊子能夠將「道」（形而上的原理）與「藝」（形而下的藝術、技藝）進行無間結合，宗白華舉出莊子所寫的「庖丁解牛」就是道藝結合的典範代表。而莊子「解衣槃礴」的故事在宗白華看來代表著的是「作家自由的胸襟解放，忘了社會拘束，禮法，沒入藝術境界，氣勢浩蕩壯偉」〔註320〕，這是莊子所表達出的對藝術家主體修養和氣度的期待。另外，莊子寫了很多寓言，宗白華稱莊子善於「用豐富、活潑、生動、微妙的寓言表白他的思想」〔註321〕，莊子是語言表達的大師，想像力極為豐富，語言運用靈活自如，能夠把一些微妙難言的哲理說得引人入勝，深入人心，十分具有浪漫主義精神。

另外，老莊美學代表著一種整體的形象的審美思維，宗白華說：「莊子也曾讚『古之人在混茫之中』……老子曰：『大象無形』」〔註322〕，這種整體的形象思維與抽象思維有著根本的區別，形象思維不對現象作定格、分割和抽取，而是要盡量保持現象的整體性〔註323〕、豐富性和流動性。宗白華認為在中國畫中，這種典型的形象思維便展露無遺。在中國畫中，中國人靈魂最深處的心靈被映現出來，而這個「最深心靈」就是道家的「道」之心靈，它

〔註318〕出於莊子《天道》、《刻意》「其生也天行，其死也物化，靜而與陰同德，動而與陽同波。故知天樂者，無天怨，無人非，無物累，無鬼責。」

〔註319〕宗白華：《宗白華全集》（第2卷）〔M〕，合肥：安徽教育出版社，2008，第364頁，《中國藝術意境之誕生》，原刊於《哲學評論》第8卷第5期。

〔註320〕宗白華：《宗白華全集》（第3卷）〔M〕，合肥：安徽教育出版社，2008：第248頁，《古代畫論大意》。

〔註321〕宗白華：《宗白華全集》（第3卷）〔M〕，合肥：安徽教育出版社，2016，第427頁，《中國古代的音樂寓言與音樂思想》，宗白華於1961年12月28日受中國音樂家協會之約作了同名的報告，後寫成此篇。

〔註322〕宗白華：《宗白華全集》（第2卷）〔M〕，合肥：安徽教育出版社，2008：第439頁，《中國詩畫中所表現的空間意識》。

〔註323〕《莊子·應帝王》中「渾沌之死」的寓言很生動地表達了生命之整一性、不分割的特點：南海之帝為倏，北海之帝為忽，中央之帝為渾沌。倏與忽時相與遇於渾沌之地，渾沌待之甚善。倏與忽謀報渾沌之德，曰：「人皆有七竅，以視、聽、食、息，此獨無有，嘗試鑿之。」日鑿一竅，七日而渾沌死。

表現著「自然」之精神，是一種「深沉靜默地與這無限的自然，無限的太空渾然融化，體合為一的境界」〔註324〕。這個境界是靜的，「因為順著自然法則運行的宇宙是雖動而靜的，與自然精神合一的人生也是雖動而靜的」〔註325〕這個境界就是道家老莊的「道」，即順應自然法則的「無為」。宇宙和人生的共通之處，便是兩者皆「雖動而靜」，而溝通兩者的橋樑便是藝術。宇宙、人生、藝術三者之中都蘊含著生命節奏。

　　道家之「道」與宗白華其生命美學思想之「生命」皆為本源性、渾整性的概念，老子的思辯精神給了宗白華無限啟示，莊子逍遙遊的精神更是讓宗白華能夠思接千載，視同萬里，獨與天地精神往來。道家的「虛空」觀不僅給了宗白華很多時空方面的啟示，生命本身也就在這虛實之間。

四、《易》中生生的節奏是中國藝術的源泉

　　宗白華稱《易經》中的「剛健、篤實、輝光」〔註326〕代表著我們中國民族的很健全的美學思想，他還指出「中國的《易》是一部動的生命哲學，所以它的方法也是屬於『辯證法』的……辯證法是一種很古老的哲學思索的方法。它的特點，是想從我們的理智去把握那流動中的、發展中的歷史的生命的意識的現象」〔註327〕宗白華無論對《易》的定位還是對其使用方法的定位，都是圍繞「生命」的。《易》不僅是中國哲學與美學的基礎書籍，其中包括的深刻人生哲理以及玄妙的不可完全被人掌握的信息，使之歷來被視為一本充滿神秘主義色彩的宇宙天地之書。連孔子都曾言：「假我數年，五十以學《易》，可以無大過矣。」〔註328〕宗白華認為老莊重虛，孔孟尚實，但「他們都認為宇宙是虛與實的結合，也就是《易經》上的陰陽結合。」〔註329〕

　　宗白華認為《周易》具有一種時空統一的宇宙觀，他說「《周易》裏『時

〔註324〕宗白華：《宗白華全集》（第2卷）〔M〕，合肥：安徽教育出版社，2016，45頁，《介紹兩本關於中國畫學的書並論中國的繪畫》，原刊登於《圖書評論》第1卷第2期，1932年10月1日出版。

〔註325〕宗白華：《宗白華全集》（第2卷）〔M〕，45頁。

〔註326〕宗白華：《宗白華全集》（第3卷）〔M〕，合肥：安徽教育出版社，2016，458，《中國美學史中重要問題的初步探索》。

〔註327〕宗白華：《宗白華全集》（第2卷）〔M〕，合肥：安徽教育出版社，2016，第245頁。

〔註328〕見於《論語・述而》。

〔註329〕宗白華：《美學散步》，第33頁，上海人民出版社，1981年。

空統一體」具有積極性、創造性、現實性，這是和農民的生產勞動相結合，反映農業生產的宇宙意識的。」〔註330〕「天行健，君子以自強不息」、「天地之大德曰生」等無處不蘊含著關於生命的啟示。《易經》是中國傳統文化的根源，被譽為群經之首，其內容豐富、影響深遠。「易」本身就是時間空間的互動和交流，而這個時間、空間的統一是渾然不分的，這與宗白華生命美學體系的核心是完全一致的。如果說宗白華生命美學之「生命」為「生生之謂易」〔註331〕之「生」，那麼生命之「美」則為《易經・大畜・象傳》中的「剛健、篤實、輝光」〔註332〕。宗白華引用《易經》中「天地絪縕，萬物化醇」說「這生生的節奏是中國藝術境界的最後源泉」。〔註333〕

宗白華指出《易經》宇宙觀〔註334〕是中國「時空統一」境界的集中反映，生命就是從這種宇宙觀中衍生而出的。宗白華指出《易經》的《說卦》集中發揮了「四時配合四方的思想」〔註335〕，即中國人總是將時間與空間相配合的，這樣的時空統一體不僅從人們的生產實踐中來，也跟形而下之器緊密聯繫，「說出時間對空間的密切聯繫和創造性關係的，莫過於《易經》，乾卦象：『大哉乾元，萬物資始，乃統天，雲行雨施，品物流行，大明終始，六位時成，時乘六龍以御天』。」〔註336〕宗白華指出：「中國民族的基本哲學，即《易經》的宇宙觀：陰陽二氣化生萬物，萬物皆稟天地之氣以生，一切物體可以說是一種『氣積』（莊子：天，積氣也）。這生生不已的陰陽二氣織成一種有節奏的生命。」〔註337〕生命之氣運轉流動，生生而具條理，演化為藝術

〔註330〕宗白華：《宗白華全集》（第3卷）〔M〕，合肥：安徽教育出版社，2008：第280頁，《道家與古代時空意識》。

〔註331〕見於《易傳》：富有之謂大業，日新之謂盛德，生生之謂易。

〔註332〕見於大畜卦的《象傳》：「剛建、篤實、輝光、日新其德。」，永不頹唐的生命意志包含於此卦之中。

〔註333〕宗白華：《宗白華全集》（第2卷）〔M〕，合肥：安徽教育出版社，2008，第332頁，《中國藝術意境之誕生》，原刊於《哲學評論》第8卷第5期。

〔註334〕宗白華：《宗白華全集》（第2卷）〔M〕，合肥：安徽教育出版社，2016，第475頁。

〔註335〕宗白華：《宗白華全集》（第2卷）〔M〕，合肥：安徽教育出版社，2016，第475頁。

〔註336〕宗白華：《宗白華全集》（第2卷）〔M〕，合肥：安徽教育出版社，2016，第476頁。

〔註337〕宗白華：《宗白華全集》（第2卷）〔M〕，合肥：安徽教育出版社，2016，第109頁，《論中西畫法的淵源與基礎》，原載於中央大學《文藝叢刊》，第1卷，第2期，1934年10月出版。

的氣韻生動，宇宙之中生命無不流行，其中生機盎然，立足於宇宙之中的人，也是這宇宙生機的載體，與天地萬物合諧，生生的節奏是中國藝術最終的源泉。

宗白華直接引用了《易經》中非常多的卦象闡釋生命美學，如提出「革卦為時間生命之象」〔註338〕、「中國哲學主參天地贊化育」、「『天地位，晚物育』是以『序秩理數』創造『生命之結構』」等論斷〔註339〕，「生命」和「化育」皆為宇宙天地之間的生機與活力，這是中國美學和中國思想的根本。王錦民認為宗白華還在其《形上學》中「將濟、革、鼎、未濟四卦連起來講是具有深意的，是一種刻意的布局與安排，因為「濟為完全中正之象，革則打破既濟平衡之僵局；未濟為完全不正之象，鼎則於未濟全部失正之中，獨持其正撥亂反正。宗白華用此四卦，構造了一個完整的生生宇宙」〔註340〕。

在集中論述中國美學問題的《中國美學史中重要問題的初步探索》一文中，宗白華直接從離卦、賁卦等卦象談美的本質。他指出，在劉勰的《文心雕龍》中，這兩個卦象就已經給了劉勰無窮的美學啟示。如《情采篇》中：「是以衣錦褧衣，惡文太章，賁象窮白，貴乎反本。」〔註341〕又《徵聖篇》說：「文章昭晰以象『離』。」

宗白華認為賁卦討論的是形式與內容的關係，華麗絢爛和平淡素雅之美都已經包括在其中，「賁」的卦象本來是山下有火，即山的輪廓和其上的風物在火的應照下非常出彩，山的輪廓突出，賁者，飾也，可以理解為用線條勾勒出突出的形象，這深刻地影響了中國古代繪畫、雕刻、建築等藝術──注重線條，當雕飾發展到了以線條為主的階段，則更有利於藝術家表達自己的情感，發揮自己的創造性。「賁卦」到了其卦辭中的「上九，白賁，无咎」中的「白賁」，則又是絢爛之極又復歸到平淡，就好像中國的繪畫藝術最終從有色的山水花卉人物發展到水墨畫。這體現了「賁卦」中所包含的兩種對立的美，賁本來是裝飾，本來是絢爛的紋理華采，白賁又到達了平淡素淨的

〔註338〕《易・雜卦傳》曰：「革，去故也；鼎，取新也。」鼎為烹物之器，腥者使熟，堅者使柔，故有更新之義。

〔註339〕宗白華：《宗白華全集》（第1卷）〔M〕，合肥：安徽教育出版社，2016，第609～616頁，《形上學》。

〔註340〕王錦民：《建立中國形學的草案》，《美學的雙峰》，安徽教育出版社，1999年，第529頁。

〔註341〕宗白華：《宗白華全集》（第3卷）〔M〕，合肥：安徽教育出版社，2016，458，《中國美學史中重要問題的初步探索》。

美，如剛健、篤實、輝光。這也好比大雪之後，大地上的崖石草木山林方能顯出各自的奕奕精神，蒼茫遼闊。後「白賁」成為了中國審美追求的最高境界，人們從追求美麗，欣賞美，最後發展到超脫美，是一種揚棄的上升。

「離卦」的卦象則是「上離下離」相疊，為火為日，火有的是明亮的、附著之美，日則有輝煌之美，離卦被引申為裝飾之麗。宗白華在《建築美學劄記》中引用《文心雕龍》裏面的「文章昭晰以象離」來解釋「離卦」，說其「像火光一樣明白」〔註342〕。離卦對中國古代的工藝美術、建築美學都有重要的影響。古代人認為附著在一個器具之上的部分是美的，所以人們重要對器具的雕飾。「離」也有明亮、窗戶的含義，因為「離」的古字是由「月」和「窗」兩部分組成的，月光照射到窗戶上，就是明。因此中國古代建築特別重要窗戶、採光和內外的通透，處於建築內部的人應該與外部有隔有通成為了古代建築的基本思想。宗白華還指出「麗」有「儷」，成偶的意思，「即兩個鹿並排在山中跑，這是美麗的景象……對偶，對稱，對比等因素可引起美感思想」。〔註343〕

不僅《易》中的時空觀直接啟發了宗白華的「氣韻生動」、「生生而有節奏」的觀點，宗白華還從具體的卦象中推導出美的層次與境界，發現中國人的傳統以「白賁」為審美追求的最高境界，並且點出了人們如何巧妙地將《易》中的智慧運用到實際生活的實踐。

第四節 生命美學民族化時期宗白華的對生命意涵的闡釋

在生命美學的民族化時期，宗白華從對中國藝術的觀照和領悟中，總結出中國人對待時間和空間的基本觀念，還探索了中國人是如何在藝術中表現出生命的活力，中國畫所追求的「氣韻生動」表現的是生命的流動，而「虛實相生」是產生生命的前提條件，「中庸」體現出的是一種生命的溫柔剛健，是一種至高的生命狀態，而中國人歷來在藝術中所追求的「意境」則是生命的結晶。

〔註342〕宗白華：《宗白華全集》（第3卷）〔M〕，合肥：安徽教育出版社，2016，第376頁，《建築美學劄記》。

〔註343〕宗白華：《宗白華全集》（第3卷）〔M〕，合肥：安徽教育出版社，2016，461，《中國美學史中重要問題的初步探索》。

一、中國藝術以「氣韻生動」為追求

以中國繪畫、書法為代表的中國藝術都以「氣韻生動」為追求，「氣韻生動」即為生命在藝術作品中的流淌。謝赫在他的《古畫品錄》中將「氣韻生動」尊為古代畫師所遵循的「六法」第一位，「六法」具體指「一氣韻生動是也，二骨法用筆是也，三應物象形是也，四隨類賦彩是也，五經營位置是也，六傳移模寫是也。」〔註344〕宗白華對謝赫這種對六法的重視程度排列非常贊同，他言「六法」原本在畫界是並重的，但是自謝赫起「氣韻生動」和「骨法用筆」具有了遠比其他四法重要的地位，「自此以後，遂確定了中國繪畫的特殊面目和特殊精神」〔註345〕，宗白華認為謝赫對「氣韻生動」的重視甚至改變了中國畫壇在之後的走向。

要理解「氣韻生動」就需要從「氣」說起，本書認為「氣韻生動」之「氣」包含了多方面的豐富內涵：

首先，「氣韻生動」之「氣」首先是宇宙間組成萬物的元素之「氣」，這是一種中國藝術秉承的宇宙觀，這種宇宙觀源於《易經》中「陰陽二氣生萬物」〔註346〕的觀點，宗白華指出：「中國民族的基本哲學，即《易經》的宇宙觀：陰陽二氣化生萬物，萬物皆稟天地之氣以生，一切物體可以說是一種『氣積』（莊子：天，積氣也）。這生生不已的陰陽二氣織成一種有節奏的生命。」〔註347〕這種宇宙生命之氣運轉流動，是藝術之「氣韻生動」的根本來源。中國畫和中國書法的留白之處，就象徵著這種宇宙間流動的元氣。

第二，「氣韻生動」之「氣」是畫幅上流動於虛實之間的靈氣，是由中國

〔註344〕宗白華：《宗白華全集》（二），安徽教育出版社，2016，第 444 頁，《張彥遠及其〈歷代名畫記〉》。

〔註345〕宗白華：《宗白華全集》（二），安徽教育出版社，2016，第 456 頁，《張彥遠及其〈歷代名畫記〉》。

〔註346〕《易傳·繫辭上》中有「易有太極，是生兩儀，兩儀生四象，四象生八卦」，這裡的「兩儀」就是陽陽二氣。天地初開，一切皆為混沌，是為無極；陰陽交合，陰陽二氣生成萬物是為太極；清者上升為天，濁者下沉為地，分為東，南，西，北四方，每方各有一神首鎮守，東方青龍，西方白虎，南方朱雀，北方玄武，是為四象；智者伏羲，憑日月升降悟出乾坤之奧，從而創出八卦，分為乾，坤，艮，震，巽，坎，兌，離，由八卦圖又衍生出八門，休，傷，生，杜，景，死，驚，開。

〔註347〕宗白華：《宗白華全集》（第 2 卷）〔M〕，合肥：安徽教育出版社，2016，第 109 頁，《論中西畫法的淵源與基礎》，原載於中央大學《文藝叢刊》，第 1 卷，第 2 期，1934 年 10 月出版。

繪畫和書法所具有的特殊的空間布局所引發的流動靈氣。虛實之配合是中國藝術的突出特點，如中國畫有筆墨處是具體的物象，是實；無筆墨處的留白是虛，因為有虛與實的對照及視覺上分量的差別，宇宙的靈氣的就往來於虛實的差異之間，這可以類比到自然中風的形成——地表上受熱不均而造成氣壓不差異，風就形成於這氣壓差異之間——在中國畫幅上的虛實之間無形生命的流動就如自然界中的清風，令觀者心曠神怡，精神舒暢。

第三，中國繪畫書法之所以講求「氣」也因為它們以線條為基礎。宗白華指出線條是中國藝術的基礎，線紋的縱橫放縱、連貫流動的特性使得中國藝術具有生命的節奏感和韻律感。從線紋這個基礎出發，藝術中的氣韻與骨氣便是相通存在一種手段與目的、原因與結果的關係，對此，宗白華寫到「在藝術上不是要求死板的寫實，乃是要抓住對象的要求，要再現對象的生命力之韻律的動態，這就是所謂『氣韻』、「骨氣」……『骨法用筆』是因，是手法和具體問題，『氣韻生動』是果，是表現和精神問題，即「骨氣」是線條藝術對線條把握對象的要求，是使畫幅達到氣韻生動的手段，因為線條藝術有了骨氣即抓住了表現對象的生命特徵，當滿幅畫都充滿生命之靈氣和活力之時，便達到了氣韻生動的最高目的。

第四，「氣」也指創作者個人的主體修養之氣質，孟子云：「吾善養浩然之氣」〔註348〕，孟子又云：「充實之謂美」〔註349〕，比起創作者的技藝，中國藝術更注重創作者的主體修養，宗白華稱「中國真正的文人畫傳統，是首先注意人格高尚的修養，心靈生活的充實，不求名利，只以藝術為人格的表現和對自然的崇敬」〔註350〕，宗白華點明了中國文人畫對創作者的人格修養和境界有很高的要求，創作者的學養、人品、氣度越寬展，其創作的境界層次就越高，內涵就越豐富，審美趣味也越強，創作的過程也是創作者將自身之「氣」揮灑於畫幅的過程，文人畫的發展史儼然也是一部中國文人的心靈史。另外，「氣」也指創作者創作時胸中的情致和一氣呵成的創作狀態，中國繪畫和書法是一種筆墨之舞，筆墨每次跟宣紙接觸時產生的效果是獨一無二的，因此要求在創作時具有連貫性，一氣呵成，這樣才能保持畫幅的整體性。

〔註348〕見於《孟子·公孫丑上》：「我善養吾浩然之氣……其為氣也，至大至剛，以直養而無害，則塞於天地之間。」
〔註349〕見於《孟子·盡心下》：「可欲之謂善，有諸己之謂信，充實之謂美，充實而有光輝之謂大，大而化之之謂聖，聖而不可知之之謂神。」
〔註350〕宗白華：《宗白華全集》（二），安徽教育出版社，2016，第339頁。

　　再從「氣韻生動」之「韻」進行分析。「韻」最早見於《說文》新附，解釋為「和也。從音員聲。裴光遠云：古與均同。未知其審。王問切」〔註351〕，本義是和諧悅耳的聲音，本書認為其與「氣」搭配時，引申義為和諧的節奏，用以形容一種和諧流動的藝術靈氣（上文所論的「氣」的不同部分都可以包括其中）。宗白華說：「氣韻，就是宇宙中鼓動萬物的『氣』的節奏與和諧。繪畫有氣韻，就能給欣賞者一種音樂感」〔註352〕。由於每位藝術家有各自心靈的表現節奏，因為「氣韻」可以形容不同創作者表現出來的具有自己風格特色的情致。「氣韻」出自《南齊書·文學傳論》：「文章者，蓋情性之風標，神明之律呂也，蘊思含毫，遊心內運，放言落紙，氣韻天成。」〔註353〕可見「氣韻」成為了一種風格的象徵，是文學和藝術達到的意境，也可以指人的神采風度。另外，宗白華指出「氣韻」和「骨氣」也指所表達對象的突出特徵和精神風貌：「現在且論『氣韻』，但有時連類而及手法，則稱為『骨氣』。」〔註354〕即宗白華認為「氣韻」和「骨氣」都指的是用線紋所表現出對象內部的運動，通過抓大放小，突出對象的最個性化特徵，而不表現那些普遍化風貌，宗白華還引用劉安的話「劉安《淮南鴻烈訓》論畫：『尋常之外，畫者謹毛而失貌』」來從反面肯定抓大放小、表現最突出精神風貌的重要性。

　　以彭鋒〔註355〕為代表的學者認為「氣韻生動」之「生動」是區別於西方「運動」的特殊精神，彭鋒指出「將藝術、美落實在宇宙的生命本體之上，這是宗白華美學最為深邃的地方」〔註356〕。宗白華在上個時期（生命美學的建立期）關於「動」的闡釋主要見於分析羅丹的雕塑所表達的「動感」，彭鋒認為此時的「動」是西方強調的機械之運動。而後來宗白華關於「動」的論述主要落腳於「氣韻生動」之上，「動」成為了灌輸了生命氣韻的「生動」。本書在溯源了宗白華生命美學思想發展脈絡之後認為宗白華之「動」是一個能夠容納這些對立不同方面的概念，出色的藝術正是由於其恰恰用靜止的媒介表現

〔註351〕許慎：《說文解字》。

〔註352〕宗白華：《宗白華全集》（第3卷）〔M〕，合肥：安徽教育出版社，2016，465，《中國美學史中重要問題的初步探索》。

〔註353〕出自《南齊書·文學傳論》，蕭子顯著，蕭子顯在此文中不僅提出了「氣韻」，還提出了「性情」和「新變」這兩個重要審美維度。

〔註354〕宗白華：《宗白華全集》（二），安徽教育出版社，2016，第456頁。

〔註355〕彭鋒：《宗白華美學與生命哲學》，《北京大學學報（哲學科學版）》，2000年第2期。

〔註356〕彭鋒：《宗白華美學與生命哲學》，《北京大學學報》，2000年第2期。

出了動態，進而表現出超越於媒介的最新境界與生命力，以一個定格的瞬間表現出了無限，貫通了整個宇宙世界。

如在柏格森的生命觀中，生命如一條河流湧動，其沒有固定的方向軌跡，只是如水向下那般地盲目地奔騰，而宗白華而贊同有韻律有節奏的生活才是真實的、健康的生活，因為生命不能永遠奔騰，那只會導致毀滅；生命需要克制和內斂，才能形成具體的形式，得以維持。宗白華的生命美學之「動」不是盲目衝動，而是遵循著秩序數理，正如中國人在天地的動靜，四時的節律，晝夜的往復，生死的綿延中領悟到的「道」的精神，在《藝術與中國社會》一文中，宗白華提出了「中國人在天地的動靜、四時的節律、晝夜的來復、生長老死的綿延，感到宇宙是生生而具條理的。這『生生而條理』就是天地運行的大道，就是一切現象的體和用。」〔註357〕永不止息的流動生命與相對固定的形式，一種向外擴張與向內的收斂，這在宗白華看來是生命的兩極，彷彿自然宇宙的一呼一吸。

敦煌生氣勃勃的壁畫受到了宗白華的熱烈讚美，其一個重要的原因便是壁畫的形象飛動之美。宗白華指出，雖然敦煌的壁畫跟希臘的藝術一樣以人物對表現的中心，但希臘重點表現的是人物的「體」，身體、整體、體積，追求的是莊嚴肅穆之感；而敦煌壁畫的人像重點表達的是人的動態，一切都趨向飛騰的舞姿，所有人似乎都像克服了重力那樣旋轉飛動著，騰躍著，他們身上的衣飾、飄帶都融化在某種旋律裏，甚至畫面裏如樂器等器物都在空中飛躍著，這強烈的「動」賦予了敦煌壁畫熱烈的生命〔註358〕。敦煌藝術也不再同於中國傳統的靜穆空遠的山水畫，而是一種帶著滿滿世俗熱情的躍動的藝術，敦煌的藝術向人們展示了一個充滿了生命活力的熱情的世界，這裡人們擺脫了沉重的生活負擔與牽絆，充滿著幻想和詩意，用鮮活的肉體彈撥著樂器飛舞著。同樣是出於對生命之「動」的欣賞，宗白華高度讚美「舞」，他稱舞本身就是浩蕩奔馳的生命，是一種「生命玄冥的肉身化之美」、「舞是最高度的韻律、節奏、秩序，理性，同時是最高度的生命，旋動、力、熱情，它

〔註357〕宗白華：《宗白華全集》（第 2 卷）〔M〕，合肥：安徽教育出版社，2016，第410 頁，《藝術與中國社會》，原載於南京《學識雜誌》半月刊第 1 卷第 12期，1947 年 10 月。

〔註358〕宗白華：《宗白華全集》（第 2 卷）〔M〕，合肥：安徽教育出版社，2016，第418 頁，《略談敦煌藝術的意義與價值》，原載於上海《觀察》週刊，第 5 卷第 4 期，1948 年。

不僅是一切藝術表現的終極狀態，還是宇宙創化過程的象徵。藝術家在這時失落自己於造化的核心，沉冥入神，從深不可測的玄冥體驗中升化而出，行神如空，行氣如虹。在這時只有『舞』，這最緊密的律法和最熱烈的旋動，能使這深不可測的玄冥的境界具象化、肉身化。」〔註 359〕宗白華對舞蹈有一種近乎宗教狂熱式的讚美，在舞動中看到了浩馳的生命，看到了天地宇宙的創化。

　　綜合以上對「氣」、「韻」、「氣韻」、「生動」的闡釋，宗白華將「氣韻生動」解釋為「不停留在對象形象和顏色之上而進一步表達出形象內部生命的要求」〔註 360〕、認為「氣韻生動是繪畫創作追求的最高目標，最高的境界，也是繪畫批評的主要標準」〔註 361〕。生命是有節奏，有脈動的，有高低起伏，韻律就是借助藝術形式的方式來揭示生命的律動，宗白華將所有藝術當中的形式和節奏稱為「生命的內核，是生命內部最深的動，是至動而有條理的生命情調」〔註 362〕。宗白華指出中國古代詩人、畫家為了表達出世間萬物的動態，表現真實的生命與流動的氣韻，採用虛實結合、不似而似的手法來把握

〔註 359〕宗白華：《宗白華全集》（第 2 卷）〔M〕，合肥：安徽教育出版社，2016，第366 頁，《中國藝術意境之誕生（增訂稿）》，大概創作於宗白華 46 歲，原刊於《哲學評論》第 8 卷第 5 期。1944 年 1 月，中國哲學會編輯出版。宗白華在此篇後「附識」云：「本文係拙稿《中國藝術底寫實傳神與造境》的第3 篇。前 2 篇尚在草擬中。本文初稿曾在《時事潮文藝》創刊號發表，現重予略增改，俾拙旨稍加清晰，以就正讀者。承《哲學評論》重予刊出，無任感激。

〔註 360〕宗白華：《宗白華全集》（第 3 卷）〔M〕，合肥：安徽教育出版社，2008，第465 頁，原收於目錄為《中國古代繪畫美學思想‧氣韻生動和遷想妙得》的課堂講義片段中，大概寫於宗白華 66 歲，這篇講義隸屬於《中國美學史中重要問題的初步探索》講稿中，這是作者在 1963 年為北京大學哲學系、文系高年級學生開設的中國美學史講座的講稿，由葉朗整理。後經宗白華先生審校，校正內容由宗先生女兒宗福紫女士提供。原載《文藝論叢》，1979 年第 6 輯。

〔註 361〕宗白華：《宗白華全集》（第 3 卷）〔M〕，合肥：安徽教育出版社，2008，第465 頁，原收於目錄為《中國古代繪畫美學思想‧氣韻生動和遷想妙得》的課堂講義片段中，大概寫於宗白華 66 歲，這篇講義隸屬於《中國美學史中重要問題的初步探索》講稿中，這是作者在 1963 年為北京大學哲學系、文系高年級學生開設的中國美學史講座的講稿，由葉朗整理。後經宗白華先生審校，校正內容由宗先生女兒宗福紫女士提供。原載《文藝論叢》，1979 年第 6 輯。

〔註 362〕宗白華：宗白華全集（第 2 卷）〔M〕，合肥：安徽教育出版社，2016，第 98頁，《論中西畫法的淵源與基礎》。原載中央大學《文藝叢刊》第 1 卷，第 2期，1934 年 10 月出版。

事物的物質和生命的本質，中國繪畫對動的重視源於中國《易經》之「易」，變動不居是宇宙人生的內核，在藝術上表現為對「動」的追求，於人生則表示自強不息。

　　宗白華與同時期的美學家鄧以蟄〔註363〕關於「氣韻生動」有不同的看法。宗白華將「氣韻生動」的基本內涵總結為「生命的律動」，源於《易經》中的陰陽二氣，是繪畫創作的最高追求；而鄧以蟄認為「氣韻生動」是藝術最高的原理和法則，他認為「氣韻」出於形似而超越形似的物質層，由工藝設計之「靜」到繪畫所表現的「動」，再到動物的「生動」，人物的「氣韻」，再到達山水的「氣韻生動」。湯擁華〔註364〕指出鄧以蟄最初在《國畫魯言》中使用「氣韻生動」一詞時所強調的是中國畫家之意在筆先，即下筆之前意象早已成竹在胸，動筆之時即一氣呵成，這與西洋畫家能夠在畫布上不斷塗抹修改不一樣；而宗白華對「氣韻生動」的理解從藝術的形式上升到了哲學的高度，宗白華從中國畫重空白，「空白處乃非真空，乃靈氣往來生命流動之處」〔註365〕，到老子的虛無境界及莊子的獨與天地精神往來，最後將「氣韻生動」上升到宇宙生命的創化之中。張澤鴻〔註366〕指出宗白華與鄧以蟄都是中國現代藝術學研究的奠基人，尤其是在藝術本體論、藝術詮釋學與藝術史觀方面既相互影響，又各自做出了重要的理論探索。20世紀20～30年代，鄧以蟄與宗白華分別馳名於北方與南方學界，後有很多人將宗白華與鄧以蟄進行比較研究，提出「南宗北鄧」〔註367〕，不僅因為宗白華和鄧以蟄早年都在西方留

〔註363〕鄧以蟄（1892～1973），字叔存，安徽懷寧人，我國著名的美術史家、藝術理論家和教育家。鄧以蟄於1907年～1911年留學日本，1917年～1923年於美國哥倫比亞大學專攻哲學與美學。1923年回國後被聘為北京大學哲學系教授，1929年～1952年在清華大學哲學系任教，1952年全國大學院系調整又調回北大哲學系，長年開設美學、美學名著選讀、西洋美術史等課程。

〔註364〕湯擁華：《空間生動：在鄧以蟄與宗白華之間》，《文藝理論研究》，2007.05。

〔註365〕宗白華：《宗白華全集》（第2卷）〔M〕，合肥：安徽教育出版社，2016，45頁，《介紹兩本關於中國畫學的書並論中國的繪畫》，原刊登於《圖書評論》第1卷第2期，1932年10月1日出版。

〔註366〕張澤鴻：《宗白華與鄧以蟄的藝術學思想比較》，《貴州大學學報（藝術版）》，2012.01。

〔註367〕由於早期宗白華任教於南京大學，鄧以蟄任教於北京大學，地理位置上一南一北，解放後宗白華被調動到北京，跟鄧以蟄成為同事，宗白華在1982年為《鄧以蟄美術文集》的序言中所回憶兩人的交情說「幾乎天天見面」，學術上互相影響，互相砥礪。

學，引進了西方的學術方法視角對中國傳統藝術進行科學的分析與體認，更因為二人就藝術之生命性靈方面及「氣韻生動」有非常多相似的論述，相比較於朱光潛更關注「詩學」，宗白華與鄧以蟄更關注繪畫、書法、雕塑等造型藝術。鄧以蟄強調藝術的「超功利性」，從哲學的高度觀照藝術，他認為藝術是源於「性靈」的創造，這與宗白華的藝術「生命」本體論的本質其實是一樣的。

「氣韻生動」是中國藝術發展將最終導向的生命追求，生命是中國藝術的本體，中國在很早的階段就已經擺脫了將形象作為本體的追求。宗白華生命美學中的「運動」思想，既有微觀層面的直觀的動作之動，又有宏觀層面的發展變化之動，小至細胞的位移，大到宇宙的大化流行。高蕊〔註368〕認為宗白華的美學就是一種切入生命的「動感美學」，表現的是生命內部最深的動。

二、藝術創作的生命產生於「虛實」之間

宗白華認為「虛實結合是中國美學思想中的核心問題」〔註369〕，藝術之流動的氣韻是產生於虛空之間的，「虛實」產生節奏感、韻律感，意境也是誕生於「虛實」之上。中國藝術領域的「虛實」起源於道家老莊「虛」的哲學思想，老子有言：「致虛極，守靜篤。萬物並作，吾以觀其復。」〔註370〕，莊子有言「虛室生白」，又言「唯道集虛」，即老莊認為虛比實更重要，虛是一切真實的原因，萬物在虛空中流動、運化、生長，這種觀點使得很多中國人認為現實本就是個虛實結合的世界，因此這種宇宙觀自然投射到了藝術之上，「虛實」的範疇無論在中國繪畫、中國書法還是中國舞蹈或者建築、戲曲，都起著非常重要的作用。

「虛實相生」是中國繪畫極大的精妙之處，這是西方繪畫及藝術所沒有特點，中國畫的留白就是虛實結合的實踐。中國畫中有筆墨處是具體的物象，是實；無筆墨處的留白是虛空，留白使得畫幅上宇宙靈氣往來，是無形生命的流動，「無筆墨處卻是飄渺天倪，化工境界……而中國畫上畫家用心所在，正在無筆墨處」〔註371〕。藝術家們搏虛為實，將自然生命集中在無邊的虛白

〔註368〕高蕊：《生命律動——論宗白華美學研究的核心》，《遼寧師專學報》，2009.05。
〔註369〕宗白華：《宗白華全集》（第3卷）〔M〕，合肥：安徽教育出版社，2016，455，《中國美學史中重要問題的初步探索》。
〔註370〕見於《道德經》，第十六章。
〔註371〕宗白華：《宗白華全集》（二）〔M〕，合肥：安徽教育出版社，2016，336頁，《中國藝術意境之誕生》。

之上，「一片虛白上幻現的一花一鳥、一樹一石、一山一水，都負荷著無限的深意、無邊的深情」〔註372〕，這種虛實之間的關係，宗白華借用周濟的詞評語說「空則靈氣往來……實則精力彌滿」〔註373〕，靈魂和生命呈現在虛實流動之中，美隨之誕生。空白也是中國畫的物象內部的組成部分，「空白在中國畫裏不復是包舉萬象位置萬物的輪廓，而是溶入萬物內部，參加萬象之動的虛靈的『道』」〔註374〕，留白即是「道」的一種表現，留白之「虛」與事物景物的輪廓之「實」形成一種互動，於是虛實相生，形成了深度和立體感，生命也在其中流動。相對於中國畫所表現的是無盡宇宙的虛空，西洋畫所描繪的是世界之內的有限的具體。

宗白華舉出中國繪畫中通過不寫實而<u>彰顯動感</u>的例子。如宗白華舉出徐文長所畫的《驢背吟詩》，「用水墨寫出人物與樹的影子，甚至用扭曲的線紋畫驢的四蹄，不寫實，卻令人感到驢從容前馳的節奏，彷彿聽到蹄聲滴答，使這畫而更加生動而有音樂感」〔註375〕，在這裡，正是通過不寫實的驢的四蹄，徐文長才得以表現出驢的動作，徐文長通過對畫面有效的扭曲，突破了繪畫空間性藝術的侷限，產生了時間性的動感。因此不寫實廣泛被中國古代藝術家運用，以刻畫生命的動態與氣韻，只有拋棄對形完全的相像，達到一種突出精神風貌，顯出動作節奏的效果，這樣才能抓住生命的本質，表達神韻，宗白華稱這是「離形得似的方法，正在於捨形而悅影。影子雖虛，恰能傳神，表達出生命裏微妙的、難以摸擬的真。這裡恰是生命，是精神，是氣韻，是動」〔註376〕，能夠悅影，彷彿洞察了表現對象的靈魂。

宗白華引用《考工記》中的「梓人為筍虡」〔註377〕的設計思想來說明我

〔註372〕宗白華：《宗白華全集》（第2卷）〔M〕，合肥：安徽教育出版社，2016，335頁，《中國藝術意境之誕生》。

〔註373〕宗白華：《宗白華全集》（二），安徽教育出版社，2016，第343頁，《論文藝的空靈與充實》。

〔註374〕宗白華：《宗白華全集》（二）〔M〕，合肥：安徽教育出版社，2016，第101頁，《論中西畫法的淵源》，原載中央大學《文藝叢刊》第1卷，第2期，1934年10月出版。

〔註375〕宗白華：《宗白華全集》（三）〔M〕，合肥：安徽教育出版社，2016，443頁，《形與影》。

〔註376〕宗白華：《宗白華全集》（三）〔M〕，合肥：安徽教育出版社，2016，444頁，《形與影》。

〔註377〕宗白華：《宗白華全集》（第3卷）〔M〕，合肥：安徽教育出版社，2016，454，《中國美學史中重要問題的初步探索》。

們古代工匠對虛實關係的巧妙利用。虡（音 jù），指古時懸鍾鼓木架的兩側立柱，對於這個樂器支架的製作，工匠們配合著樂器的特色，「在鼓下面安放著虎豹等猛獸，使人聽到鼓聲，同時看見虎豹的形狀，兩方面在腦中虛構結合，就好像是虎豹在吼叫一樣」〔註 378〕，這樣雕刻動物形象和聲音的配合，動物的形象更生動更形象化了，樂器聲也更有感染力。工匠們雕刻的動物是「實」，而我們聯繫起來的形象是「虛」，樂器響起，我們的眼耳心同時被激活，一下子進入了虛實結合的境界。

　　虛與實又被宗白華闡釋為「空靈」與「充實」。虛是創作主體虛靜的心境，澡雪精神之後對世界的「靜照」，宗白華稱「靜照的起點在於空諸一切、心無掛礙，和世務暫時絕緣」〔註 379〕，唯有這樣，世間萬象才如同在鏡中那樣各得其所，「呈現著它們各自的充實的、內在的、自由的生命，所謂『萬物靜觀自得』。這自得的、自由的各個生命在靜默裏吐露光輝」〔註 380〕。創作的主體唯有先放空自己，才能具有足夠的敏銳度去感悟一切，才能有靈氣往來，「靈氣往來是物象呈現著靈魂生命的時候，是美感誕生的時候。」〔註 381〕心境的空，才能與萬事萬物有一個距離感，能夠不凝滯於物，宗白華舉例說就如陶淵明詩中「心遠地自偏」〔註 382〕，唯有這樣，仙境一般和南山方能顯現眼前，如果被紛擾塵世所牽絆，則如一葉障目，麻木不已。

　　宗白華認為「充實」指創作者傾注在作品中的情感豐沛，細節描寫和意象突出，這要基於創作者豐富的生活經歷和情感體驗。「藝術家精力充實，氣象萬千，藝術的創造追隨真宰的創造」〔註 383〕，充實指創作者具有深邃熱烈的情感及作品包含宇宙氣象萬千，深入自然和生命的核心精髓。

〔註 378〕宗白華：《宗白華全集》（第 3 卷）〔M〕，合肥：安徽教育出版社，2016，454，
　　　　《中國美學史中重要問題的初步探索》。
〔註 379〕宗白華：《宗白華全集》（二），安徽教育出版社，2016，第 345 頁，《論文藝
　　　　的空靈與充實》。
〔註 380〕宗白華：《宗白華全集》（二），安徽教育出版社，2016，第 343 頁，《論文藝
　　　　的空靈與充實》。
〔註 381〕宗白華：《宗白華全集》（二），安徽教育出版社，2016，第 346 頁，《論文藝
　　　　的空靈與充實》。
〔註 382〕宗白華：《宗白華全集》（二），安徽教育出版社，2016，第 347 頁，《論文藝
　　　　的空靈與充實》。
〔註 383〕宗白華：《宗白華全集》（二），安徽教育出版社，2016，第 348 頁，《論文藝
　　　　的空靈與充實》。

綜合以上論述，虛與實，空靈與充實，代表著藝術創作的不同階段，也代表著對創作者不同的要求。從創作階段上而言，下筆前應該先放空、斷捨離，達到一種虛靜的狀態後才能進入表達對象的深處，這樣才能表現宇宙生命中一切理一切事。對創作者的要求表現在中國藝術要求創作者應該有豐富充實的人生經歷體驗，在創作時能淬煉出最深刻最濃烈的情感。

三、「中庸」體現出生命的剛健溫雅

中庸不是折衷主義，而是生命的剛健溫雅。宗白華認為中庸的精神源於宇宙嚴整的秩序與圓滿的和諧，中庸的精神即是人「以宇宙為模範，求生活中的秩序與和諧」〔註384〕。他談論希臘哲學家藝術理論的《哲學與藝術》一文中，充分肯定了亞里士多德的「中庸」〔註385〕與「執中」，稱「中庸」是一種不偏不倚的毅力，一種綜合的意志，是一種「至善」，就如人在中年力盛之時的剛健溫雅，稱中庸是生命的豐富，是「安詳從容應付一切的和諧」〔註386〕。宗白華認為如同中庸一般的中年時期是美的人生，這之前都是序曲，這之後是尾聲，因為「青年人血氣方剛，偏於粗暴。老年人過分考慮，偏於退縮。中年力盛時的剛健而溫雅方是中庸。」〔註387〕

從此可見「中庸」在西方文化中也有豐富的淵源，在古希臘時代，其文化中就有一表示節制、均衡之美的 sorhrosune，周作人對此非常推崇，並將之翻譯為「中庸」。與荷馬並稱的、《神譜》的作家赫西俄德也在其代表作《工作與時日》中寫到：「你要把握好尺度，在諸事中適當是最佳原則。」〔註388〕畢

〔註384〕宗白華：《宗白華全集》（第 2 卷）〔M〕，合肥：安徽教育出版社，2016，第 58 頁，《哲學與藝術》，原載於《新中華》創刊號，1933 年 1 月。

〔註385〕亞里士多德所用 mesotes 這個詞表示這種適度美的境界，mesotes 意味「不偏不倚，兩個極端之間」。在《奧瑞斯提斯》一書中，他提出：過度和不及都屬於惡，中道才是德性。在適當的時候、對適當的事物、對適當的人、由適當的動機和以適當的方式來感覺這些感覺，就既是中間的，又是最好的，而這乃是美德所特具的。

〔註386〕宗白華：《宗白華全集》（第 2 卷）〔M〕，合肥：安徽教育出版社，2016，第 57 頁，《哲學與藝術——希臘大哲學家的藝術理論》，原載《新中華》創刊號，1933 年 1 月。

〔註387〕宗白華：《宗白華全集》（第 2 卷）〔M〕，合肥：安徽教育出版社，2008，第 58 頁，《哲學與藝術——希臘大哲學家的藝術理論》之（四）中庸與淨化，原載《新中華》創刊號，1933 年 1 月。

〔註388〕〔古希臘〕赫西俄德：《工作與時日》，〔M〕，北京：商務印書館，1991 年，第 12 頁。

達哥拉斯在他的《金言》中提出：「在一切事情，中庸是最好的。」〔註389〕柏拉圖在他的《理想國》中寫到「人的快樂和欲望缺乏限度，因此要在人類中建立法律和秩序，而法律和秩序標誌著有限。」〔註390〕亞里士多德將其老師柏拉圖的思想更推進了一步而擲地有聲地提出「中庸是最高的善和極端的美」，宗白華將其解釋為「一種不偏不倚的毅力、綜合的意志，力求取法乎上、圓滿地實現個性中的一切而得和諧。」〔註391〕

　　在《形上學——中西哲學之比較》中，宗白華解釋《中庸》中的「天地位焉，萬物育焉」言「是以『序秩理數』創造『生命之結構』，生命有條理結構，則器成立。」〔註392〕如果說青年時期的宗白華深受西方柏格森等人建立在生物學、心理學基礎上的生命哲學的影響，像尼采那樣高揚生命的洪流，肯定外在的生命和動，此時經過歷練沉澱的宗白華所信仰的生命則是一種有條理的、由內而發的中庸生命觀之下的剛健深沉。這也體現了宗白華一直關注的形式與內容的關係，「生命有條理結構」即是生命的內容與形式達到了和諧平衡，「生命的片面的努力伸張反要使生命受阻礙，所以生命同時要求秩序，形式、定律，軌道。生命要廉虛，克制，收縮，遵循那支配又主持一切的定律，然後才能完成，才能使生命有形式，而形式在生命之中。」〔註393〕關於這個問題，孔子也給出過非常形象的論述——「質勝文則野、文勝質則史」〔註394〕，宗白華生命美學中的「生生而條理」就如孔子的「文質彬彬」那樣，是宗白華從宇宙人間的大化流行中總結出來的奧秘。宗白華的生命美學即把具有無盡生命、豐富動力的宇宙與一種嚴整的秩序結合了起來，這種韻律和節奏就好比中國古代的「制禮作樂」，用禮教和樂教作為社會生活的骨架，

〔註389〕周輔成：《西方倫理名著選輯》〔C〕，北京：商務印書館，1964 年，第 43 頁。

〔註390〕〔古希臘〕柏拉圖：《理想國》，〔M〕，北京：商務印書館，1986 年，第 212 頁。

〔註391〕宗白華：《宗白華全集》（第 2 卷）〔M〕，合肥：安徽教育出版社，2008，第 58 頁，《哲學與藝術——希臘大哲學家的藝術理論》之（四）中庸與淨化，原載《新中華》創刊號，1933 年 1 月。

〔註392〕宗白華：《宗白華全集》（第 1 卷）〔M〕，合肥：安徽教育出版社，2016，第 587 頁，《形上學》。

〔註393〕宗白華：《宗白華全集》（第 2 卷）〔M〕，合肥：安徽教育出版社，2016，第 9 頁，歌德之人生啟示》，作者原注：1932 年 3 月為歌德百年忌日所寫，原載於天津《大公報》文學副刊第 220～222 期。

〔註394〕見於《論語·雍也篇》，子曰：「質勝文則野，文勝質則史。文質彬彬，然後君子。」

「禮」構成社會的「條理性」,「樂」沁潤著群體內心的和諧,「禮樂」最後的根據是對生命的高度把握的天地境界。

中庸思想在中國古代思想史中是重要的思維方法和踐行本體論。中庸之道貫穿在宇宙萬事萬物規律之中,影響了中國文化思維和人們的處世行為,具有歷久彌新的重要價值。如果沒有生命與秩序的一種中庸平衡狀態,則是孔子所說的「質勝文則野、文勝質則史」,生命過於噴張漫溢,會出現一種野蠻與粗暴,有如回到了人們茹毛飲血的狀態,如若秩序規矩過於繁冗苛刻,又會陷入一種無力和黑暗。

無論是中國還是西方的中庸思想,都強調「不過分」,強調適度,強調節制均衡,這針對於當代社會狀況來說無疑具有重大的價值,它具有矯枉過正的力量。但是中西「中庸」觀其實還是有著本質的區別的,儒家中庸觀強調倫理性,核心是「誠」;西方中庸觀強調認識論,核心是「知」;儒家中庸觀目的在於「致中和」、「與天地參」以及「萬物並育道並行」,西方中庸觀更多的體現的是城邦之間的公平正義,是一種平衡關係,最終目的在於規範國家城邦的統治;儒家中庸觀強調「修」,對怎樣達到中庸的境界更為重視。如確立循序漸進的認知態度:「君子之道,闢如行遠必自邇,闢如登高必自卑。」〔註395〕

中庸不是折衷調和的中間路線,而是在不偏不倚中尋求恒常之道。君子參透了運行於人世間的天地宇宙的規律,故而強調中和中道,追求不急不緩、不過不及、不驕不餒的人生至境。直面中庸之道,人需要保持一種無遮蔽的、純真的、不受各樣貪欲所引誘的狀態,而這種狀態很容易被殘酷的現實及漫長的時間侵蝕,因此縱觀古今橫看中西,真正將中庸之道踐行一生的人寥寥無幾,但宗白華就是一位一生踐行中庸之道的君子。無論是富貴還是貧賤,如意還是處於逆境,宗白華都能以平和恬淡的態度處之,這種態度像極了孔子最得意的門生顏回,孔子曾經誇獎顏回:「一簞食,一瓢飲,居陋巷,人不堪其憂,而回不改其樂也。」真正的中庸之道就是在日常生活中的一種平淡,一種安然,一份優雅,一份樸素,一顆平常心,一方安寧,最平常生活中堅守最具有感人的力量。

宗白華一生待人平和,這正是他將中庸貫徹到人際關係中的體現。「中庸」主張不要走向極端,留有餘地,話不說絕,事不做絕。在利益出現衝突的

〔註395〕見於《中庸》第十五章。

時候在大原則有保障的情況下適當忍讓；在觀點分歧時兼容並包，和而不同。人們往往具有違反平淡恒常的劣根性，西方的競爭意識被引入以後，人總是想超越自我和他人，總是不願意成為真正的自己，一切紛爭都起於不安於寂寞，一切戰爭和鬥爭都源於最大限度地想置他人於一種貧窮落後的境地而使自己輝煌無比，這種偏狹的觀念導致層出不窮的社會問題。

宗白華熱愛依戀自然，無限地讚美自然，追求天人和一，是「中庸」的自然觀的體現。現代人正是因為失卻了中庸精神，將自己自然的關係規定為攫取與被攫取的關係，於是人們無限制利用地球的資源，以至於自然環境產生惡變。我們可以看到，這與中庸的天人合一、天人並生思想是完全相悖的。

宗白華一生都不喧嘩，在十年動亂時期也不因為政治的外力改變自己的立場，所謂「君子和而不流，中立而不倚，國有道，不變塞，國無道，至死不變。」堅持自己的信念不動搖，固守自己的高遠志向和操守。孔子推崇君子之強，君子之強的核心就是堅守中庸之道，即便周圍環境如何變化也絕不中途放棄。

四、「意境」是一種生命的結晶

宗白華是中國美學界公認的繼王國維之後將「意境」理論推向新高度的人，兩者都對意境作了人生內涵、生命內涵的解說；而王國維的「境界說」主要著眼於中國詩詞藝術，尤其是在詩詞中找到人的終極歸宿，而宗白華的「意境」理論起於中國繪畫而被推廣到中國藝術的各個領域，如雕塑、音樂、舞蹈、書法、繪畫等，體現的是一種藝術本體論精神。宗白華借唐代畫家張璪的「外師造化，中得心源」將意境定義為「造化和心源的凝合，成了一個有生命的結晶體」〔註396〕，可見藝術是宗白華「意境」理論的依託，「生命」是宗白華「意境」理論的核心，在中國傳統情景交融意境理論的基礎上，宗白華突出了「生命」的重要作用，他說無論是李白、杜甫境界的高深闊大，還是王維的空靈脫俗，「都植根於一個活躍的、至動而有韻律的心靈」〔註397〕，這樣的心靈即是精力彌滿，情感豐沛，生命力強勁的心源。

宗白華首先肯定了前人「意境」理論中「情景交融」，他說「情和景色交

〔註396〕宗白華：《宗白華全集》（第2卷）〔M〕，合肥：安徽教育出版社，2016，第326頁，《中國藝術意境之誕生》，原刊於《哲學評論》第8卷第5期。
〔註397〕宗白華：《宗白華全集》（第2卷）〔M〕，合肥：安徽教育出版社，2016，第338頁，《中國藝術意境之誕生》，原刊於《哲學評論》第8卷第5期。

融互滲，因而發掘出最深的情，一層比一層更深的情，同時也透入了最深的景，一層比一層更透明的景。景中全是情，情具象而為景色，因而展現了一個獨特的宇宙」〔註398〕，宗白華舉出了很多中國詩歌和繪畫中人們用景來達心中情致的實例，說明中國畫和詩詞之所以喜歡用山水作為表現對象是因為山水之壯闊無窮、變幻靈奇才足以表現人心中情感的萬千複雜變化，「山川和詩的凝結是中國藝術靈魂的深處」〔註399〕，在宗白華看來，中國藝術的意境是「人內在心靈的宇宙與傳達」，指將情感灌注入具體對象的創作過程，是一種生命情感能量的轉化和轉移，是行於言，是「藝術家的意匠組織線、點、光、色、形體、聲音或文字成為有機諧和的藝術形式，以表出意境」〔註400〕；「最高靈境的啟示」指一種宗教般神啟的體驗，宗白華用莊子超曠空靈的境界形容，如同李白詩歌中化用莊子《逍遙遊》中「大鵬一日同風起，扶搖直上九萬里」〔註401〕的境界。

　　宗白華用壯闊的江湖海河來形容意境的無邊，指出意境有「深度、高度、闊度」〔註402〕，杜甫的成就在宗白華看來就是這三個維度的頂峰。宗白華具體解釋這三個方面為「隨波逐浪是深」，只有具有深度的江湖海河，才能掀起驚天巨浪，如同只有當詩人藝術家具有豐富深厚的情感時，才能有強大的動力將情感宣洩表達出來。「涵蓋乾坤是大」，闊度之大指詩人胸襟的廣闊，也指其詩歌囊括的內容豐富無邊。「截斷眾流是高」，猶如巍峨挺立的瀑布，拔地而起的高峰使藝術中承載的生命力一瀉千里，熱烈奔騰。宗白華認為李白在「高深大」的範疇之中也非常出色，但是「深度」方面不如杜甫，他說「杜甫更能以深情掘發人性的深度，他具有但丁沉著的熱情的歌德的具體表現力」〔註403〕

〔註398〕宗白華：《宗白華全集》（第 2 卷）〔M〕，合肥：安徽教育出版社，2016，第327 頁，《中國藝術意境之誕生》，原刊於《哲學評論》第 8 卷第 5 期。

〔註399〕宗白華：《宗白華全集》（第 2 卷）〔M〕，合肥：安徽教育出版社，2016，第327 頁，《中國藝術意境之誕生》，原刊於《哲學評論》第 8 卷第 5 期。

〔註400〕宗白華：《宗白華全集》（第 2 卷）〔M〕，合肥：安徽教育出版社，2008，第331 頁，《中國藝術意境之誕生》，原刊於《哲學評論》第 8 卷第 5 期。

〔註401〕見於李白《上李邕》：大鵬一日同風起，扶搖直上九萬里。假令風歇時下來，猶能簸卻滄溟水。世人見我恒殊調，聞余大言皆冷笑。宣父猶能畏後生，丈夫未可輕年少。

〔註402〕宗白華：《宗白華全集》（第 2 卷）〔M〕，合肥：安徽教育出版社，2008，第338 頁，《中國藝術意境之誕生》，原刊於《哲學評論》第 8 卷第 5 期。

〔註403〕宗白華：《宗白華全集》（第 2 卷）〔M〕，合肥：安徽教育出版社，2016，第338 頁，《中國藝術意境之誕生》，原刊於《哲學評論》第 8 卷第 5 期。

　　宗白華的「意境」更是直接跟行住坐臥，運水搬柴都是妙道的禪宗相關，對「意境」的論述體現出了宗白華精深的佛禪哲學造詣。宗白華指出，「禪」是佛家大乘思想與中國人的民族性格相結合的產物，是中國人用心靈深處的領悟將佛教思想「燦爛地發揮到哲學境界與藝術境界」〔註 404〕。宗白華將「禪」直接跟生命聯繫，將之定義為「動中的極靜，也是靜中的極動，寂而常照，照而常寂，動靜不二，直探生命的本原」〔註 405〕，動即靜，是動與靜的混同與合一，具有傳統中國哲學的趣味和藝術境界參悟。宗白華將「禪」之極靜與極動解釋為構成藝術的兩個部分的「靜穆的觀照和飛躍的生命」〔註 406〕，在《中國藝術意境之誕生》〔註 407〕一文中，宗白華寫到「中國自六朝以來，藝術的理想境界卻是『澄懷觀道』（晉宋畫家宗炳語），在拈花微笑裏領悟色相中微妙至深禪境……澄觀一心而騰踔萬象，是意境創造的始基；鳥鳴珠箔，群花自落，是意境表現的圓成……於是繪畫由豐滿的色相達到最高心靈境界，所謂禪境的表現，種種境界，以此為歸宿……禪是動中的極靜，也是靜中的極動，寂而常照，照而常寂，動靜不二，直探生命的本原。禪是中國人接觸佛教大乘義理後體認到自己心靈的深處而燦爛地發揮到哲學境界與藝術境界。靜穆的觀照和飛躍的生命，構成藝術的兩元，也是構成「禪」的心靈狀態。」〔註 408〕

　　王岳川試圖解釋宗白華一生情篤於意境之追求的原因：「宗白華痛感於人類文明進步與人類精神拓展近百年來的錯位，因此，希冀在物慾橫流的世界中用雙手把握靈魂的新生，在幽渺的生命體驗中達到人性之所及的家園。」〔註 409〕本書很贊同這種看法，宗白華追求意境跟他寫詩的目的是一樣的，就是在混亂黑暗虛無痛苦的時代努力追求詩意，追求一種可以超越庸常的力量。

〔註 404〕宗白華：《宗白華全集》（第 2 卷）〔M〕，合肥：安徽教育出版社，2008，第
　　　　332 頁，《中國藝術意境之誕生》，原刊於《哲學評論》第 8 卷第 5 期。
〔註 405〕宗白華：《宗白華全集》（第 2 卷）〔M〕，合肥：安徽教育出版社，2008，第
　　　　331 頁，《中國藝術意境之誕生》，原刊於《哲學評論》第 8 卷第 5 期。
〔註 406〕宗白華：《宗白華全集》（第 2 卷）〔M〕，合肥：安徽教育出版社，2008，第
　　　　332 頁，《中國藝術意境之誕生》，原刊於《哲學評論》第 8 卷第 5 期。
〔註 407〕宗白華：《宗白華全集》（第 2 卷）〔M〕，合肥：安徽教育出版社，2008，第
　　　　364 頁，《中國藝術意境之誕生》，原刊於《哲學評論》第 8 卷第 5 期。
〔註 408〕宗白華：《宗白華全集》（第 2 卷）〔M〕，合肥：安徽教育出版社，2008，第
　　　　364 頁，《中國藝術意境之誕生》，原刊於《哲學評論》第 8 卷第 5 期。
〔註 409〕王岳川：《宗白華的散步美學境界》，《文藝爭鳴》，2017 年。

　　通過本章的論述，可以得出 1932 年～1952 年是宗白華的學術活躍期，此時在南京中央大學擔任哲學系系主任的宗白華意氣風發，勇攀學術高峰。此時期宗白華學術最大的特點便是關注重心由原來的西方文學藝術轉向了中國傳統藝術和思想當中的生命資源，因此本書將此時期界定為宗白華生命美學的民族化時期。他的這個重大學術轉向既是早有計劃，亦是受到了時代因素的影響，日本對中國的再一次侵略激發了宗白華發掘中華民族美麗藝術文化精神的動力。宗白華從中國傳統的繪畫中找到了生生不息的「氣韻生動」，從書法中找到了骨力與柔韌的結合，從舞動的飛動中找到了蓬勃的生氣……他更是從晉人的風流灑脫中找到了對抗黑暗與混亂的希望，回歸歷史是為了從古人的經歷中尋得支持當下的勇氣，借古照今。相比同時期的其他學者偏重從道德和倫理等層面激活中國的傳統生命資源，宗白華的選擇獨闢蹊徑，成為了文化強國的先聲。

第四章　宗白華生命美學的深化 (1952～1986)：美學散步和「中國美學」[註1]的構建

　　本書將 1952～1986 年界定為宗白華生命美學的深化期，是因為在此期間，宗白華一邊以「散步」的姿態力圖遠離政治的漩渦，另一邊努力對「中國美學」進行梳理、整理、提煉，對前一個時期在中國藝術和思想中發現的剛健輝光之生命進行了系統化和深化，取得了突出成就。以 1952 年為此時期的起點是因為在這一年宗白華發生了重大的工作變動，他被從南京中央大學調到了北京大學。

　　在此時期宗白華的寫作的內容和風格又一次發生了改變：首先，所寫文章中由於受到當時形勢影響，行文變得謹慎，主要以散文、小品文代替觀點鮮明的學術性文章。學術上儘量少言，將自己胸中的熱忱溶解到了散步的湖畔；第二，此時期宗白華開始集中翻譯和介紹西方文藝理論作品，形成了宗白華學術生涯中的翻譯出品高峰期；第三，宗白華經過一段時候的散步和休整後，調整好了自己的學術狀態，開始將之前關於中國藝術中生命的思考進行深化和系統化，在「中國美學」的構建上取得了重要成就，為「中國美學」

〔註 1〕宗白華對「中國美學」的提出最早見於 1932 年所寫的《介紹兩本關於中國畫學的書並論中國的繪畫》，此文中宗白華表達了自己要構建中國美學系統的雄心，並且提出了從不同的問題門類入手，以「繪畫」為初步；後於 60 年代初的《漫話中國美學》這篇訪談中，宗白華表明自己在編寫《中國美學史》的工作，並且提出西方美學和中國美學所具有的不同特點。

的發展奠定了基礎、做出了示範。

第一節　宗白華「美學的散步」〔註2〕

　　宗白華以「散步」的獨特美學姿態在中國現代美學史上佔據著重要的位置，王岳川稱「宗先生的散步是一種姿態，是一種政治的姿態、文化的姿態、審美的姿態和人生的姿態。」〔註3〕在特殊的歷史時期，「散步」是宗白華不得已的一種選擇，表明的是宗白華堅定地遠離政治漩渦的立場，同時也是他遺世獨立、超然達觀人生態度的顯示。王德勝〔註4〕稱宗白華是中國美學的散步者，散步是宗白華審美人生的縮影；林同華〔註5〕甚至認為宗白華如同亞里士多德那樣開啟了中國的「散步學派」。

一、宗白華從南京大學調到北京大學

　　1952年，由於全國院校調整，宗白華調到北京大學哲學系任美學史教授，原本是南京中央大學哲學系系主任的宗白華調到北大後，北大只給了他三級教授的待遇，關於這點，宗白華一直很超脫，從來沒有因為待遇低而心生哀歎，一直保持著天真豁達之心。

　　調到北京大學沒多久後，宗白華開始以「散步」的態度遊走在未名湖畔。宗白華在1957年整風運動在全國轟轟烈烈上演之時，提出了自己的「散步哲學」、「散步美學」〔註6〕，「散步」既內應莊子逍遙傲遊的灑脫，又外接亞里士多德的「散步學派」〔註7〕。宗白華拒絕在「反右」運動上批判其他知識分子，更不願意落井下石。在1958年的美學大討論中，宗白華既沒有參與美學

〔註2〕「美學的散步」之說法源於宗白華於1957年發表的文章《美學的散步》，原載於《新建設》1957年第7期。

〔註3〕王岳川：《宗白華的散步美學境界》，《文藝爭鳴》，2017年。

〔註4〕王德勝：《宗白華評傳》，商務印書館，2001，第3頁。

〔註5〕林同華：《宗白華美學思想研究》，遼寧教育出版社，1987，第4頁。

〔註6〕宗白華：《美學的散步》，原載於《新建設》，1957年第7期。

〔註7〕亞里士多德曾經擔任過亞歷山大大帝的帝師，當亞歷山大大帝英年早逝後，亞里士多德回到雅典，也像其老師柏拉圖那樣，創辦了自己的學校——呂克昂Lyceum，因為亞氏喜歡植物，親近自然，還喜歡一邊走路一邊講學。因為亞氏的教學大多數在呂克昂的林蔭路上完成，他的學派也被稱為「逍遙學派Peripatetic」或「散步學派」，Peripatetic 一詞直接的意思是「walkie 散步的人」。

的爭論，也不熱衷美的本質問題的討論，同時宗白華也不隨大流批判高爾泰和朱光潛〔註8〕。宗白華自己在晚年被貼上了資本主義「中央大學名教授」的標籤，雖然飽受壓制宗白華卻能夠人不知而不慍，悠然恬淡地生活。一切盡於不言中，宗白華寧願選擇緘默和自我放逐，也不會違背自己的良心。

　　王岳川認為正是因為宗白華這不合群的「散步」，使同時期大多數人落井下石、不獨立思考如在廣場齊步走的選擇顯出了其不合法性。王岳川將宗白華湖畔「散步」的個體性、內在性跟「廣場散步」的革命性、政治性做比較；葉凱在其論文《宗白華散步美學研究》（2019）〔註9〕中比較了對比當時名聲大噪的李澤厚的美學跟宗白華的美學作比較，將李澤厚的美學歸納為「演說」美學，「演說」總是發生在廣場，而「散步」選擇的是通幽的小徑。臺灣學者蔡瑞霖〔註10〕指出〔註11〕大陸五、六十年代的美學大討論所討論的三大問題（美是唯物還是唯心的本質說、勞動創造美的形成說、實踐美學說）都是虛假命題，需要徹底被檢討，而朱光潛和宗白華在這次大討論中雖然態度不現，但都從不同層面對抗了虛假。朱光潛提出「主客觀統一論」，用「美感經驗來推擴美的本質及其理念之探討」；宗白華則用「散步」的態度直接讓自己從虛假的命題中超脫出來。蔡瑞霖還指出，不同於宗白華「散步」、「遊」之精神，朱光潛所擁有的是一種「行者」的態度，「散步」走的是風景優美之小徑，而「行」則走的是一條大道，「既是『行』，便是以出世的精神行人世之事」，二人雖然方式不同，但究竟殊途而同歸，都是要掌握美感生滅剎那的意義，都是一種對族群生命的自我診斷與療治。

　　20世紀80年代，中國掀起了另一場美學熱，1981年5月上海人民出版

〔註8〕宗白華和朱光潛作為「美學雙峰」，有太多相同之處和聯繫。宗白華與朱光潛都為安徽安慶人，兩人都於1897年誕生，又在同一年1986年逝世，青年時期留學歐洲，二人晚期都任教於北大哲學系成為同事、朋友。另外，兩位美學家在新文化運動時期都擔任了雜誌的編輯──宗白華擔任過《少年中國》、《學燈》和《時事新報》的編輯；朱光潛則擔任開始名為《一般》後名為《中學生》雜誌的主編。二人擔任編輯期間同時也為雜誌供稿，其文章都體現出了他們當時的精神面貌，同時也反映出他們有目的性的對整個社會（尤其是年青人們）的教育意圖。

〔註9〕葉凱：《宗白華散步美學研究》，浙江工業大學碩士學位論文，2019。

〔註10〕蔡瑞霖，國立臺灣藝術大學書畫藝術學系教師。

〔註11〕蔡瑞霖：《走出中國當代美學的困境──關於朱光潛、宗白華美學思想之對比美學考察》，《美學的雙峰》，1999年，第291頁。

社編輯出版了《美學散步》，林同華以「散步」為題為宗白華編輯選集，從此「散步」成為了宗白華美學的一個風格。李澤厚此時期為《美學散步》所寫的序言對宗白華的美學思想進行了高度評價，強調了宗白華美學思想的特色是「帶著情感的直觀把握」〔註12〕，認為宗白華以詩人的敏銳和近代人的感受，直觀式地牢牢把握住了中國傳統美學的「靈魂」。《美學散步》出版後，宗白華的思想逐漸成為學術研究的熱點，引來眾多研究者的學術興趣。如呂光明〔註13〕就將宗白華的散步風格跟流動美學相結合，指出宗白華的「散步」是一種中西美學融合的歷史過程的產物，這種散步的風格主要表現在宗白華不偏重思辨邏輯的審美思維和他善於用優美的、散文式的語言之筆墨情趣兩方面。

關於「散步」背後的文化意涵，可以歸結為以下幾點：（一）亞里士多德的「逍遙學派」，亞里士多德喜歡跟學生一邊在林間散步，一邊進行教學並且與學生自由探討問題，他直接用「散步者（Peripatos）」為自己建立的學院命名「Peripatetikoi」；（二）莊子的逍遙精神，莊子給人一種每天在山野中散步，任思緒邀遊的感覺；（三）宗白華的德國哲學背景，「散步」還是一種流行於德國文化界的哲學遐想，如海德格爾的《林中路》是「散步」哲理文章潮流的一個突出代表。哲學家追求的就是獨闢蹊徑，在孤獨中沉思，在閑暇中領悟，康德就因為其每天下午三點鐘準時散步而成為小鎮上行走的鐘錶。哲學家散步沉思的小路雖然曲折起伏，然而常常將他們導向曲徑通幽，豁然開朗的境地。在德國的海德堡有一條著名的「哲學家小路（Philosophenweg）」〔註14〕，當黑格爾在海德堡大學任教期間經常來這裡散步，據說費爾巴哈、馬克斯·韋伯、雅斯貝爾斯、伽達默爾、歌德、席勒、赫爾德林等都曾經在此流連忘返。德國很多作家都喜歡用 Spaziergang（德語詞「散步」）來作標題，這類似於法國在同時期蔚然成風的「隨筆（essai）」〔註15〕體，如十九世紀的鄉土詩

〔註12〕宗白華：《美學散步》，上海人民出版社，1981 年，第 2 頁。

〔註13〕呂光明：《試論宗白華散步學派的美學風格》，《內蒙古社會科學（文史哲版）》，1989.06。

〔註14〕由於「散步」與哲學之間的這種密切的關係，很多歐美校園中都會像海德堡大學那樣有一條漫步小路，如本人交換學習的多倫多大學哲學系附近就有一條景色尤美的山澗小溪之間的「哲學家小路」。（Philosopher's Walk）。

〔註15〕Essai 為法語動詞「essayer」的名詞性，本義為「嘗試」，濫觴於 16 世紀的法國，法國散文家蒙田創造了「essai」這一名稱，本義為「試論 XX」，蒙田寫了很多就某一問題發表議論的短篇文章，成為近現代隨筆的鼻祖。蒙田的這種隨筆議論文體，其實是一種希臘議論文的復興。

人彼得・洛斯格〔註16〕（Peter Rosegger）用「散步」作題目的文章尤其多。（四）「散步」代表著宗白華身處於政治動盪的中國所保持的一種眾人皆醉我獨醒的與政治保持距離的態度。這遠離政治這個是非場的態度尤其像《道德經》的「眾人熙熙，如享太牢，如春登臺。我獨泊兮，其未兆，如嬰兒之未孩；儽儽兮，若無所歸！」〔註17〕青年時代的宗白華就已經明確表態自己會遠離政治，他在一封給王光祈的信中寫到：「現在的所謂的中國政治活動，我是永遠不加入的……因為社會事業，教育事業上盡多無窮活動之地，何必定加入現在這種輕易喪墮人格的政治活動。」〔註18〕從這關於中國政治的態度來看，宗白華是有遠見卓識的，並且宗白華一生堅持自己的教育事業，從未止步。

　　1984 年 11 月 20 日，北京大學哲學系召開了「慶祝宗白華教授從事教學六十週年座談會」，宗白華在會上做了非常簡短的發言，「今天是我一生最愉快最光榮的日子，見到了許多老朋友，又結識了不少新朋友。想起過去幾十年的時間，自己很慚愧，我沒有拿出多少東西，教學方面做得也很少。但這幾十年來我的生活很豐富，見到許多東西，得到許多益處。新中國對古代藝術很重視，考古有許多發現。研究美學和藝術的人要重視考古，我一直重視考古。中國地下寶貝那麼多，中國的美學和藝術研究希望最大。我雖已八十多歲了，還感到很年輕。」〔註19〕宗白華在晚年常跟自己的學生們說：「五四時期中國應該開窗，讓歐風美雨、新鮮空氣進入像墳墓一樣的中國；現在（1980年代）我們應該開門，讓中國文化走出去。」〔註20〕

〔註16〕 **Peter Rosegger**（1843.7～1918.6）十九世紀奧地利詩人，出生於施泰爾馬克州的一個農民家庭，成長於森林與田野之中，後來成為了一位多產詩人，也是一位有著深刻見解的教師和空想家。

〔註17〕 見於《道德經》第二十章：唯之與阿，相去幾何？善之與惡，相去何若？人之所畏，不可不畏。荒兮，其未央哉！眾人熙熙，如享太牢，如春登臺。我獨泊兮，其未兆，如嬰兒之未孩；儽儽兮，若無所歸！
眾人皆有餘，而我獨若遺。我愚人之心也哉！沌沌兮！俗人昭昭，我獨昏昏；俗人察察，我獨悶悶。澹兮，其若海，飂兮，若無止。眾人皆有以，而我獨頑似鄙。我獨異於人，而貴食母。

〔註18〕 宗白華：《宗白華全集》（一），安徽教育出版社，2016，第 411 頁，《致王光祈書》，原刊登於 1922 年 3 月 1 日《少年中國》。

〔註19〕 宗白華：《宗白華全集》（三），安徽教育出版社，2016，第 619 頁，此篇講話發表於 1984 年 11 月 20 日。

〔註20〕 王岳川：《宗白華的散步美學境界》，《文藝爭鳴》，2017 年。

　　1986 年 9 月，宗白華的文集《藝境》出版，宗白華在前言中激動地寫到自己「終生情篤於藝境之追求」〔註 21〕；同年 12 月 20 日，宗白華在北京逝世，享年 90 歲。

　　宗白華在世之時除了出版了《美學散步》（1981）和《藝境》（1986），再也沒有系統性地出過著述，其弟子劉小楓在回憶他的文章《湖畔漫步的美學老人》中指出：「比起那些叱吒風雲的歷史人物來，宗白華教授留下的身影過於淡薄了，比起其他著作等身、有宏篇巨製留世的學者來，他的著述明顯過於零散，沒有一部部頭稍大的作品傳世。」〔註 22〕但是劉小楓卻十分肯定宗白華這樣如同海德格爾所提倡那樣的多思、少說，保護語言，並稱宗白華的「文字雖少，留下的身影卻是龐大的。」〔註 23〕

　　1994 年，《宗白華全集》出版；1997 年，北京大學哲學系召開了「紀念宗白華誕辰 100 週年」等會議，葉朗編輯的《美學的雙峰——朱光潛、宗白華與中國現代美學》於 1999 年出版，從此，宗白華與朱光潛就以「美學雙峰」的地位存於中國學術界。

二、美學散步期宗白華的主要學術內容簡述

　　散步期宗白華被政治因素捆綁住了手腳，他原本的美學和藝術理論的研究幾乎處於停滯狀態，在此時期宗白華的寫作主要可以歸納為以下四個方面：

　　一、迫於政治壓力不得不寫的文章。這類文章的顯著特點是對自己進行自我批判，批判自己為「小資產階級知識分子」〔註 24〕，學習和研究原本沒有涉足的馬列主義，如《近代思想史提綱》、《學習〈國家與革命〉》和《中國近代史綱要》等。建國初期中國出現的知識分子群體性自我批判的現象，是當時形勢下的知識分子進行自我角色定位，自我批評、自我清算，並且要自我批評和他人批評相結合。

〔註 21〕宗白華：《藝境》，商務印書館，2011，第 1 頁，前言。
〔註 22〕劉小楓：《湖畔漫步的美學老人——憶念宗白華師》，《讀書》，1988 年第一期，113 頁。
〔註 23〕劉小楓：《湖畔漫步的美學老人——憶念宗白華師》，《讀書》，1988 年第一期，116 頁。
〔註 24〕宗白華：《宗白華全集》（第 3 卷）〔M〕，合肥：安徽教育出版社，2016，第 1 頁，《從一首詩想起》，原刊於南京大學校刊《南大生活》1951 年 7 月 1 日出版。

　　二、散文小品文而非研究型著述，如《美從何處尋？》（1957）、《美學散步》（1957）就是種類型文章的代表。在政治壓力達到高峰的 1957 年，宗白華談「美」、談「散步」，其實就是對高壓政治形勢的一種不合作和一種超脫。宗白華寫到：「散步是自由自在、無拘無束的行動，它的弱點是沒有計劃，沒有系統。」〔註 25〕相較於當時整風運動的「左派」、「右派」劃分，宗白華表明了自己的精神歸屬的是亞里士多德的「散步學派」和莊子的「逍遙派」。宗白華不跟著當時的潮流「齊步走」，而選擇了山野小溪邊的「散步」，「散步」中的宗白華，顯得更高曠超逸，優雅從容。

　　三、翻譯介紹外國作品。翻譯和介紹國外的美學理論作品也是宗白華遠離當時中國政治的一種超脫方式，因此這時期的宗白華又轉向了西方的美學理論。此時期還是宗白華翻譯國外美學作品的高峰期。此期間宗白華翻譯了《判斷力批判》（上卷）、《溫克爾曼美學論文選譯》、《拉奧孔》（節譯）、《席勒和歌德三封通信》、《席勒與民族》、《歌德論》、《黑格爾的美學和普遍人性》、《海涅的生活和創作》、《歐洲現代畫派畫論選》等多種外國文化和美學著作，這些譯作都收集在《宗白華全集（四）》中。葉朗在他的《美不自美，因人而彰》（2018）回憶宗白華說：「說宗白華翻譯書也很隨性，閱讀的時候覺得哪一段好就即興翻譯出來，不翻譯全書。」〔註 26〕宗白華此時期還寫作了很多介紹西方美學相關內容的作品，如《美學史》就介紹了從柏拉圖以來的西方美學發展歷史，《文藝復興的美學思想》、《德國唯理主義的美學》、《英國經驗主義的心理分析的美學》、《康德美學思想評述》（1960）等。

第二節　生命美學深化期宗白華對西方美學理論的譯介

　　此時期的宗白華再次轉向了西方文藝理論的研究，這時期宗白華對西方思想的關注的原因、具體內容都他在生命美學萌發期（「五四」新文化運動前後）有了巨大的不同。

〔註 25〕宗白華：《宗白華全集》（第 3 卷）〔M〕，合肥：安徽教育出版社，2008：第
　　　　284 頁，《美學的散步》，原載於《新建設》，1957 年第 7 期。
〔註 26〕劉文嘉：《葉朗：美不自美，因人而彰》，《光明日報》，2010 年 8 月 6 日 12
　　　　版。

　　這兩個時期宗白華走向西方思想的原因是不同的：早期是為了參與愛國運動，後期是為了逃離政治。早期宗白華學習借鑒西方的生命哲學思想是為了給當時死氣沉沉的老舊中國注入生命和活力，他的行為屬於「西學東漸」的一部分，在向西方學習了技術和制度之後，宗白華和當時所有有志之士一樣，希望借助西方的思想實現祖國的復興（詳見本書第二章論述）。而晚期宗白華似乎又轉「回」了西方思想中，但這次是為了借助研究遙遠西方的理論與內容逃離當時高壓的政治環境，屬於一種「顧左右而言它」的做法。

　　在具體內容方面，在生命美學的萌發期宗白華關注的是西方的生命哲學內容，如柏格森、叔本華、尼采、狄爾泰等人的生命哲學思想；而此時期宗白華關注的是西方的文藝理論方面的內容，如他翻譯介紹了萊辛的《拉奧孔》，還翻譯了康德「三大批判」之一的《判斷力批判》、溫克爾曼的一些美學論文等，宗白華還在《美學史》〔註27〕一文中梳理了西方自柏拉圖到康德的西方美學歷史。關於具體譯介內容的選擇，宗白華也更有針對性，如他特別關注《拉奧孔》中詩和造型藝術的異同問題，這是由中國藝術中「詩中有畫，畫中有詩」這樣的傳統引發的，宗白華此時期希望到西方思想中去尋找跟中國思想有相似性的內容。

一、詩與畫在表現生命時各有特點

　　宗白華在研究中國傳統藝術時就特別重視「詩中有畫，畫中有詩」的現象，因此萊辛在《拉奧孔》中討論詩與畫的界限問題引起了宗白華的共鳴，他在《美學的散步》（1957）一文中對此問題進行了詳細的探討。

　　宗白華指出「詩中有畫，畫中有詩」的論斷是蘇軾評論王維的詩畫時所說，但宗白華認為詩和畫是有明確界限並且詩的表現力超過詩，他說「畫和詩畢竟是兩回事。詩中可以有畫……但詩不全是畫」〔註28〕，而且畫的表現力其實不是語言的詩，如詩能夠很好地表現出美人的美，而畫卻很難充分表達出，「王安石《明妃曲》詩云：『意太由來畫不成，當時枉殺毛延壽』……美人的意態確是難畫出……畫不出的『巧笑倩兮，美目盼兮』卻使孔子以前

〔註27〕宗白華：《宗白華全集》（第3卷）〔M〕，合肥：安徽教育出版社，2008：第297頁，《美學史》，寫作時間給為50～60年代。

〔註28〕宗白華：《宗白華全集》（第3卷）〔M〕，合肥：安徽教育出版社，2008：第285頁，《美學的散步》，原載於《新建設》，1957年第7期。

的中國美人如同在我們眼前」〔註29〕，孔子描述中的美人在中國人心中千古如新，任憑人們加入自己任何關於美人的想像，永遠不會減少其美的分量，宗白華指出代表西方最美微笑的油畫《蒙娜麗莎》卻會受到時間的侵蝕。詩的這種超出畫的力量就是宗白華在翻譯中所呈現的「把『美』轉化做魅惑力，魅惑力就是美在『流動』之中……魅惑力較之『美』在同等的比例跟對我們的作用要更強烈些。」〔註30〕這就是所謂的文學「化美為魅」的效果：繪畫描繪物體，其最高法律是美；詩描繪完整的故事情節，可以用比喻，能夠化美為「魅」，「魅」就是動態中的美，「魅落到畫家手裏，就變成一種裝腔作勢，在詩裏卻能保持本色，是一種稍縱即逝，令人百看不厭的美」。同時，宗白華還多次引用萊辛對荷馬描寫海倫的美的讚美，稱其為「典範中的典範」，荷馬從側面寫海倫之美，當她走到元老院裏，人們的評價「沒有人會責任特洛伊人和希臘人，說他們為了這個女人進行了長久的痛苦的戰爭，她真像一位不朽的女神啊！」能叫冷心腸的老年人承認為她戰爭流血是值得的，這便是美的極致。

　　宗白華指出萊辛就這個問題在《拉奧孔》中進行了分析，《拉奧孔》是萊辛通過對拉奧孔這一形象在雕塑（造型藝術）和《埃涅阿斯記》（史詩）中的不同呈現的分析，挑戰當時主流的「詩畫同一論」，實質是挑戰當時的整個反映封建貴族階級藝術趣味的希臘觀。宗白華指出萊辛的《拉奧孔》是為了反對溫克爾曼「高貴的單純，偉大的靜穆」〔註31〕的觀點：「溫克爾曼把（拉奧孔臉上沒有表示出史詩中描述的那種被蛇咬的痛苦）理由放在希臘人的智慧克制著內心感情的過分表現上，這是萊辛不能同意的」〔註32〕，萊辛在全書的一開始就抓住溫克爾曼美學思想的核心「靜穆美／靜穆的偉大」進行批駁，認為這是因為雕塑受到了材料的限制而無法像史詩中那樣充分去表現拉奧孔痛苦的狂吼，因為雕塑家在表現這樣的場景仍然要追求美，因為「雕刻家須將（史詩裏）表現的內容改動一下，以配合造型藝術由於物質表現方式所規

〔註29〕宗白華：《宗白華全集》（第 3 卷）〔M〕，合肥：安徽教育出版社，2008：第285 頁，《美學的散步》，原載於《新建設》，1957 年第 7 期。
〔註30〕宗白華：《宗白華全集》（第 3 卷）〔M〕，合肥：安徽教育出版社，2008：第292 頁，《美學的散步》，原載於《新建設》，1957 年第 7 期。
〔註31〕《拉奧孔》一書作於 1762～1766 年，18 世紀之後的德國，重新發現古希臘的精神是當時引導德國發展的非常重要的精神資源，而溫克爾曼是當時對古希臘文藝研究的開創者，代表作是《古代藝術史》。
〔註32〕宗白華：《宗白華全集》（第 3 卷）〔M〕，合肥：安徽教育出版社，2008：第288 頁，《美學的散步》，原載於《新建設》，1957 年第 7 期。

定的條件。這是各種藝術的特殊的內在規律……」〔註33〕

　　畫和詩的重要區別在於詩是可以表示時間前後延續的事件的，而「畫家只能捉住意義最豐滿的一刹那，暗示那活動的前因後果，在畫面的空間裏引進時間感覺」〔註34〕，宗白華這裡所說的指的是「最有包蘊的時刻」──造型藝術在並列的布局裏，只能描繪運動中的一頃刻，所以它應該選擇孕育最豐富的那一頃刻，這一頃刻不能選在一種激情發展的頂點，而是可以最好地理解後一頃刻和前一頃刻。錢鍾書在其《七綴集》中用「繼往開來」形容。

　　宗白華肯定了萊辛的現實主義的功績，稱他是「繼狄德羅之後以獨特的方式發展了現實主義的觀點……他特別強調在藝術中要反映普通人，這在啟蒙者中是突出的。」〔註35〕萊辛是德國新文學之父，他是德國文學史上第一個靠寫作維持生活的職業作家，他處於歐洲新古典主義到浪漫主義的過渡時期，他深受啟蒙運動的影響，反對封建專制、反教會，《拉奧孔》是圍繞著建立統一的德意志民族的新文學主題展開，這部作品促成了德國啟蒙運動的高潮。《拉奧孔》不僅在方法論上有重大意義，而且對當時德國青年一代的思想是一次大解放，歌德、馬克思等都深受其影響，歌德說：「這部作品把我們從一處可憐的觀看的領域引領到思想自由的原野。」〔註36〕

二、文藝復興時期美學思想中的生命活力與情調

　　此時期宗白華對文藝復興時期的美學思想特別關注也是跟中國美學有著密切關係的，因為在宗白華看來，文藝復興時代所表現出來巨大生活活力與情調跟中國文藝史上最輝煌的魏晉是一致的。「（魏晉）社會秩序的大解體，舊禮教的總崩潰、思想和信仰的自由、藝術創造精神的勃發，使我們聯想到西歐十六世紀的『文藝復興』。這是強烈、矛盾、熱情、濃於生命彩色的一個時代」〔註37〕，宗白華看到了文藝復興與魏晉中國的文藝大發展和轉型背景

〔註33〕宗白華：《宗白華全集》（第3卷）〔M〕，合肥：安徽教育出版社，2008：第289頁，《美學的散步》，原載於《新建設》，1957年第7期。

〔註34〕宗白華：《宗白華全集》（第3卷）〔M〕，合肥：安徽教育出版社，2008：第294頁，《美學的散步》，原載於《新建設》，1957年第7期。

〔註35〕宗白華：《宗白華全集》（第3卷）〔M〕，合肥：安徽教育出版社，2008：第323頁，《美學史》。

〔註36〕〔德國〕萊辛：《拉奧孔》，朱光潛譯，人民文藝出版社，1979年。

〔註37〕宗白華：《宗白華全集》（二），安徽教育出版社，2016，第268頁，《論〈世說新語〉和晉人的美》。

相同的原因，他同時也指出了兩者欣然勃發的藝術在風格上是不同的：「文藝
復興的藝術所表現的美是濃鬱的、華貴的、壯碩的；魏晉人則傾向簡約玄澹，
超然絕俗的哲學的美」〔註38〕，簡單說來，宗白華認為文藝復興時期的藝術
充滿了人間的氣息與力量，充滿了塵世的活力；而魏晉的藝術有一種超拔的
力量。宗白華試圖分析文藝復興時期繁花的藝術背景，以及繁榮藝術背後的
美學思想。

　　首先，宗白華分析文藝復興時期的藝術家非常重視想像力和風格，「尤其
是它們裏面大大地強調著那創造那產生出非凡的動人作品的想像力……藝術
中繪畫的風格、個性的、生動的表情，眼睛的表現方法」〔註39〕，宗白華在
這裡指出，文藝復興時期的作品不僅表現出藝術家們非凡的想像力，而且開
始注重個人的風格，表達個性。文藝復興前，藝術家的地位低下，與其說他
們是藝術家，人們更認為他們是工匠，手工勞動者，地位要比哲學家、科學
家的腦力勞動者來得低。但是文藝復興時期由於各邦國的經濟發展，各國都
需要用宏偉的教堂或者宮殿來顯示自己的國威，藝術家們就得到了被重視的
契機；另外，有米第奇這樣富可敵國的大家族無比熱衷藝術收藏，贊助過畫
家馬薩喬、建築家布魯內萊斯基、建築家米開羅佐、畫家波提切利、達·芬
奇、米開朗基羅等文藝復興的傑出代表，藝術家得到了極大的尊重，藝術家
在自己作品上簽名的風氣也開始流行。

　　其次，宗白華指出文藝復興時期的藝術家重視壯美和崇高，他指出文藝復
興時期的人們「旺盛的生命活力和生命情調，他們對現實中壯大的、奇異的、
非凡的天真愛好（甚至對於粗野的滑稽現象的愛好），密切地結合著他們對於形
式美的敏感和古代流傳下來的藝術法則。」〔註40〕文藝復興時期人們對壯美和
崇高的熱愛是跟他們旺盛的生命力相匹配的，那是一個迅速變化、迅猛發展的
時代，宗白華指出甚至那時的雕刻中人像都較古希臘時期都要壯碩些，「羅馬
的壯麗代替了希臘的清麗，希臘雕像相形之下一般都顯得清瘦些」〔註41〕。魯

〔註38〕宗白華：《宗白華全集》（二），安徽教育出版社，2016，第268頁，《論〈世
　　　　說新語〉和晉人的美》。

〔註39〕宗白華：《宗白華全集》（第3卷）〔M〕，合肥：安徽教育出版社，2016，329
　　　　頁，《文藝復興的美學思想》。

〔註40〕宗白華：《宗白華全集》（第3卷）〔M〕，合肥：安徽教育出版社，2016，329
　　　　頁，《文藝復興的美學思想》。

〔註41〕宗白華：《宗白華全集》（第3卷）〔M〕，合肥：安徽教育出版社，2016，330
　　　　頁，《文藝復興的美學思想》。

本斯的繪畫中身體就集中代表著文藝復興時期人的旺盛生命下的身體，文藝復興起藝術家們已經漸漸開始更自由地表現人的自然身體，但是魯本斯在對人身體的表達上更推進了一步，達到了文藝復興時代的頂點，他筆下的身體比正常人體更充盈，更富有肉感，體現了生命力的張揚，一種卻又是恰到好處的「過度」，比中庸適度恰好多了一點，就是這多出的一點「過度」，讓他筆下的人物形象更充滿了活力，更有源源不斷的力量，更有血性，正是因為那麼一點對「過度」的表現，魯本斯筆下的人物更是具有一種撼動人心的力量。魯本斯所創作的綻放的肉體，不僅成為了他最獨特的風格，也代表了整個文藝復興時期旺盛生命活力。宗白華還讚美拉伯雷的作品十分具有洞察力〔註42〕，拉伯雷筆下的巨人充滿了樂觀的精神和偉大的神力，他們個個食量驚人，縱情享樂，具有優良的品質和超凡的能力，熱情充沛，甚至有時候由於生命力過於充沛而顯得粗野，但拉伯雷以十分欣賞崇拜的口吻肯定巨人們享樂的人生觀，這是對中世紀禁慾主義的直接諷刺。這樣的「巨人」形象是文藝復興時期人們對「人」、人性、人的智慧和創造力的充分肯定，其激勵了人進一步的個性解放和自由。

　　宗白華提到文藝復興時期對現實生活的重視與表達是最重要的時代美學之一，「藝術是現實的再現，醉心於現實的美，是文藝復興時期人們的共通性。」〔註43〕宗白華指出，這時期「繪畫就是科學，就是自然合法的女兒」〔註44〕，科學成為了藝術的依據，達芬奇為了弄清楚人體的現實，不惜違背教會的禁令，解剖屍體；繪畫為了能夠逼真地再現自然，透視、明暗、色調、影調比例等得到強調。宗白華無比崇拜的莎士比亞就是現實主義的大師，他贊同叔本華的觀點，認為莎士比亞是極端客觀性之天才的代表，即莎士比亞的世界是「聖潔的白蓮和淫穢的泥沼織成人生的詩與真理」〔註45〕，他絲毫不加粉飾地去表現全部真實生活中的光明與黑暗。莎士比亞的戲劇素材源於市民生活

〔註42〕宗白華：《宗白華全集》（第3卷）〔M〕，合肥：安徽教育出版社，2016，335
頁，《文藝復興的美學思想》。

〔註43〕宗白華：《宗白華全集》（第3卷）〔M〕，合肥：安徽教育出版社，2016，333
頁，《文藝復興的美學思想》。

〔註44〕宗白華：《宗白華全集》（第3卷）〔M〕，合肥：安徽教育出版社，2016，333
頁，《文藝復興的美學思想》。

〔註45〕宗白華：《宗白華全集》（第2卷）〔M〕，合肥：安徽教育出版社，2016，第
179頁，《文學應該表現生活全部的真實》編輯後語，原為徐中玉《文學應該
表現生活全部的真實》的編者按語，刊於《時事新報學燈》（渝版）第5期，
1938年7月3日。

的直接體驗，不是辭藻的堆砌，更不是憑空虛構的無病呻吟，因此他塑造的
人物形象一個個那樣栩栩如生，人物性格複雜多變，貼合真正的人性和現實
的生活。關於莎士比亞對真實生活的表現及人物的塑造，馬克思和恩格斯也
倍加讚賞，他們在給一位叫斐南迪・拉薩爾的戲劇家的信中，就他創作的歷
史悲劇《弗蘭茨・馮・濟金根》做出評論，批判其不從真實的生活和歷史出
發，而從主觀的觀念出發因而具有了唯心主義的「席勒式」，指出文藝創作應
該「莎士比亞化」，對莎士比亞的尊崇與熱愛而形成的「莎士比亞化」成為了
馬克思主義美學的主要議題。

　　現實主義即使不是起源於莎士比亞，但他卻是對現實主義貢獻最大的偉
大藝術家，因為他創造了藝術世界中最豐富生動的人物，塑造了典型性。莎
士比亞塑造的人格鮮明生動，如哈姆雷特，奧賽羅，李爾王，羅密歐，朱麗葉
成為了文學史上最重要的形象，他們所代表的人格幾乎可以應用到任何一個
文學角色上，而不受時代的限制。比如他筆下的福斯塔夫爵士，我們能看到
所有和英格蘭人有關的性格特徵：機智、譏諷、無禮。福斯塔夫是莎士比亞
在其歷史劇《亨利四世》和喜劇《溫莎的風流娘兒們》中塑造的形象。他是一
個破落的騎士，在封建制度沒落時期由貴族社會跌到平民社會，上與太子關
係親密，下與強盜、小偷、流氓、妓女為伍。通過他的活動，莎士比亞展示了
上至宮廷下至酒店、妓院等廣闊的社會背景，再現了五光十色的真實的平民
社會，為塑造人物和展開戲劇衝突提供了廣闊、生動、豐富的社會背景。福
斯塔夫是一個自行其樂的遊玩家，一個精力充沛的反諷者，或者如黑格爾所
說──一個自我的藝術家。福斯塔夫的魅力，來自他那充滿自信的個性和永
不止息的生存渴望。福斯塔夫，這位被稱作「白鬍子老撒旦」的舞臺人物，在
四百多年前的英國，幾乎與哈姆雷特齊名。在世界各地，只要這個體態臃腫、
步履蹣跚的胡鬧老頭一出場，觀眾總能嘻哈倒絕、樂不可支。福斯塔夫嘲諷
社會、嘲諷他人，也嘲笑自己。他的反諷充滿著懷疑式的批判，充盈著逃離
束縛的喜悅，他那些似乎顛三倒四的玩笑裏卻包含著他最深刻的思想。

　　宗白華指出，文藝復興時期人文主義者將美作為中心研究的問題。「他們
研究熱情集中於美、和諧、勻稱、優雅上……人的眼睛最貪婪美與和諧……」
〔註46〕，宗白華引用阿柏蒂對美的定義「美是一個整體中的各部分的某種協

〔註46〕宗白華：《宗白華全集》（第3卷）〔M〕，合肥：安徽教育出版社，2016，335
　　　　頁，《文藝復興的美學思想》。

調與和音，這種協調與和音符合那些要求和諧的嚴格數目，有限制的規定和布局，即自然界絕對的和第一性的本原」〔註47〕，即世界上最深刻的質就是美的，美麗在和諧的規律當中。文藝復興時期的藝術家們，在人與神的對立中發現了人，並將藝術引向了人，引向了人身體的勻稱優美。

第三節　宗白華的「中國美學」〔註48〕為民族美學的研究奠定了基礎

　　時代的陰霾、政治的壓力和待遇的不堪從來都沒有將宗白華打倒，他在經歷了散步和沉潛之後，開始將極大的熱忱投入到「中國美學」的研究當中，儘管時代的束縛依然存在，但是他卻能夠「戴著腳鐐跳舞」，對「中國美學」〔註49〕的創立和發展做出了卓越的貢獻。「據目前所能見到地文獻和口述史料，最早系統針對中國美學史研究與寫作展開宏觀思考的學者，就是宗白華。」〔註50〕人們在處於順境之時是難以分辨高下的，唯有在逆境中，人們採用的不同態度才能使人有區分度。

　　什麼是「中國美學」呢？我們的美學思想和實踐很早，如遠古陶器、石器上的裝飾圖案，然而將美學做為一門專門的學問，是19世紀末從王國維開始的。王國維一邊介紹西方美學思想，一邊探索中國詩詞文學當中的規律與美，與之同時期的梁啟超也探討藝術美；20世紀後，蔡元培提倡美育，之後就有宗白華和朱光潛鑽研中國傳統美學的特點，宗白華60年代在北京大學開設了「中國美學史研究」的課程，這標誌著宗白華開始就中國美學問題進行系統性的探索思考。宗白華一生的美學學術實踐又可以簡單地概括為前期對西方美學思想的學習，中期通過比較的方法激活中國本土的美學思想，晚期開始構建中國美學體系，相比於王國維等人將注意力集中在中國的詩文研究之上，宗白華提出「研究中國美學不能只談詩文，要把眼光放寬些、放遠些，

〔註47〕宗白華：《宗白華全集》（第3卷）〔M〕，合肥：安徽教育出版社，2016，331頁，《文藝復興的美學思想》。

〔註48〕宗白華：《宗白華全集》（第3卷）〔M〕，合肥：安徽教育出版社，2016，391頁，《漫話中國美學》，發表於1961年8月19日光明日報上。

〔註49〕宗白華：《宗白華全集》（第3卷）〔M〕，合肥：安徽教育出版社，2016，391頁，《漫話中國美學》，發表於1961年8月19日光明日報上。

〔註50〕趙強：《中國美學的現代出場及蟬蛻軌跡》，《文藝理論研究》，2019年第4期。

注意到音樂、建築、舞蹈等等，探索它們是否有共同趨向、特點，從中總結出中國自己民族藝術的共同規律來。」〔註51〕

一、宗白華提出「中國美學」的大致經過

　　宗白華談論「中國美學」〔註52〕最早見於他於 1932 年所寫的文章《介紹兩本關於中國畫學的書並論中國的繪畫》。根據這篇文章的論述，可以將「中國美學」概括為中國人之宇宙觀、人生觀，中國人的美感和藝術精神的特性，中國美學的價值觀念和心理情感體驗的特徵等。相比而言，宗白華認為西方的藝術注重「形式」、「和諧」、「摹仿」等主要問題，而中國的藝術重「氣韻」、「虛實」、「明暗」等問題，不同的關注點是因為中西方人的宇宙觀及基本的人生情緒不同。宗白華追求一種融會貫通、尊重不同個性與風格的「世界美學」〔註53〕，而世界上的不同藝術形式都能有其獨特的貢獻。在此文中，宗白華寫到「……在每個問題的門類中合觀許多論家各方面的意見，則不僅便利研究者，且為將來中國美學原理系統化之初步。」〔註54〕，以提取中國繪畫的問題為「初步」，宗白華就表達了自己從繪畫評論開始，構造「中國美學」的雄心。

　　由此可見，宗白華對自己的學術規劃是相當清楚的，他在上個生命美學的民族化時期重點關注中國藝術中體現的精神和審美特徵就是為了這個階段構建「中國美學」理論體系而做準備的，「中國美學」的研究是宗白華畢生之目標。宗白華「想把所有的藝術寫入中國美學史，他想研究中國藝術的特徵以及發展路線，為了找到中國人民藝術的共同原則」〔註55〕。章啟群〔註56〕認為宗白華重新發現了中國傳統藝術的時空意識、對中國藝術意境作了精湛

〔註51〕宗白華：《宗白華全集》（第 3 卷）〔M〕，合肥：安徽教育出版社，2016，第607 頁，《〈美學嚮導〉寄語》。

〔註52〕宗白華：《宗白華全集》（第 2 卷）〔M〕，合肥：安徽教育出版社，2016，47頁，《介紹兩本關於中國畫學的書並論中國的繪畫》。

〔註53〕宗白華：《宗白華全集》（第 2 卷）〔M〕，合肥：安徽教育出版社，2016，43頁，《介紹兩本關於中國畫學的書並論中國的繪畫》。

〔註54〕宗白華：《宗白華全集》（第 2 卷）〔M〕，合肥：安徽教育出版社，2016，47頁，《介紹兩本關於中國畫學的書並論中國的繪畫》。

〔註55〕〔德〕Heinrich Geiger《審美觀與藝術獨立性——朱光潛和宗白華對現代中國美學發展的貢獻》，《美學的雙峰：朱光潛、宗白華與中國現代美學》，葉朗主編，1999 年，第 118 頁。

〔註56〕章啟群：《「現代的」與「古典的」之我見—分朱光潛與宗白華的一種比較研究》，《哲學研究》1997 年第 5 期。

絕倫的闡發，揭示出了中國藝術與西方不同的獨特意蘊、內涵和精神；洪毅然〔註57〕則稱宗白華是唯一將中國藝術研究提高到哲學高度的學者。

另外，在60年代初的《漫話中國美學》〔註58〕這篇訪談中，我們可知宗白華正在參加編寫《中國美學史》的工作，此工作是由全國高等學校文科教材編選辦公室邀請宗白華進行的，並且當時宗白華還協同北大美學教研室編選《中國美學史資料選編》。在訪談中，宗白華提出了西方美學和中國美學所具有的不同特點。宗白華指出「在西方，美學是大哲學家思想體系中的一部分，屬於哲學史的內容……在中國，美學思想卻是總結了藝術實踐，回過來又影響著藝術的發展。」〔註59〕由此可以推測，中國美學指的是從中國的藝術實踐中所提煉、能夠代表中華民族審美特徵和反映中國人審美追求的思想。

王岳川在他的《宗白華的散步美學境界》一文中回憶到宗白華晚年對學生說的話：「研究美學，最忌憚的是做空頭的純理論研究，真正有生命的中國美學研究應該將美學研究和中國藝術緊密結合——書法、繪畫、建築、園林、音樂、詩詞等結合起來，才會使美學具有全新的生命力，才會顯現出中國美學精神和中國藝術境界。」〔註60〕可見宗白華不僅通過自己實踐探尋中國美學精神，他也這樣教導自己的學生。王岳川還將宗白華此時期的努力稱作「為現代中國尋找一條精神安頓之路」〔註61〕，宗白華想通過自己的實踐與榜樣，啟示中國人們在艱難困厄的時代也不要放棄希望，回到中國的傳統藝術文化中找到能夠安慰自己、鼓舞自己的力量。

此時期，宗白華繼續對前期的生命美學研究工作進行整理、收束、總結，這類文章有《古代畫論大意》（1956～1957）、《道家與古代時空意識》（1959）、《中國藝術表現裏的虛與實》（1961）、《中國書法裏的美學思想》（1962）、《中國古代的音樂寓言與音樂思想》（1962～1963）等，這些文章都是宗白華對前時期系列研究問題的重申，他繼續深化了很多中國美學專屬的範疇，如虛實、風骨、氣韻等，這些研究都是宗白華為做「中國美學」研究所做的鋪

〔註57〕王德勝：《宗白華評傳》，商務印書館，2001，第76頁。
〔註58〕宗白華：《宗白華全集》（第3卷）〔M〕，合肥：安徽教育出版社，2016，392頁，《漫話中國美學》，發表於1961年8月19日光明日報上。
〔註59〕宗白華：《宗白華全集》（第3卷）〔M〕，合肥：安徽教育出版社，2016，392頁，《漫話中國美學》，發表於1961年8月19日光明日報上。
〔註60〕王岳川：《宗白華的散步美學境界》，《文藝爭鳴》，2017年。
〔註61〕王岳川：《宗白華的散步美學境界》，《文藝爭鳴》，2017年。

墊。而《中國美學史中重要問題的初步探索》（1963）〔註62〕、《中國美學
思想專題研究筆記》（1960～1963）、《中國美學史專題研究》等，就是宗白
華直接就這個問題研究的直接寫作。

二、生命美學深化期宗白華對「中國美學」的具體論述

　　1963年宗白華為北京大學中文系和哲學系高年級的學生開設了「中國美
學史專題」〔註63〕的選修課，並且將課程分為六個專題：一、先秦和漢代工
藝美術及古代哲學、文學中表現的美學思想；二、中國建築和園林藝術中表
現的美學思想；三、中國古代音樂理中表現的美學思想；四、中國古代繪畫
中表現的美學思想；五、中國古代書法理論中表現的美學思想；六、中國古
代文藝理論中表現的美學思想。

　　值得注意的是，這個時期宗白華對各門藝術其美學理論的討論雖然跟上
一時期有很多重疊之處，但已經是一種經過從感性材料提煉、昇華的生命理
論，其從寫作上反映是比起上個時期的情感豐沛，這時期的寫作非常嚴謹。
這是跟「美學之父」鮑姆嘉通的主張相符的，鮑姆嘉通在其代表作《美學》中
的第一句話就是：「美學是感性認識的科學（自由藝術的理論、低級認識論、
美的思維藝術、與理性相似的思維的藝術）。」〔註64〕鮑姆嘉通重視豐富的感
性的藝術資源，他指出，邏輯的真與審美的真不可兼得，因為邏輯的真必須
清楚、明晰，這樣就必須有抽象的過程，而抽象就必然損害現象的豐富性和
多樣性，這也是宗白華在上一個時期廣泛大量地接觸鮮活的藝術而不是直接
進行概念抽象的原因。因為審美的真是完善的，其保持著現象的豐富性與多
樣性，而豐富、多樣的現象必定是混亂的、朦朧的，這也是宗白華之前對藝
術的評論雜博、隨性的原因，但對於藝術而言，個別現象中蘊藏的真實比一
般概念更真，藝術評論是能夠一葉知秋，宗白華說：「搞美學的尤其要重視實
物研究，要有感性認識為基礎」〔註65〕，他一直將與藝術的直接接觸作為美

〔註62〕《中國美學史中重要問題的初步探索》，這是作者在1963年為北京大學哲學
　　　　系、文系高年級學生開設的中國美學史講座的講稿，由葉朗整理。後經宗白
　　　　華先生審校，校正內容由宗先生女兒宗福紫女士提供。
〔註63〕宗白華：《宗白華全集》（第3卷）〔M〕，合肥：安徽教育出版社，2016，502
　　　　頁，《中國美學史中重要問題的初步探索》。
〔註64〕〔德國〕鮑姆嘉通：《美學》，商務印書館，1986年。
〔註65〕宗白華：《宗白華全集》（第3卷）〔M〕，合肥：安徽教育出版社，2016，617
　　　　頁，《漫談中國美學史研究》。

學研究的重要方法及步驟之一。

總體而言，宗白華指中國美學史有其研究材料極其豐富性的特點，另外，各門藝術不僅有自己的特點，還能相互影響甚至包含〔註66〕。在學習方法上，宗白華指出「要掌握魏晉六朝這一中國美學思想大轉折的關鍵」〔註67〕，這個時期不僅藝術實踐的作品極其豐富，藝術理論也都達到了高峰，與先秦時期美學思想是作為整體思想的一部分呈現，如《孟子》、《莊子》、《易經》中體現的美學思想，此時期的藝術理論則呈現了專門化趨勢，如陸機《文賦》、謝赫《古畫品錄》、鍾嶸《詩品》等，都為「後來的文學理論和繪畫理論的發展奠定了基礎」〔註68〕。

在《中國美學史中重要問題的初步探索》一文中，宗白華初步探索了以下五個方面的中國美學思想：

（一）先秦和漢代工藝美術及古代哲學、文學中表現的美學思想。宗白華指出美學思想的不獨立性是此時期的最大的特點，此時期人們關於美的問題的闡發是與哲學、文學等其他領域混合在一起談的，甚至關於美和藝術的闡述都是為了達到其他方面說理的目的。「尤其是莊子，往往喜歡用藝術來比喻說明他的思想」〔註69〕，如人們熟悉的「解衣磅礴」就是典型的例子。中國早期美學思想的不獨立還表現在它是和倫理道德緊密結合的，宗白華指出「要研究中國的美學，就必須瞭解中國古代的思想發展史。」〔註70〕

宗白華指出為了更好地領悟先秦思想家們所表達的美學思想，應該從先秦時期高度發達的工藝品和美術品入手，「結合漢代壁畫和建築來理解漢朝人的賦，結合發掘的編鍾來理解古代的樂律……」〔註71〕在歷史長河中，秦漢宮闕雄奇才偉，氣吞山河，班固的《兩都賦》，張衡的《二京賦》等都有對當

〔註66〕宗白華：《宗白華全集》（第3卷）〔M〕，合肥：安徽教育出版社，2016，448頁，《中國美學史中重要問題的初步探索》。

〔註67〕宗白華：《宗白華全集》（第3卷）〔M〕，合肥：安徽教育出版社，2016，448頁，《中國美學史中重要問題的初步探索》。

〔註68〕宗白華：《宗白華全集》（第3卷）〔M〕，合肥：安徽教育出版社，2016，502頁，《中國美學史中重要問題的初步探索》。

〔註69〕宗白華：《宗白華全集》（第3卷）〔M〕，合肥：安徽教育出版社，2016，449頁，《中國美學史中重要問題的初步探索》。

〔註70〕宗白華：《宗白華全集》（第3卷）〔M〕，合肥：安徽教育出版社，2016，第608頁，《〈美學嚮導〉寄語》。

〔註71〕宗白華：《宗白華全集》（第3卷）〔M〕，合肥：安徽教育出版社，2016，449頁，《中國美學史中重要問題的初步探索》。

時建築的描寫，通過古人具體的描寫，對照留存的或者仿古的建築，秦漢時
期中國建築美學思想的精髓便靈匯於心。將此方法類推，先秦的美學思想也
將靈現於其工藝品之雄奇之上。

宗白華指出中國兩大審美類型之一的「鏤金錯采」正是從先秦的工藝美
學的雕刻審美觀中引申而出的，其與「清水芙蓉」代表了中國美學史上兩種
不同的美的理想。無論哪種審美理想，在中國歷史上都能找到對應的藝術範
例，如三代銅器上精細繁複的雕刻圖案，「魏晉六朝是一個轉變的關鍵，劃分
了兩個階段……那就是認為『初發芙蓉』比於『鏤金錯采』是一種更高的美
的境界」〔註72〕，從此，清新真誠的人格表現開始成為中國藝術的主導，而
代表著高超技藝的雕琢辭藻堆砌漸漸變得不那麼重要，人們追求自然，追求
簡單意象蘊含的無窮意境，追求生命的力量，「這是美學思想上的一個大的解
放。詩、書、畫開始成為活潑潑的生活的表現，獨立的自我表現。」〔註73〕
宗白華指出這種審美趨勢的改變在先秦時代的藝術實踐上已有表現，「蓮鶴方
壺」〔註74〕就是其表現，這件作品在宗白華看來「表示了春秋之際造型藝術
要從裝飾藝術獨立出來的傾向……張翅的仙鶴象徵著一個新的精神，一個自
由解放的時代……這種從傳統的壓迫中跳出來的新境界，使產生了先秦諸子
的解放的思想。」〔註75〕

（二）中國建築和園林藝術中表現的美學思想。宗白華指出，中國建築
跟其他形式的藝術一樣，以線條為基礎，因此以充分表現生機勃勃的飛動之
美為中國古代建築藝術的重要特點。飛動之美首先指的是建築體上裝飾意象
之生氣勃勃，具有一種飛舞的趨勢，有的甚至直接在矯健的動物身上加上翅
膀。宗白華指出，「希臘建築上的雕刻，多半用植物葉子構成花紋圖案。中國
古代雕刻卻用龍、虎、鳥、蛇這一類生動的動物形象，至於植物花紋，要到唐

〔註72〕宗白華：《宗白華全集》（第3卷）〔M〕，合肥：安徽教育出版社，2016，450
　　　　頁，《中國美學史中重要問題的初步探索》。
〔註73〕宗白華：《宗白華全集》（第3卷）〔M〕，合肥：安徽教育出版社，2016，451
　　　　頁，《中國美學史中重要問題的初步探索》。
〔註74〕蓮鶴方壺是春秋中期的水器或者酒器，從製作工藝上看，其鑄造採用了圓雕、
　　　　淺浮雕、細刻、焊接等多種技法，工藝精湛，反映了春秋時期的整體風貌，
　　　　與商周時期的厚重莊嚴的青銅器風格形成了鮮明的對比，其雕飾非常精細，
　　　　若說其從技藝上而言表現出的是「鏤金錯采」也無不可。
〔註75〕宗白華：《宗白華全集》（第3卷）〔M〕，合肥：安徽教育出版社，2016，451
　　　　頁，《中國美學史中重要問題的初步探索》。

代以後才逐漸興盛起來」〔註76〕，從這段論述中可以看出，將虎虎有生氣的
動物用於裝飾建築表面是中國的早期的傳統，從唐朝以後開始流行用植物花
紋，應該是當時文明間大碰撞的結果，西方的、西亞、中亞的很多文化傳到
了自信開放的唐朝。關於建築體上的裝飾，宗白華舉出《文選》中《魯靈光殿
賦》關於魯恭王因受封而建造靈光殿的描寫，從外觀上敘述了靈光殿的高峻
壯麗、博大宏偉、奇險卓越，其建築表面的裝飾從無論是動物、植物還是裏
面的人物都充滿了生命之活力：「賦告訴我們，這座宮殿內部的裝飾，不但有
碧綠的蓮蓬和水草等，尤其有許多飛動的動物形象：有飛騰的龍，有憤怒的
奔獸，有紅顏色的鳥雀，有張著翅膀的鳳凰，有轉來轉去的蛇，有伸著頸子
的白鹿，有伏在那裡的小兔子，有抓著橡在互相追逐的猿猴，還有一個黑顏
色的熊，背著一個東西，蹬在那裡，吐著舌頭。不但有動物，還有人：一群胡
人，帶著愁苦的樣子，眼神憔悴，面對面跪在屋架的某一個危險的地方。上
面則有神仙、玉女……」〔註77〕，靜美的植物，象徵著生命活力的吉祥動物，
述說著戰爭勝利的胡人戰俘的形象，非常細節化，具有故事性。這樣的描述
讓人不經想起著名的亞述國王沙爾馬那塞爾三世（Shalmaneser III）的黑色方
尖碑，這尊原本立於廣場上的方尖碑上雕刻的是沙爾三世用於標榜自己統一
周邊王國的事蹟，黑色方尖碑圖文並茂，上面鐫刻的為楔形文字，其中一幅
便刻畫著以色列國王賈胡在進貢金銀珠寶和奇珍異獸。由於對猴子和犀牛並
不原產於中東地區，因此工匠們在處理起這些外來物種來顯得很不自然，由
於對題材不熟悉因此雕刻得很奇怪。不同國家不同地區，都喜歡將動物和戰
俘的形象刻在標立功績的建築和碑文中以表成就，不同的古代文明國家卻共
享著相似的觀念，這很好地說明了戰爭是族群間進行交流的一種方式，一種
激烈的和殘酷的方式。

　　中國建築飛動之美的另外一方面表現在飛簷之上，飛簷是中國古代建築
在簷部上的一種特殊處理和創造，其上翹的屋簷如鳥展翅，活潑輕盈，使建
築具有一種整體向上飛昇的姿態，靈動輕盈。宗白華指出《詩經》中關於飛
簷的記載，「周宣王的建築已經像一隻野雞伸翅在飛《斯干》，可見中國的建

〔註76〕宗白華：《宗白華全集》（第 3 卷）〔M〕，合肥：安徽教育出版社，2016，475
　　　　頁，《中國美學史中重要問題的初步探索》。
〔註77〕宗白華：《宗白華全集》（第 3 卷）〔M〕，合肥：安徽教育出版社，2016，475
　　　　頁，《中國美學史中重要問題的初步探索》。

築很早就趨向於飛翔之美了」〔註78〕《詩經・小雅》中《斯干》是這樣描寫先秦時期的建築的，如「如跂斯翼，如矢斯棘，如鳥斯革，如翬斯飛，君子攸躋。」〔註79〕非常生動地描繪出宮室建築屋簷飛動的姿態。與《魯靈光殿賦》相似，《斯干》也是一首祝賀西周奴隸主貴族宮室落成的歌辭，全詩表現出宮室雄偉壯麗的外觀、建造的精良和設計的奇巧，尤其突出了宮室飛動的氣勢，「如鳥斯革，如翬斯飛」兩句說的是宮室的飛簷好比鳥兒展翅，氣勢如若錦雞振翅，傳神地描繪出我國傳統飛簷建築的民族特徵，栩栩如生，宮室充滿生機。

宗白華點出了中國園林建造的基本思想——「可行、可望、可遊、可居」〔註80〕，園林裏的居室是可以住人的，如大觀園裏就住著一園子的賈府少爺千金；同時，園林又是可以供遊玩休閒放鬆的，宗白華認為在園林所有的功能中，「望」的地位最重要，因為園林還是跟普通實用性住宅有區別的，是作為一門藝術存在的，而「一切美學都是『望』，都是欣賞」〔註81〕，無論是在園林裏面遊玩，還是在裏面居住，「望」都是重要的，園林注重讓人們從不同角度觀望都能夠賞心悅目。宗白華指出，園林裏面的窗戶不僅為了透氣，更是為了能夠「望」，通過間隔的作用之後，一種不一樣的景致出現在眼前，從一窗中可以體現到無限的空間，以小見大，窗使人所處的小空間與外面的大空間接通，給人無限的美感享受。另外，園林裏的窗戶還能夠像畫框一樣框出四季變換的景，「窗外的竹子或者青山，經過窗子的框望去，不是一幅畫……每個窗子都等於一幅小畫……而且同一個窗子從不同的角度看，景色也不相同，這樣，畫的境界就無限地增多了」〔註82〕。窗戶還能夠起到隔景的作用，

〔註78〕宗白華：《宗白華全集》（第3卷）〔M〕，合肥：安徽教育出版社，2016，476頁，《中國美學史中重要問題的初步探索》。

〔註79〕出自《詩經・小雅・斯干》：秩秩斯干，幽幽南山。如竹苞矣，如松茂矣。兄及弟矣，式相好矣，無相猶矣。似續妣祖，築室百堵，西南其戶。爰居爰處，爰笑爰語。約之閣閣，椓之橐橐。風雨攸除，鳥鼠攸去，君子攸芋。如跂斯翼，如矢斯棘，如鳥斯革，如翬斯飛，君子攸躋。殖殖其庭，有覺其楹。噲噲其正，噦噦其冥。君子攸寧。

〔註80〕宗白華：《宗白華全集》（第3卷）〔M〕，合肥：安徽教育出版社，2016，477頁，《中國美學史中重要問題的初步探索》。

〔註81〕宗白華：《宗白華全集》（第3卷）〔M〕，合肥：安徽教育出版社，2016，477頁，《中國美學史中重要問題的初步探索》。

〔註82〕宗白華：《宗白華全集》（第3卷）〔M〕，合肥：安徽教育出版社，2016，477頁，《中國美學史中重要問題的初步探索》。

「有了窗戶，窗內外就能夠發生交流」〔註83〕，翠微的風在窗戶兩邊旋繞著，拂動著，靈氣遊走其中。可見，窗戶在園林藝術中起到看景、呈景、望景，多種功能合一的效果。

宗白華指出中國的園林跟中國書法繪畫那樣也注重「空」的作用。不僅皇家的園林和封建貴族的園林注重布景的虛實結合，老百姓的住宅也往往開天井，使得「空間隨著心中的意境可斂可放，是流動變化的，是虛靈的。」〔註84〕。宗白華還指出了「亭」在園林和建築中的重要性。「亭」的整體建築幾乎是「空」的，因此它能夠將周圍空間的景致都吸收起來，宗白華用頤和園中的「畫中游」亭舉例，說「這亭子外面的大空間好像一幅大畫，你進了這個亭子，也就進入到這幅大畫之中」〔註85〕，因此亭子因其空透，能夠「納千頃之汪洋，收四時之爛漫」〔註86〕。上一章談論中國繪畫中的「亭」之時，提到過亭子往往是中國山水畫的一個畫眼，是一個對畫幅的節奏變化起重要作用的布置，還是一個接通人間世與無限宇宙的樞機，一個園林中的亭子就相當於一幅中國山水畫中的亭子的地位，而且在園林中亭子往往依水而建，也是供人遊園時歇腳之處，當人坐到亭子那流動著水上清風和宇宙虛靈之氣的空間當中時，能夠得到無盡的放鬆和享受。

宗白華指出中國園林設計注重借景、對景、隔景和分景，這些都是通過布置和組織空間，而達到創造空間和擴大空間的方法，最終「豐富了美的感受，創造了藝術意境」〔註87〕，這也是中國藝術的共享特徵。以「借景」為例，「借」指的是處理園內外景色的關係，即有意識地將園外的景物「借」到園內的視野範圍內。宗白華用蘇州園林為例，說「留園的冠雲樓可以遠借虎丘山景，拙政園在靠牆處堆上假山，上建『兩宜亭』，把隔牆的景色盡收眼底，突破圍牆的侷限，這也是『借景』」〔註88〕，借景能夠突破園林的物理限制，

〔註83〕宗白華：《宗白華全集》（第3卷）〔M〕，477頁。

〔註84〕宗白華：《宗白華全集》（第3卷）〔M〕，合肥：安徽教育出版社，2016，477頁，《中國美學史中重要問題的初步探索》。

〔註85〕宗白華：《宗白華全集》（第3卷）〔M〕，合肥：安徽教育出版社，2016，478頁，《中國美學史中重要問題的初步探索》。

〔註86〕宗白華：《宗白華全集》（第3卷）〔M〕，478頁。

〔註87〕宗白華：《宗白華全集》（第3卷）〔M〕，合肥：安徽教育出版社，2016，479頁，《中國美學史中重要問題的初步探索》。

〔註88〕宗白華：《宗白華全集》（第3卷）〔M〕，合肥：安徽教育出版社，2016，479頁，《中國美學史中重要問題的初步探索》。

借無限之景豐有限之園林，因此《園冶》稱之為「園林之最者……借者，園雖別內外，得景則無拘遠近」〔註89〕，借景的具體方法是在園林中設置適當的遠眺點，使得視線能夠越出園林，引入無限空間入園林中的觀望點。借景又可以分為直接借景和間接借景，直接借景近可以借園林附近的景物，遠可以借高山或寺塔，兩個園林之間可以實現互借的效果，也可以借一季一時的天文氣象；間接措景則主要指借助園林中的水面或者鏡面映像景物的形象的方式，如水面的倒影，鏡面映像出的景色，宗白華說「對著窗子掛一面大鏡，把窗外大空間的景致照入鏡中，成為一幅發光的『油畫』」這樣的借景方式能夠使景色深邃含蓄，曲折多變，具有無窮的層次感。宗白華對比了中國園林和西方園林在空間上的重大差異，他以西方的凡爾賽宮的園林為例，「一進去，就是筆直的通道，橫平豎直，都是幾何形的」〔註90〕，西方園林中連樹也會被整體修剪成圓的、方的、或者三角形等幾何的形狀。而中國的園林通過以上論述的多種組織空間的方法，講究的是變化不斷，韻味無窮，追求的更是一種不規則的美。

（三）中國古代音樂理中表現的美學思想。宗白華指出《樂記》是我國古代最早的音樂美學和文藝理論專著，也是中國傳統儒家音樂思想的代表作，中國社會早在先秦時代就已經有了《樂記》這樣音樂方面的總結著作，這說明了中國古代對音樂的重視，尤其重視音樂的政教意義。宗白華指出如今保存下來的《樂記》是不完整的，只是關於音樂抽象理論的前部十一篇，而後十二篇是「關於音樂演奏、舞蹈表演等方面技術的記載」〔註91〕，宗白華提醒人們注意之所以他要強調這一點是為了讓我們知道中國古人是重視藝術實踐的，並且中國古代的音樂理論是完整全面的。

宗白華指出《樂記》最突出的特點是「強調音樂和政治的關係」〔註92〕，重視音樂是為了維護統治的秩序，「樂」與「禮」是中國古代社會秩序的兩大基石，如西周時期的統治者講究制禮作樂，「禮」，就是指是西周確立時制定

〔註89〕計成：《園冶》，中國第一本園林藝術理論專著。

〔註90〕宗白華：《宗白華全集》（第3卷）〔M〕，合肥：安徽教育出版社，2016，第592頁，《關於美學研究的幾點意見》。

〔註91〕宗白華：《宗白華全集》（第3卷）〔M〕，合肥：安徽教育出版社，2016，471頁，《中國美學史中重要問題的初步探索》。

〔註92〕宗白華：《宗白華全集》（第3卷）〔M〕，合肥：安徽教育出版社，2016，471頁，《中國美學史中重要問題的初步探索》。

的一整套典章制度、規矩禮儀，目的是為了區分等級貴賤，這其中包括了仁、義、智、信、忠、孝、悌、廉等中國的倫理範疇；「樂」在中國古代指的是舞樂詩的綜合藝術，「樂」以情感渲染為中心，用於感化人們的心性，起到教育作用，用以協調人與人之間的關係。《樂記》強調音是由心而生的，「凡音之起，由人心生也。人心之動，物使之然也。感於物而動，故形於聲。」〔註93〕音樂對人心又是有重要的影響作用的，因此每個朝代不僅用音樂來為統治階級歌功頌德，同時也制定具有政教意義的音樂統化人們的思想。音樂又是一個朝代的局勢的一種自然反應，是時代的鏡子，音與政通，「治世之音安以樂，其政和；亂世之音怨以怒，其政乖；亡國之音哀以思，其民困。聲音之道，與政通矣。」〔註94〕宗白華還指出，中國古代的「樂」不是純粹的音樂，而是「舞蹈、歌唱、表演的一種綜合」〔註95〕。

（四）中國古代繪畫中表現的美學思想。在總結中國繪畫中的美學思想時，宗白華首先強調的就是「線條」對於中國繪畫的基礎性作用。宗白華指出中國藝術是要打破西洋藝術團塊性那種特點，「使它有虛有實，使它疏通」〔註96〕，中國從繪畫，到雕刻、建築，甚至戲曲的動作都講究線條，「中國藝術的形象的組織是線紋」〔註97〕，原本團塊的形體被化為線條之後，頓時就輕靈了、能夠飛舞、富有意味和節奏感了。宗白華多次談到的敦煌壁畫中的「飛天」就是流動飛舞線條構成形象的典型代表，描畫成飛天的線條簡潔概括、粗獷有力，不僅將人物形體表現得很生動，甚至反應了表情、肢體語言和動態，十分具有生命的感染力。線條是中國繪畫最早的存在之一，其運用遠超過色彩，宗白華指出這是跟中國繪畫的工具毛筆分不開的，毛筆筆尖的狀態不同於西方畫筆的扁刷頭，下筆之後自然就是線條。

宗白華指出中國畫的觀看方式是「以大觀小」〔註98〕，其不是透視，不

〔註93〕 出自《樂記·禮記》。

〔註94〕 出自《樂記》。

〔註95〕 宗白華：《宗白華全集》（第3卷）〔M〕，合肥：安徽教育出版社，2016，471
　　　　 頁，《中國美學史中重要問題的初步探索》。

〔註96〕 宗白華：《宗白華全集》（第3卷）〔M〕，合肥：安徽教育出版社，2016，462
　　　　 頁，《中國美學史中重要問題的初步探索》。

〔註97〕 宗白華：《宗白華全集》（第3卷）〔M〕，合肥：安徽教育出版社，2016，463
　　　　 頁，《中國美學史中重要問題的初步探索》。

〔註98〕 宗白華：《宗白華全集》（第3卷）〔M〕，合肥：安徽教育出版社，2016，469
　　　　 頁，《中國美學史中重要問題的初步探索》。

是從固定角度看局部的風景，而是一種游離的視角。「中國人多喜歡登高望遠，不是站在固定角度透視，而是從高處把握全面」〔註99〕，這是由於中國人的空間觀造成的，中國人擁有的是時空合一的宇宙觀，習慣俯仰天地，追求萬物皆備於我。而且中國畫很多江山圖原本都是卷軸，人們在欣賞時不是像現在這樣懸掛在寬敞的美術館博物館，而是一點一點鋪開，看完一部分卷上後再看後面展開的部分，因此必然沒有固定視角，人們實際的觀看點就是隨著畫面的舒卷流動的。另外，宗白華將中國繪畫將「氣韻生動」和「風骨」視為中國繪畫最重要的審美追求，本書已經在第四章中具體分析過，不再復述。

（五）中國古代書法理論中表現的美學思想。在生命美學的深化期中，宗白華寫了一篇《中國書法裏的美學思想》（1962）專論，集中闡述了中國書法中的美學思想。在此文中，宗白華首先論述了中國書法表達人之情感的作用，他寫到「人愉快時，面呈笑容，哀痛時放出悲聲，這種內心情感也能在中國書法裏表現出來，像在詩歌音樂裏那樣」〔註100〕，宗白華舉出張旭的草書表現情感的實例，並且指出書法作品還能表現出自然各種變動的形象，因為漢字不僅是表達概念的符號，而是表現生命的單位，漢字的這種生命感源於其是象形文字，其從自然界中具體的物象中衍生而來；另外，書家筆下的字可以顯現出無窮無盡的造型和姿態，人們可以通過書家呈現的線條的姿態和空間的布局不同，感受到書家書寫裏的狀態與情感，「從這一畫之筆跡，流出萬象之美，也就是人心內之美」〔註101〕，中國的筆劃從基本的「八法」起，加上伸縮精細，變化無窮，生命就流動在這竄通宇宙的墨線當中。

宗白華細談了書法的用筆，書法用筆的萬千變化就如同音樂的聲音和節奏一般，中鋒、側鋒、藏鋒、出鋒等對筆鋒的不同表現、方筆、圓筆這樣對筆劃的不現呈現以及輕重、疾徐這樣筆墨與紙的接觸快慢，都能表現非常不同的藝術效果。宗白華具體論述過圓筆和方筆形成的不同效果，他指出「圓筆所表現的是雍容和厚，氣象渾穆，是一種肯定人生，愛撫世界的樂

〔註99〕宗白華：《宗白華全集》（第3卷）〔M〕，合肥：安徽教育出版社，2016，469頁，《中國美學史中重要問題的初步探索》。

〔註100〕宗白華：《宗白華全集》（第3卷）〔M〕，合肥：安徽教育出版社，2016，401頁，《中國美學史中重要問題的初步探索》。

〔註101〕宗白華：《宗白華全集》（第3卷）〔M〕，合肥：安徽教育出版社，2016，409頁，《中國美學史中重要問題的初步探索》。

觀態度，諧和融洽的心靈……圓筆是愛自然，親近自然的精神和態度……
因為自然界現實多半是圓曲線的，很少筆直的抽象線條」〔註102〕，宗白華
舉例說王羲之的書法便是圓筆的代表，同時也是親切和藹，尤愛自然精神
的代表。又如中鋒穩健，側鋒飄逸，藏鋒有一種收斂含蓄之美，而出鋒則有
銳利跳脫之意。

　　宗白華談論了書法結構的重要性，不同的筆劃結成不同的字，就好屋宇
的建設，「一筆而具八法，形成一字，一字就像一座建築，有棟樑椽柱，有間
架結構」〔註103〕，宗白華細舉了唐代書法家歐陽詢所總結的真書書法結構的
三十六條，如排疊、避就、頂戴、穿插等，無論一個字具體結構的方式不同，
重要的都是處理好筆劃之實與筆畫架構起來的空間之虛，因此宗白華指出中
國字的結構，也可以稱為布白，對「白」、空白的重視和突出，是中國書法的
重要特點，「點畫的空白處也是字的組成部分，虛實相生，才完成一個藝術品」
〔註104〕，空白與筆劃有相同的重要性這是中國藝術重視虛實結合的普遍特
徵，有無相生相促發，形成無限意境，對「空」的重視也是因為道家精神中的
虛空精神是中國人思想的一種底蘊。宗白華指出中國不同的書體對空間的表
現是很不一樣的，而這不同的空間感又是跟那特定書體產生之時代的心理感
受一樣的，因為空間感是人的一種基本感知，其有先天的部分，也有後天的
文化屬性，「空間感的不同，表現著一個民族、一個時代、一個階級，在不同
的經濟基礎上、社會條件裏不同的世界觀和對生活最深的體會」〔註105〕。宗
白華指出中國不同時期書法的姿態和風格就是因為其結構和布白不同而形成
的不同時代風格。

　　宗白華還指出書法的章法是書法中空間呈現的另一個維度，一幅作品書
寫所佔的空間和完全留空的部分之比例位置、作品中字與字是相接還是相離，
不同字之間大小的配合，行與列之間的或整齊或參差的效果，這些都是書法

〔註102〕宗白華：《宗白華全集》（第2卷）〔M〕，合肥：安徽教育出版社，2016，第
　　　　205頁，《中國書學史》緒論及編輯後語。
〔註103〕宗白華：《宗白華全集》（第3卷）〔M〕，合肥：安徽教育出版社，2016，409
　　　　頁，《中國美學史中重要問題的初步探索》。
〔註104〕宗白華：《宗白華全集》（第3卷）〔M〕，合肥：安徽教育出版社，2016，411
　　　　頁，《中國美學史中重要問題的初步探索》。
〔註105〕宗白華：《宗白華全集》（第3卷）〔M〕，合肥：安徽教育出版社，2016，422
　　　　頁，《中國美學史中重要問題的初步探索》。

的章法所需要考慮的問題。〔註106〕俄國的大文藝理論家巴赫金就很深入地討論過藝術作品中的時空問題，巴赫金在他的《小說的時間形式和時空體形式》一文中將「時空體」這個令人覺得非常抽象的、從愛因斯坦相對論中借用過來的概念概括為「文學中已經藝術地把握了時間關係和空間關係相互間的重要關係」〔註107〕。時間和空間的形式在藝術作品中無處不在，甚至可以說藝術本身就是一種特殊的對時間和空間的表達，因此，時空的表現會影響藝術作品的風格、表現效果和引發讀者不同的感受等。

　　總之，生命美學的深化期既是宗白華學術研究的最生一個時期，也是他人生的最後一個階段。這個時期的宗白華跟同代的知識分子一樣，遭受了時代和政治的厄運，但唯有如此，宗白華的身影才顯得尤其超脫又偉岸，宗白華為了避開政治漩渦而選擇了未名湖畔的散步，有如世外高人一般，大隱隱於世，在當時中國的學術中心也能夠避免對他人的批判和落井下石，代表著中國文人士大夫「風骨」的最高境界。

　　惡劣的環境並沒有讓宗白華放棄自己的美學理想，他在不方便討論中國問題時的高壓時代，再一次轉向了西方的文藝理論以找精神的慰藉，努力翻譯和介紹西方的美學作品，因為他無法停止思考和探索的腳步，當原本的研究方向受到阻撓時，他總是能夠另闢蹊徑，思索不止；同時，宗白華在北京大學很好地繼續了自己以前的教育工作，誨人不倦，桃李滿天下；在他調整好了自己的狀態之後，宗白華又回到了自己原本設定好的學術軌道上從事「中國美學」的研究，力圖發掘中華民族特殊的審美傾向和思維方式，開闢出一條與西方美學媲美的中國美學之路。在宗白華的晚年，經過艱苦的探索，他搭建了中國美學的基本框架，雖然沒有寫出鴻篇巨製的作品〔註108〕，但是他一是打開了大家做中國美學研究的思路（重視藝術和出土文物、不只將眼光

〔註106〕宗白華：《宗白華全集》（第 3 卷）〔M〕，合肥：安徽教育出版社，2016，411頁，《中國美學史中重要問題的初步探索》。

〔註107〕〔俄〕巴赫金：白春仁、曉河譯，《巴赫金全集》第三卷，《小說理論》，河北教育出版社，1998 年，274 頁。

〔註108〕宗白華對《中國美學史》的研究和編纂工作最後沒有得到深入，據林同華的回憶，是由於「沒有按照宗先生重視藝術實踐的精深見解和湯用彤先生關於佛教的美學思想的研究方法去嘗試」（《宗白華全集》第 4 山，第 775 頁），因為當時受到「政治掛帥」、文科教材編寫要有明確的意識形態導向（即用唯心主義和唯物主義理論來套入一切）的影響，編寫組內部也產生了學術分歧等因素，導致《中國美學史》的寫作擱淺。

侷限在中國的詩文研究），也從幾個方面做出了初步的研究範式；二是宗白華在北京大學培養起了中國美學研究的接班人（如擔任過宗白華助教的葉朗於1986年出版了《中國美學史大綱》、2014年主編了八卷本的《中國美學通史》）等），宗白華向他們傳遞了美學研究的方法，啟示人們重視藝術材料的直接的感性認識，運用中西比較的方法，學好外語作為研究的工具等，中國美學的研究在他之後日益蓬勃發展。

結論及啟示

　　宗白華的生命美學是一個志道遊藝的體系，生命與藝術為其兩端。宗白華生命美學體系中的「生命」為世界得以存在、運行和發展的依據與動力，是一切美的源泉，是一種最高的形神和諧統一；「藝術」則為活脫脫生命力的具體呈現形式，是天地間生命靈氣的灌注。宗白華的生命美學對生命的周遍存在、變化及律動所具有高度的自覺與深刻的感悟，宗白華將生命視為美的源泉而加以讚頌，並且主動遵循生命美學的原則進行文藝創作、評論、學術研究及生活實踐。

一、宗白華生命美學思想研究的總結

　　在前人的研究基礎上，通過社會史與思想史的研究方法，本書首次清晰地對宗白華的學術生涯做了明確到年份的分期，這是本書在前人研究的基礎上最主要的創新和推進之處。分期過後，本書還說明了分期的依據，並且對宗白華每個時期的學術風格和重點關注的內容做了詳細分析。前人的研究多籠統地以 30 年代為界，將宗白華的思想發展簡單地描述為「由西轉中」前後兩個時期，本書清晰地做出了四個分期，分別是生命美學的萌發期（1913～1920）、生命美學的建立期（1920～1932）：從哲學轉向藝術文學、生命美學的民族化時期（1932～1952）：從西方轉向中國傳統生命資源、生命美學的深化期（1952～1986）：美學散步和中國美學的構建。通過對四個時期的仔細分析，本書很好地呈現了宗白華生命美學思想的轉變，相較於前人對宗白華學術「由西轉中」的籠統概括，本書具體闡述了宗白華由醫學轉哲學、由哲學轉藝術、由西方藝術轉中國藝術及思想、由入世轉出世散步、由中學再次轉向西方美學思想研究等多次轉向，並且分析了不同時期發生變化的原因及時代背景，不同時期宗白華所關注問題的重心、以及所提出的理論範疇。

　　儘管宗白華生命美學的四個階段是風格分明的，但也是非斷裂的，這種變與不變根源於宗白華追求的始終是中華民族生命力的復興與激活，在這個統一的目標下，宗白華根據現實的具體條件和歷史現實，改變應對的策略及方法，最終的目標是一致的，即是激活民族生命力。宗白華可以是「五四」時期高舉愛國主義和民族主義旗幟搖旗吶喊的旗手，也可以是在未名湖畔散步的出世老人。宗白華的一生，可謂是對中庸之道的踐行，他的變與不變，正是《中庸》中「故君子和而不流；強哉矯。中立而不倚；強哉矯。國有道，不變塞焉；強哉矯。國無道，至死不變；強哉矯」〔註1〕所描述的君子之強，因此宗白華自己的生命經歷就是一股剛建清新的生命之流。

　　在生命美學的萌發期（1913～1920），面對著中國落後於世界民族之林的殘酷現實以及甲午中日戰爭的慘敗，青年時代的宗白華由醫學轉向哲學的研究，積極參加新文化運動，擔任新文化重要陣地之一的《學燈》之主編，弘揚民族主義與愛國主義，以主人翁的自覺意識努力用西方的生命哲學思想對當時中國的青年們進行思想改造。宗白華與當時其他的「五四」一代的知識分子以西方的生命哲學為良藥，迫切地要為老舊的中國注入少年中國的生命力。宗白華重視柏格森的生命創造、叔本華的生存意志、尼采和生命強力和狄爾泰的生命體驗，鼓勵中國人重視身體的強健活潑，珍視情感的真摯與豐沛，實現從身體到情感到精神的全面復興，以使恢復了強勁生命的中華民族再次能夠躋身於世界強國之林。

　　在生命美學的建立期（1920～1932），中國暫時從戰爭的泥潭中脫身，宗白華也有機會前往德國留學，在路過藝術之都巴黎之後，宗白華發現自己「思想大變」〔註2〕，他從原來企圖通過哲學和理論來把握世界真理，轉變成為借助藝術的介質，將抽象玄妙的生命本體落實到具體生動的藝術之上，建立了獨具特色的生命美學思想體系。宗白華的這個轉變既有新的機遇，也早有思想上的準備；也就在這個時期，宗白華確立了自己從事「美育」的人生目標，並且一步一步穩健紮實地用他漫長的餘生之踐行了自己的目標〔註3〕。這個

〔註1〕出自《中庸》第十一章。

〔註2〕宗白華：《宗白華全集》（一），安徽教育出版社，2016，第309頁，《看了羅丹雕刻以後》，原刊登於《少年中國》第2卷第9期，1921年3月15日出版。

〔註3〕宗白華在公開發表於1922年《少年中國》第3卷中《致王光祈書》中明確表達了自己堅定地走學術和教育之路的態度，並稱中國的政治活動是「輕易喪墮人格的政治活動」，與少年中國的宗旨是不符的。

時期的宗白華關注的是西方文學與藝術中的生命，他尤其觀照了西方雕塑和西方文學，羅丹和歌德是他畢生崇拜和學習的對象。此時期，宗白華還在柏林成為了詩人，他從過去自己擔任編輯的時候遴選、評價新詩，到此時期自己進行詩歌的自主創作，取得了相當的成就，宗白華在留德期間的詩歌被結集為《流雲》出版，得到了「小詩殿軍」﹝註4﹞的稱號，因此，宗白華是為數不多的同時進行文藝理論研究和從事藝術創作的學者。此時期宗白華關於生命的思考轉向了不息的運動、精神的灌注、自然的湧動及愛力的豐沛等。從德國學成歸國的宗白華在中央大學擔任哲學系主任一職，其開設的美學和藝術學課程結合了他豐富的遊歐經歷，既深刻又豐富，對學生充滿了吸引力。

在生命美學的民族化（1932～1952）時期，宗白華從原本對西方思想及藝術的關注中轉向中國傳統的生命資源，他創造性地提出「中國藝術精神」﹝註5﹞（1934）的概念，力圖在中國傳統的各大藝術門類當中深刻地發掘出中華民族特定心靈，開闢出一條不同於其他族群特色的藝術道路。宗白華的這次轉向又是跟中華民族所遭受的危機相聯繫的，1931年，「九‧一八」事變爆發，標誌著日本對中國的第二次侵略戰爭開始。宗白華與同代學者們一起，試圖通過激活傳統文化中的生命力量來使中華民族得到復興。但是不同於其他學者多從哲學和倫理學等角度入手，宗白華以中國繪畫為起點重點研究中國藝術中所深藏的中華民族的特定心靈，並且逐漸地將自己對中國藝術的研究從繪畫推向書法、音樂、舞蹈等各個領域。宗白華此時期另闢蹊徑地從魏晉風流中挖掘出巨大的、能夠對抗黑暗時代以及絕望處境的力量，鼓勵當時處於抗日戰爭陰霾中的中國人民勇敢嚮往，不懼惡敵；他從儒家的禮樂之秩序、道家之流動不居的「道」中悟出了中國藝術「氣韻生動」之追求，並且將中國傳統的「意境」理論推向了新的廣度和深度。

在生命美學的深化期（1952～1986），迫於政治的壓力，宗白華走向了美學散步，面對黑暗的政治形勢，宗白華選擇少言寡語，沉默散步，以超然出世的態度來遠離政治漩渦。這個時期，宗白華再次轉向了西方文藝理論的譯介工作，這也屬於宗白華學術內容上的一次「散步」。在很快地調整好狀態之

﹝註4﹞見王德勝《宗白華評傳》，第56～57頁。
﹝註5﹞宗白華：《宗白華全集》（二），安徽教育出版社，2016，第98頁，《論中西畫法的淵源與基礎》：「謝赫六法以氣韻生動為首目，確係說明中國畫的特點，而中國哲學如《易經》以『動』說明宇宙人生，正與中國藝術精神相表裏。」

後，宗白華回到了「中國美學」〔註6〕的研究上，為中國美學的研究開闢了道路、奠定了基礎並且做好了示範。宗白華在逆境中的表現尤其能夠給人以啟發，他是中國文人士大夫風骨的代表。

宗白華無論在美學還是藝術學領域，都有著卓越的貢獻，正如劉小楓在《湖畔漫步的美學老人——憶念宗白華師》中提到的那樣：「比起其他著作等身、有宏篇巨製留世的學者來，他的著述明顯過於零散，沒有一部部頭稍大的作品傳世」〔註7〕，宗白華生前並沒有建立自己的美學體系，其實他曾經有過書寫中國美術史的計劃，但卻未能實現，這是宗白華生命美學思想的一個侷限，但這個侷限更多的是時代造成的，宗白華原本是非常渴望構建「中國美學」的體系的，在 60 年代初，當宗白華談及編寫中國美學史的工作時，非常樂觀地宣稱，這「運用了集體和個人結合的力量，一定會使中國的美學大放光彩」〔註8〕。並且宗白華已經寫就了《中國美學史中重要問題的初步探索》（1963）〔註9〕、《中國美學思想專題研究筆記》（1960～1963）、《中國美學史專題研究》等這樣的文章，但因為當時受到「政治掛帥」、文科教材編寫要有明確的意識形態導向（即用唯心主義和唯物主義理論來套入一切）的影響，編寫組內部也產生了學術分歧等因素，導致宗白華主導的《中國美學史》的寫作擱淺〔註10〕，因此與其說是宗白華生命美學的侷限，不如說是時代的侷限。

二、宗白華生命美學的啟示

宗白華的生命美學思想雖然起源於西方的生命哲學，但最後卻走向中國傳統的「天人合一」，宗白華一生的大部分時間都生活在戰事頻發和政治黑暗的時代，但他卻總能以最真誠的赤子之心去建設中華民族的文化，沒有任何事情可以阻攔宗白華對本民族生命建設的執著。對生命的探索及珍重使得

〔註6〕宗白華：《宗白華全集》（第 3 卷）〔M〕，合肥：安徽教育出版社，2016，391頁，《漫話中國美學》，發表於 1961 年 8 月 19 日光明日報上。

〔註7〕劉小楓：《湖畔漫步的美學老人——憶念宗白華師》，《讀書》，1988 年第一期，113 頁。

〔註8〕宗白華：《宗白華全集》（第 3 卷）〔M〕，合肥：安徽教育出版社，2016，393頁，《漫話中國美學》，發表於 1961 年 8 月 19 日光明日報上。

〔註9〕《中國美學史中重要問題的初步探索》，這是作者在 1963 年為北京大學哲學系、文系高年級學生開設的中國美學史講座的講稿，由葉朗整理。後經宗白華先生審校，校正內容由宗先生女兒宗福紫女士提供。

〔註10〕宗白華：《宗白華全集》（第 4 卷）〔M〕，合肥：安徽教育出版社，2016，775 頁。

宗白華無論在美學的研究過程中、還現實的生活中，都能堅持以人為本、人與自然和諧相處的立足點。宗白華的生命美學是藝術的、是人生的，其能從多方面給予我們啟示，本書將簡要概括為以下幾個方面：

（一）宗白華對自然的熱愛啟示人們崇尚自然

北大時期的宗白華與未名湖結下了未解之緣，每當人們回憶他，都自然將他的身影跟未名湖聯繫起來，如劉小楓所寫的《湖畔漫步的美學老人——憶念宗白華師》（1988）〔註11〕，王岳川所寫的《未名湖畔的散步美學家》（1996）〔註12〕等在學界非常有影響力的文章都是如此。

但其實早在宗白華的青少年時期，他就與大自然有了不解之緣，宗白華曾經這樣回憶自己的青少年在南京學習的時光：「清涼山、掃葉樓、雨花臺、莫愁湖是我同幾個小伴每星期日步行遊玩的目標。我記得當時的小文裏有『拾石雨花，尋詩掃葉』的句子。湖山的情景在我的童心裏有著莫大的勢力。一種羅曼蒂克的遙遠的情思引著我在森林裏、落日的晚霞裏、遠寺的鐘聲裏追尋，一種無名的隔世的相思……」〔註13〕宗白華的整個童年是與自然為伴的、輕鬆的、歡樂的、自由的，既飽受書香門第的浸染，又帶有想像豐沛的詩意，他觀察天上的流雲，視它們為自己的玩伴，把雲分成不同的境界——漢代的雲、唐代的雲、抒情的雲……將其做成一個「雲譜」〔註14〕，那時候的宗白華雖然不做詩，但心中已充滿詩意、詩境。無論是南京的山野、湖泊還是森林，甚至是天上的流雲和晚霞，都能夠讓宗白華感覺到親近與舒適，讓他產生充分的美的感受。

新文化運動時期的宗白華將進入大自然的胸懷中進行陶冶作為青年人培養高尚健康人格的方式，他說「我向來主張我們青年須向大宇宙自然界中創造我們高尚健全的人格……還須常常返到自然境界中寧息身心，儲蓄能力，得點靜的修養，才能挾著新鮮的空氣，清新的精神，重進社會。」〔註15〕出於對自然的崇尚，宗白華還無限嚮往印度的「森林文明」，在《我的創造少年

〔註11〕劉小楓：《湖畔漫步的美學老人——憶念宗白華師》，《讀書》，1988 年第一期。
〔註12〕王岳川主編：《宗白華學術文化隨筆》，前言，中國青年出版社，1996。
〔註13〕宗白華：《宗白華全集》（二），安徽教育出版社，2016，150 頁，《我和詩》。
〔註14〕宗白華：《宗白華全集》（二），安徽教育出版社，2016，150 頁，《我和詩》。
〔註15〕宗白華：《宗白華全集》（第 1 卷）〔M〕，合肥：安徽教育出版社，2016，第 98 頁，《中國青年的奮鬥生活與創造生活》，原刊登說《少年中國》第一卷第 5 期，1919 年 11 月 15 日出版。

中國的辦法》〔註16〕一文中，他表達了自己在森林中創辦大學和新模範世界的理想。森林是印度文化中界於人世間和神界的一個中過渡地帶，泰戈爾是宗白華崇拜的印度思想家，詩人，「森林文明」的觀點是泰戈爾在其《生命的實現》中所提出的，他論及了森林與個體生命、宇宙的關係：

> 古希臘的文明（西方文明）孕育於城牆之上，實際上所有現代文明都有其磚石和灰漿做的搖籃。

> 這些城牆在人們的頭腦中留下了深刻的印象，在我們的精神世界中建立起分裂和統治的原則。這個原則給我們一種習慣即通過城堡來分裂我們、來保護我們的掠取物，我們把民族與民族、知識與知識、人類與自然分開。這種原則在我們當中造成了強烈的懷疑，任何事物只要逾越我們界定的邊界我們都要懷疑，而每一種事物都要經過苦苦的爭鬥才能得到我們的承認。

> 第一批雅利安人進入印度時，那是一片廣袤的森林，新來者很快就利用起他們，因此印度的文明起源於森林。他們的目標不是征服而是實現，通過與環境共同發展以及相互生長擴展他的意識，他們感到沒有絕對孤立的自我，而獲得真理的唯一途徑是讓我們的生命與萬物互相滲透。古印度久居於森林之中的聖者們努力要實現的就是人類靈魂與世界靈魂之間的偉大和諧。

> 當人還沒有完成他與這個世界的姻親時他就生活在牢籠裏，他與牆壁對立。一旦他看到了萬事萬物中永恆的靈魂，他就獲得了解放，他就會發現自己生長其中的世界有著完整的意義。

> 人的優越性不是在於佔有和征服，而是在於依靠自己健康的力量來實現自己的生命。

——《生命的實現》〔註17〕

森林是一個充滿了生命之靈氣的泛神的存在，森林是人類心靈的憩息地

〔註16〕宗白華：《宗白華全集》（第 1 卷）〔M〕，合肥：安徽教育出版社，2016，第 38 頁，《我創造少年中國的方法》，原載於《少年中國》第 1 卷第 2 期，1919 年 8 月 15 日出版。

〔註17〕泰戈爾：《泰戈爾經典散文集》，白開元譯，新世界出版社，2010 年，第 123 頁。

和淨化之地，是生命的蓄養之地。宗白華在文中引用泰戈爾非常著名的關於東西文明的觀點：「東方的文明是森林的文明，西方的文明是城市的文明。將來兩種文明結合起來，要替世界放一大光采，為人類造福。」〔註18〕

宗白華還認為自然是一切科學和學術研究的起點，他寫到，「自然界的現象本是一切科學的基礎，我們常常觀察水陸的動植物的神奇變化，山川雲雨的自然勢力，心中就漸漸得到了一個根據實際的宇宙觀……」〔註19〕宗白華指出莊子的很多思想就是源於對自然的觀察與思考，他寫到「莊子是中國學術史上最與自然接近之人，最富於自然的觀察的人，所以也是個最富於創造思想的人。我們模仿他的學者人格，再具有精密的科學方法，抱著豐富的科學知識，向著大自然間，作自動的研究，發揮自動的思想，恐怕這神秘萬方的自然，也要悄悄告訴我們幾件未曾公開的秘密呢！」〔註20〕因此可見，宗白華認為偉大的思想就是通過對自然的觀察與領悟而得出。

宗白華還認為自然是一切美的源泉，他盛讚大自然的協和、完滿和不可思議，「你看那自然中何處不是生命，何處不是活動，何處不是優美光明！」〔註21〕在宗白華的美學觀中，藝術最終效法的是自然，在他看來，自然不僅是科學和哲學的基礎，自然也是藝術與美的基礎。尤其是中國的山水畫，雖然抒發了畫者胸中無盡的氣象，但大自然還是其第一層摹本，中國古人就是居住於徜徉於那樣壯闊的山水間的，畫中的意境便是當時人們生活環境的投射和寫照。作為中國古典藝術的突出代表、也是宗白華最早關注的中國藝術的領域，中國山水畫展現了自然山水的瑰麗雄奇，表現的從來都是一種人與自然的和諧共處，這樣的境界也一直是中國人所向往與追求的。

宗白華對自然這樣的依戀和熱愛，源於他骨子裏最深刻的中國情懷，他

〔註18〕宗白華：《宗白華全集》（第1卷）〔M〕，合肥：安徽教育出版社，2016，第38頁，《我創造少年中國的方法》，原載於《少年中國》第1卷第2期，1919年8月15日出版。

〔註19〕宗白華：《宗白華全集》（第1卷）〔M〕，合肥：安徽教育出版社，2016，第98頁，《中國青年的奮鬥生活與創造生活》，原刊登說《少年中國》第一卷第5期，1919年11月15日出版。

〔註20〕宗白華：《宗白華全集》（第1卷）〔M〕，合肥：安徽教育出版社，2016，第199頁，《讀書與自動的研究》。

〔註21〕宗白華：《宗白華全集》（一），安徽教育出版社，2016，第309頁，《看了羅丹雕刻以後》，原刊登於《少年中國》第2卷第9期，1921年3月15日出版。

曾經寫過「中國人由農業進於文化，對於大自然是『不隔』的，是父子親和的關係，沒有奴役自然的態度。」〔註22〕宗白華這種對自然崇拜的態度，就是中國人常說的「道法自然」、「天人合一」。中國人認為宇宙和人是交互的，人之個體就是一個縮小版的自然，與外在的大的自然是共振的、同步的，當人不斷開放自己個體的自然，敞開心胸，不斷是將自己與外在自然彌散融合，不但能夠與宇宙自然達到最深的共鳴，也能夠領悟宇宙天地的奧秘。

通過以上分析可知，宗白華對於自然既有無限的敬畏，又有無限的熱愛，從宗白華切身的實踐以及從他關於自然的理論中，我們看到了一個自然之子的範本，他啟示著我們永遠保持對自然的親近與熱愛。人與自然的關係本來就是人類社會最基礎的關係，人類的生命原本便是自然生命的一部分，自然是人類的母體，是人類安身立命的根基，也是人類得以生存和發展的前提。進入工業社會以來，人們由於受到利益的驅使，扭曲了與自然天生的親緣關係，而將自然對象化，將其視為一種「有用物」，貪婪粗暴地攫取，從一定程度上破壞了自然的平衡，人類也多次自食其果。因此我們要回到宗白華的自然觀中理解人與自然的關係，拋卻錯誤的人類中心主義觀念，以自然的規律為尺度指導自己的實踐與生活，以天地為師，以自然為伴，道法自然。

（二）宗白華的學術經歷給予美學研究多方面的啟示

在美學研究的方法論方面，宗白華所使用的比較美學的方法為後人做出了示範，他學貫中西，融通古今，對中國和西方藝術及思想能夠進行不偏不倚地比較，他借助西方美學及藝術的參照系，對中國藝術的獨特思維和藝術精神做出了深刻的挖掘，顯示出了中國美學在世界美學中不可取代的地位與價值。為了能夠進行更有效地進行「比較」，使得中國學術能夠更好地走向國際學術圈，宗白華還建議研究者們應該認真學習外語，因為「無論搞中國的還是搞西方的文化的研究，都要認真學習外語，這是日後從事深入研究的舟楫。」〔註23〕

作為美育踐行者的宗白華，還對後輩美學的學習提出了寶貴建議：「首先

〔註22〕宗白華：《宗白華全集》（第2卷）〔M〕，合肥：安徽教育出版社，第412頁，《藝術與中國社會》。

〔註23〕宗白華：《宗白華全集》（第3卷）〔M〕，合肥：安徽教育出版社，2016，618頁，《漫談中國美學史研究》。

得愛好美，要對藝術有廣泛的興趣，要有多方面的愛好……美學研究不能脫離藝術，不能脫離藝術的創造的欣賞。」〔註24〕宗白華鼓勵美學的學習者首先要對「美」有興趣，宗白華自己是一生都在追求「美」的人，只有真正對「美」有熱忱、有追求，才能激發出研究美學的動力，才能達到一種真力彌滿、萬象在旁的融會貫通。宗白華同樣一生愛好藝術，重視與藝術接觸的直接的、感性的經驗。宗白華說愛藝術是源於愛宇宙自然人情社會中的一切，對萬物抱有一種深刻同情的態度，「藝術的根基在於對萬物的熱愛，不但愛它們的形象，且從它們的形象中愛到它們的靈魂……動天地、泣鬼神、參造化之權、研象外之趣，這是中國藝術家最後的目的，」〔註25〕宗白華寫到。宗白華在其耄耋之年、在北京的交通系統極其不發達的情況下，每週都會拄著拐杖風雨無阻地去美術館、博物館和藝術館看展覽，並且他總在自己的課堂上，為自己的學生播種下去博物館、美術館親身感受和體會的藝術審美的種子，薪火相傳。

作為美學大師的宗白華對美之領悟、對藝術之重視不僅是中國文人士大夫的一種傳統，同時這也是近代西方美學學科的啟示——美學 Aesthetics 追溯到希臘原文 Aisthesis 指的就是人們的感官印象、感性，美學探討的是客體和現象為感覺所經驗的、引發的愉快或者不愉快的感受，其誕生的1750s歐洲理性主義（Rationalism）盛行之時，是一種對理性主義的抗衡。現代的美學學科按照理工科的量化、標準化、指標化的模式發展，人文學科的特殊性被忽略，尤其是美學這門關注感性的學科。因此，美學研究者不僅應該有紮實的基本美學史知識，也應該注重培養自己敏銳的感受和非凡的悟性，「我們忽略了美感要像身體一樣經常得到鍛鍊，從此提升我們對藝術的、對美的感受性。」〔註26〕因此宗白華鼓勵大家與藝術直接接觸，重視那些直面藝術時的感性領悟與經驗，美學的研究應該從豐富的來自藝術的第一手感性認識起，當感性的認識積累到一定量的時候再進行組織、凝練昇華，形成美學的理論體系，這樣研究美學的路徑是宗白華始終遵循的，也就是康德和鮑姆加

〔註24〕宗白華：《宗白華全集》（第3卷）〔M〕，合肥：安徽教育出版社，2016，第607頁，《〈美學嚮導〉寄語》。

〔註25〕宗白華：《宗白華全集》（第2卷）〔M〕，合肥：安徽教育出版社，第323頁，《中國藝術的寫實精神》。

〔註26〕童強：《拯救感性——宗白華美學精神在今天的啟示》，《中國圖書評論》，2017年第12期。

登等人對認識規律的總結。

（三）宗白華啟示著中國人應該擁有文化自信

宗白華從來都能夠不卑不亢地面對自他出生年代起就暫時處於優勢地位的西方文化，他將東方的文化歸為一種「靜觀」的文化，而西方的文化主要表現為一種「進取」的文化，兩種文化互相學習、互相借鑒，方是世界文化欣欣向榮之大計。

前往歐洲留學前，宗白華就提出最好的文明，應是一種東西方文明的結合，青年時代的宗白華在 1919 年所寫的《我的創造少年中國的辦法》中提到的實現中國文明復興的方式不是「全盤西化」的文化自卑主義，更不是閉門造車的夜郎自大，而是「發揚固有的文明，再吸收西方當時領先的文明，取長補短，共同進步」〔註 27〕。當談及中國新文化的創造時，宗白華提出了對於中國精神文化的責任是「一方面保存中國舊文化中不可磨滅的偉大莊嚴精神，一方面吸取西方新文化的菁華，滲合融化，在這東西兩種文化總匯基礎上建造一種更高尚更燦爛的新精神文化，作為世界未來文化的模範，免去現在東西兩方文化的缺點、偏處」〔註 28〕，中國文化重直覺感悟，重道德倫理，重生命，西方文化重邏輯推理，重科學真相，重形式，宗白華能夠很客觀地指出東西兩種文化的長處和缺，並且希望其能互補，共同發展。

留學德國期間，宗白華更是提出了「東西方文化結婚」〔註 29〕的觀點。宗白華親自抵達德國後發現當時（1920s）在德國風行一時的兩大名著《西方文化的沒落》、《哲學家的旅行日記》，都是歐洲人所寫的對自己的文化進行批判、對東方的文化進行讚美的書，並且他發現德國人對中國文化的興趣很濃。「我們在此借外人的鏡子照自己的面孔，也頗有趣味」〔註 30〕。當時中國的新文化運動如火如荼，中國也在向西方學習，宗白華把這種東西方互相學習

〔註 27〕宗白華：《宗白華全集》（第 1 卷）〔M〕，合肥：安徽教育出版社，2016，第 38 頁，《我創造少年中國的方法》，原載於《少年中國》第 1 卷第 2 期，1919 年 8 月 15 日出版。

〔註 28〕宗白華：《宗白華全集》（第 1 卷）〔M〕，合肥：安徽教育出版社，2008，第 102 頁，《中國青年的奮鬥生活與創造生活》。

〔註 29〕宗白華：《宗白華全集》（一），安徽教育出版社，2016，第 320 頁，《自德見寄書》，原刊登於 1921 年 2 月 11 日《時事新報・學燈》。

〔註 30〕宗白華：《宗白華全集》（第 1 卷）〔M〕，合肥：安徽教育出版社，2016，第 322 頁，《自德見寄書》，原刊說《時事新報・學燈》，1921 年 2 月 11 日。

的風氣稱為「東西對流」〔註31〕，還提出「我以為中國將來的文化決不是把歐美文化搬了來就成功。中國舊文化中實有偉大優美的，萬不可消滅」〔註32〕。留學德國的宗白華親歷了歐洲一戰之後的衰退光景、得知了西方在崇尚無限競爭與發展造成了悲劇之時，就開始借東方的思想反思西方文化，他敏銳地捕捉到了時代難題，意識到正是西方無限「進取」的盲動生命觀造成了重大的後果。

晚年的宗白華更是提出了讓中國文化「走出去」的觀點：「五四時期中國應該開窗，讓歐風美雨、新鮮空氣進入像墳墓一樣的中國；現在（1980 年代）我們應該開門，讓中國文化走出去。」〔註33〕

做學術的方式其實就是宗白華對本國文化有著高度自信的一個表現，在「崇洋媚外」已成為全社會普遍風氣的現當代，深諳西方學術範式的宗白華並沒有採用西方從邏輯定義和概念辨析出發的學術方法，而是回歸到了美麗的中國文化傳統中去尋找資源，以直覺式、散步式、體驗式的方式接近生命本體。宗白華從不糾結於本質、對象、特徵等空泛的概念，不追求構建嚴整的理論體系，而是一往情深地去體會具體的藝術現象，用「散步」的靈感式的方式，深入生命宇宙的核心，同時又能超乎其外。宗白華的美學思想被認為是中國古典美學精神和學術方式在當代成功延承的突出代表，他在對中西方的文學藝術進行評價的時候，能夠衝破西方評價標準獨大的樊籬，有針對性地發掘我國民族文化的美。不幸的是，宗白華的清醒與榜樣，並沒有動搖西方學術方式的霸權，連美學這樣標榜感性與美的學科仍然落入了理工科量化、標準化、指標化的模式當中，也要遵循理性的邏輯，形式上要完全符合論文規範……只有當我們對自己進行重新書寫的時候，我們才能確認自己真正的文化品格和文化精神，這種能夠使人們確信的、跟其他文化具有明顯區別性界限的身份認同，是一個民族的集體無意識和精神向心力的先決條件，同時也是拒斥文化霸權主義的前提條件。

宗白華的很多學生也深受他文化自信的影響，將這種文化自信的精神傳承了下來，並且進行了推進，如宗白華的學生王岳川在其著作《發現東方》

〔註31〕宗白華：《宗白華全集》（第 1 卷）〔M〕，合肥：安徽教育出版社，2016，第322 頁，《自德見寄書》，原刊說《時事新報·學燈》，1921 年 2 月 11 日。
〔註32〕宗白華：《宗白華全集》（第 1 卷）〔M〕，合肥：安徽教育出版社，2016，第322 頁，《自德見寄書》，原刊說《時事新報·學燈》，1921 年 2 月 11 日。
〔註33〕王岳川：《宗白華的散步美學境界》，《文藝爭鳴》，2017 年。

中，就積極倡導中國樂觀自信的文化主體的確認與重建，進而將博大精深的東方文化和經驗輸出，中西文化「互體互用」，以促進整個人類文明進程的發展。這樣的中西文化文明對話、交流的觀點較之西方以亨廷頓為代表的「文明衝突論」對於當前的世界有著更積極的意義，文明衝突論從某種意義上而言是用表面的文化問題去掩蓋實際的利益衝突問題，主動忽視了人溝通交流的本性。人在任何情況下都會找到維護自己尊嚴和利益的認同感，文明之間、國家之間、種族之間、性格之間都存在著相互認同的可能性，哪怕在無所認同的直白情況下，人們都可以通過自己的主觀努力創造出認同，這就是人性，如對藝術和美的欣賞和追求往往就能夠成為跨越不同人群之間鴻溝的橋樑。我們往往通過藝術瞭解人性，在人與人之間的互相欣賞之中追求共處的可能。

王岳川在其《發現東方》中主張中國人主動在國際舞臺上發聲，自己有意識地「發現」自己、表達自己，自己積極地構建和展示自己的形象，《發現東方》中所明確傳達出的這種思想會讓讀者由衷地受到鼓舞，對於中國人樹立文化自信有著非常積極的意義。對比依然盛行於中國各界的文化自卑主義、文化虛無主義和文化失敗主義是一劑效果顯著的反抗強心劑——「東方是生命、陽光和希望〔註34〕」！

（四）宗白華的審美化生活啟示人們追求生活的藝術化

宗白華一直是審美化的生活的積極踐行者，他一生都過著一種自由自在、不受羈絆的審美化生活，對身外的名利從不在意。審美化生活是一種對待生活的態度，其要求人們在面對平凡庸常的生活時，具有一種積極的敞開心扉、投入充沛情感的態度，中是孔子所說的「道不遠人」〔註35〕，莊子所說的「目擊道存」〔註36〕，亦是禪宗所提倡的「擔水砍柴，無非妙道」〔註37〕，現實生活無往不美，因為中國傳統哲學始終沒有脫離人豐富的生活和鮮活的情感生命，並以此為基礎進行上升超越。劉成紀〔註38〕認為宗白華的生命美學是對他所處時代人們普遍審美品位下降甚至喪失的一種校正，也是

〔註34〕王岳川：《發現東方》，北京大學出版社，2011年，第17頁。
〔註35〕出自《中庸》第三十章：「子曰：道不遠人，人之為道而遠人，不可以為道。」
〔註36〕出子《莊子‧田子方》。
〔註37〕禪宗偈語，意指世界上最高的生活道理，往往隱藏在最簡單的生活瑣事當中。
〔註38〕劉成紀：《向美還歸——散步美學對20世紀中國美學的貢獻》，《求是學刊》，
2000.01。

將美學從文學藝術鑒賞擴展到生活及人生態度的一種擴大及超越。葉朗在《宗白華對中國美學和中國藝術的闡釋》〔註39〕一文中談到了宗白華對現當代美學構建的啟示，葉朗主要談了三方面，一是宗白華所重視的心靈創造對藝術的重要性，二是中國藝術之「物我同一」的境界，三就是宗白華的生命美學啟示我們成就一種審美的人生。劉小楓〔註40〕指出朱光潛與宗白華都關注藝術，但是目的是不一樣的，朱光潛是將藝術作為對象化的問題來探究和處理，而藝術對於宗白華而言首先是人生問題，宗白華追索的是整個生活的藝術化。

宗白華先生在《美從何處尋》（1957）中說：「如果你在自己的心中找不到美，那麼，你就沒有地方可以發現美的蹤跡」〔註41〕，宗白華的這種說法其實來自古希臘哲學家普洛丁，普洛丁曾說過：「沒有眼睛能夠看日光，如果它不是日光性的；沒有心靈能看見美，如果他自己不是美的。你若想觀照神與美，先要自己似神且美。」〔註42〕希臘人沒有一個單獨的詞語，能表達我們所說的 life（生命、生活）一詞的意義，他們用了兩個詞：zoē 和 bios，zoē 表示一切活著的存在或者「活著」這個簡單事實，而 bios 的詞義接近「生活」，指一個人體或群體的適當的生存形式或方式，如亞里士多德在《尼各馬可倫理學》中將哲人的沉思生活（bios theoretikos）同享樂生活（bios apolaustikos）和政治生活（bios politikos）做出區別時，用的都是 bios 一詞，可見其關於生命探討的重點在於特殊的生活方式。對於美學宗師宗白華而言，「美」不是一種虛無飄渺的求索，而是一種腳踏實地的生活方式，宗白華的人生就如其名字一般恬淡、透亮、散發著微光，永遠能夠雲淡風輕，永遠不改自己的初心。

宗白華寫過「中國古代一位影響不小的哲學家———莊子，他好像整天是在山野裏散步，觀看著鵬鳥、小蟲、蝴蝶、遊魚，又在人間世裏凝視一些奇形怪狀的人：駝背、跛腳、四肢不全、心靈不正常的人，很像意大利文藝復興

〔註39〕葉朗：《宗白華對中國美學和中國藝術的闡釋》，《中國文學批評》，第 2018 年第 1 期。

〔註40〕劉小楓：《湖畔漫步的美學老人——憶念宗白華師》，《讀書》，1988 年第 1 期。

〔註41〕宗白華：《宗白華全集》（第 3 卷）〔M〕，合肥：安徽教育出版社，2016，第267 頁，《美從何處尋》，原刊於《新建設》，1957 年第 6 期。

〔註42〕宗白華：《宗白華全集》（第 2 卷）〔M〕，合肥：安徽教育出版社，第 63 頁，《哲學與藝術——希臘大哲學家的藝術理論》，原載於《新中華》創刊號，1933年。

時的大天才達·芬奇在米蘭街頭散步時速寫下來的一些『戲畫』，現在竟成為『畫院的奇葩』。莊子文章裏所寫的那些奇特人物大概就是後來唐、宋畫家畫羅漢時心目中的範本。」〔註43〕可見在宗白華看來，偉大的哲學和藝術都誕生於對現實生活的體會與思索當中，這樣的精神也貫穿於中國的器具當中，「因為中國人對他的用具（石器銅器），不只是用來控制自然，以圖生存，他更希望能在每件用品裏面，表出對自然的敬愛，把大自然裏啟示著的和諧，秩序，它內部的音樂，詩，表現在具體而微的器皿中。一個鼎要能表象天地人。」〔註44〕中國歷來是一個追求道器不二分、天人合一的民族，人們將對自然宇宙的體會表現和反映在最日常運用的器具當中。

宗白華主張人們將對待生活的態度改變為像對待藝術那樣，他說「我們常時作藝術的觀察，又常同藝術接近，我們就會漸漸的得著一種超小己的藝術人生觀。這種藝術人生觀就是把『人生生活』當作一種『藝術』看待，使他優美、豐富、有條理、有意義。總之，就是把我們的一生生活，當作一個藝術品似的創造。這種『藝術式的人生』，也同一個藝術品一樣，是個很有價值、有意義的人生。有人說，詩人歌德（Goethe）的人生（Life），比他的詩還有價值，就是因為他的人生同一個高等藝術品一樣，是很優美、很豐富、有意義、有價值的。」〔註45〕這樣藝術化的人生可以比文藝作品更偉大、更有價值，也是人人都能夠實現的，不是每個人都能成為作家、藝術家，但是每個人都能夠使自己的生活更富有美的意味，因為人生的境界與藝術的境界是相通的，「我們生命的創作現象與藝術的創造現象，頗有相似的地方……藝術創作的目的是一個高尚的藝術品，我們人生的目的是一個優美高尚的藝術品似的人生。」〔註46〕

宗白華提倡我們用藝術的和唯美的眼光看待這個世界，這樣能夠使人能夠更豁達地面對生活中的一切苦樂，「把世界上社會上各種現象，無論美的，醜的，可惡的，齷蹉的，偉麗的自然生活，以及出鄙俗的社會生活，都把他當

〔註43〕宗白華：《美學的散步（一）》，原載於《新建設》1957 年第 7 期。
〔註44〕宗白華：《宗白華全集》（第 2 卷）〔M〕，合肥：安徽教育出版社，第 412 頁，《藝術與中國社會》。
〔註45〕宗白華：《宗白華全集》（第 1 卷）〔M〕，合肥：安徽教育出版社，第 179 頁，《青年人煩悶的解救法》。
〔註46〕宗白華：《宗白華全集》（第 1 卷）〔M〕，合肥：安徽教育出版社，第 179 頁，《青年人煩悶的解救法》。

作一件藝術品看待——藝術品中本有表寫醜惡的現象。」〔註47〕宗白華還具
體地告訴了我們什麼是藝術的人生態度，「就是積極把我們人生的生活，當作
一個高尚優美的藝術品似的創造，使他理想化，美化」。我們在生活的時候，
不應該只看到眼前的當下，還應該在心中構建出一個協調的、優美的、一致
的理想，然後不斷通過自己的努力去實現這個美好的生活。他留德期間，曾
經用詩歌《月底悲吟》很隱晦地表達了自己對當時中國人缺乏美感的失望，
他在詩的落款中寫到「悼國人美感的不振」〔註48〕。宗白華鼓勵我們生命力
昂揚地去生活，去創造，去奮鬥，孟子說：充實之謂美。對大千世界一往情深
的宗白華先生也一直提倡人們去過一種豐富的生活，不斷擴展我們外在的和
內在的生活經驗，鼓勵我們盡情地投入生命的波浪，嘗遍各色情緒細微的弦
音，歷經胸中一切意志的洶湧。

　　宗白華自己生活的每一篇章、自己創作的每一感悟，都呼吸著強烈的生命
與熱烈，他自己親自所示範的這種深度體驗生命，具體將生命精神貫徹到最實
際生活中，使日常生活也端莊流麗的做法，其實也是我國詩書禮樂文化的典
範。宗白華的這種慢哲學的追求，從中國歷史上發掘，是跟江南名士的生活追
求相通的，而這方面的代表人物當數李漁。江南一帶千百年來富庶優渥，在水
鄉古鎮，園林寶塔，山光水色，粉牆黛瓦，春花秋月，陰晴雨雪的環境中孕育
出了無數文人名士。宗白華在論述中國園林建築美學和戲曲美學的篇目中多
次引用李漁的觀點，可見宗白華對李漁的《閒情偶寄》爛熟於於胸。林語堂曾
經評價李漁的《閒情偶寄》「專門研究生活樂趣，是中國人生活藝術的袖珍指
南」〔註49〕。無論是宗白華所關注的中國古典美的方方面面，還是其所倡導的
藝術及審美的生活方式，都與李漁有很多相似之處，這其實體現出一種中國文
人士大夫的氣質相投。明末清初，隨著城市生活的豐富，休閒文化流行，江南
士人的日常生活不斷朝精緻、藝術化的方向發展，他們興造園林，移樹種花，
不惜重金構建自己的棲居之地，收藏古玩，鑒賞書畫，講究烹飪之道，煮茶品
茗，探求養生之道。另外，中國人文人雅士們帶著高度的文化自覺意識，注重

〔註47〕宗白華：《宗白華全集》（第 1 卷）〔M〕，合肥：安徽教育出版社，2016，第
　　　　179 頁，《青年煩悶的解救法》，原刊登於《解放與改造》第 2 卷第 6 期，1920
　　　　年 3 月 15 日出版。

〔註48〕宗白華：《宗白華全集》（第 1 卷）〔M〕，合肥：安徽教育出版社，2016，第
　　　　355 頁，《月底悲吟》，原刊於 1922 年 8 月 16 日《時事新報‧學燈》。

〔註49〕李漁：《閒情偶寄》，江蘇鳳凰文藝出版社，2019 年。

培養自己敏銳的感受力和觀察力，讓人感受到一種旺盛的生命力。

另外，所有生活美學的目的都在於抵抗一個「忙」字，宗白華的「散步」哲學跟近幾十年流行起來的「慢生活主義」有著某種契合。宗白華的學生熊偉教授這樣來形容宗白華的特點，「他一生不爭利祿，也不在那兒罵人，很淡泊灑脫。塵世的事他也參與但他看得很輕……舊社會許多壞的作風他都沒有，文人相輕他沒有。他與世無爭，從不打擊人。他自己自得其樂，別人對他好壞他無所謂。」〔註50〕宗白華的這種雲淡風輕，能夠置身事外的不慕名利也是他「散步」哲學的一部分，在當今的消費社會裏，人們以最大限度地攫取財富為目的，商人們不斷為大眾製造新的無止境的新欲望。社會物質不再是匱乏而是過盛，節約不再是美德而是過時的陳詞，人們感到幸福就是更多地購物和消費，超前消費和一擲萬金成為時代的精神表徵，享樂主義和拜金主義成為整個世界的生存法則。然而在這樣物質過剩且精神貧乏的「白色」消費社會中，人們非但沒有變得幸福，而是日益陷入了靈肉崩潰的邊緣，承受著巨大的矛盾感和焦慮感，抑鬱症、狂躁症、自殺問題等日益頻繁著侵擾著人們。宗白華教我們不要去追求過多的外在物質的附加物，不要對人生有太多的物質欲望，不要往自己身上疊加過多的名譽、身份、地位、財富，否則就會倍感沉重痛苦，煩惱焦慮。宗白華所提倡的中庸態度即啟示我們應該在生活的各個方面把握「度」，戒貪、戒躁、戒欲、戒滿，學會做減法，這樣人才會成為守節持中恒常有度的君子。面對飛速發展的外部世界和無窮無盡的壓力，我們應該像宗白華那樣學會慢下來，放慢生活的節奏，降低自己的欲望，從自己的精神深處去尋找那些真正有意義的東西。

總之，宗白華所生活的時代社會動盪不安，宗白華的生命美學誕生於面對艱難困苦、飄搖掙扎的沉思當中，生命美學就是宗白華在應對複雜社會情況的一種的堅定立場與不變追求。宗白華無論在求學的過程中，還是對藝術的欣賞與觀照中，或是最平凡的生活中，總是能發現生命的光芒與奇蹟，尋找到自由的超越性力量。當今世界科技高度發達，人們卻普遍存在著信仰缺失、生態失衡等問題，無數人日復一日地麻木生活著，被高速運轉的社會機器異化成為了一粒粒毫無生命力的螺絲釘，不僅社會的規則使得各個位置上的人可以隨時被替換掉，每個個體也感覺不到生活的意義與生命的力量。宗白華用自己的生命實踐及美學理論啟示我們向生命之美回歸，他總是能夠在

〔註50〕鄒士方：《宗白華評傳》（下），西苑出版社，2013 年，第 177 頁。

沒有希望的境地中依然去發現生活的美，努力增加對生活的多樣化、豐富化體驗，提升自己的感悟敏感度，增強生命力，用主動體驗的快樂來抵消生活的絕望，這啟示我們在當下的社會歷史環境〔註51〕中找到生命的意義，在庸常的生活中尋得一份超越性力量。

三、宗白華的理論創新

作為美學大師，宗白華具有非常強的理論創新能力，如「中國美學」〔註52〕（1932）、「中國藝術精神」〔註53〕（1934）、「美學的散步」〔註54〕（1957）都是由宗白華創造性地提出的，這些範疇在中國美學界具有重要的地位和影響。

宗白華在青年時期確立終身學術目標的初始就產生了構建獨具中華民族特色美學體系的宏大目標，目標確立之後，宗白華用其終身的學術實踐一步步努力實現這個目標，宗白華基於對中華民族的高度認同和情感，創造性提出的「中國美學」（1932）、「中國藝術精神」（1932）、「中國精神」（1939）、「中國文化的美麗精神」（1946）、「美學的散步」（1957）等範疇都屬於實現這個宏大的學術目標的階段性成果。而宗白華對中華民族特色美學體系構建的不懈努力最終的目標在於實現中華民族生命力的復興與蓬勃，這源於宗白華深厚的民族熱愛情懷以及深刻的民族使命感，他不僅努力構建中華民族特色美學體系，還堅實地倡導博大精深的中國文化「走出去」，在世界文化之林大放光彩，造福全人類。

（一）「中國美學」（1932）年的提出

宗白華在 1932 年所寫的《介紹兩本關於中國畫學的書並論中國的繪畫》

〔註51〕該書寫作的 2020 年是整個人類面臨來自於病毒 Covid-19 新型冠狀病毒巨大挑戰的一年，人們的生活由於病毒的肆虐而發生了根本性的轉變，本人在論文寫作的過程中也希冀從宗白華的生命美學中汲取營養，重樹生活的信心，找回生命的意義，對抗消極與絕望。

〔註52〕宗白華：《宗白華全集》（第 3 卷）〔M〕，合肥：安徽教育出版社，2016，391頁，《漫話中國美學》，發表於 1961 年 8 月 19 日光明日報上。

〔註53〕宗白華：《宗白華全集》（二），安徽教育出版社，2016，第 98 頁，《論中西畫法的淵源與基礎》：「謝赫六法以氣韻生動為首目，確係說明中國畫的特點，而中國哲學如《易經》以『動』說明宇宙人生，正與中國藝術精神相表裏。」

〔註54〕「美學的散步」之說法源於宗白華於 1957 年發表的文章《美學的散步》，原載於《新建設》1957 年第 7 期。

文章中明確提出了「中國美學」〔註55〕的概念，這標誌著宗白華構建中華民族特色美學體系在理論上基本成熟。根據宗白華在這篇文章的論述，可以將「中國美學」概括為中國人之宇宙觀、人生觀，中國人的美感和藝術精神的特性，中國人的價值觀念和心理情感體驗的特徵等。相比而言，宗白華認為西方的藝術注重「形式」、「和諧」、「摹仿」等主要問題，而中國的藝術重「氣韻」、「虛實」、「明暗」等問題，不同的關注點是因為中西方人的宇宙觀及基本的人生情緒不同。對比於「世界美學」〔註56〕追求一種融會貫通、尊重不同個性與風格，宗白華強調「中國美學」的不同藝術形式所能發揮的獨特貢獻。

在此文中，宗白華還提出了構建「中國美學」的具體步驟：「……在每個問題的門類中合觀許多論家各方面的意見，則不僅便利研究者，且為將來中國美學原理系統化之初步。」〔註57〕宗白華以中國繪畫的問題為起點，從繪畫評論開始，擴展到中國其他藝術門類，構造「中國美學」，宗白華關注中國藝術中體現的精神和審美特徵就是為了構建「中國美學」理論體系而積累豐富的感性材料，以此作為研究中國美學理論的初步準備。

在60年代初的《漫話中國美學》〔註58〕這篇訪談中，宗白華再次提出了西方美學和中國美學所具有的不同特點。宗白華指出「在西方，美學是大哲學家思想體系中的一部分，屬於哲學史的內容……在中國，美學思想卻是總結了藝術實踐，回過來又影響著藝術的發展。」〔註59〕由此可知，宗白華所構建的中國美學注重的是從中國的藝術實踐中所提煉、能夠代表中華民族審美特徵和反映中國人審美追求的思想。宗白華晚年的時候說：「我們是中國人，我們要特別注意研究我們自己民族的極其豐富的美學遺產。」〔註60〕

1963年宗白華為北京大學中文系和哲學系高年級的學生開設了「中國美

〔註55〕宗白華：《宗白華全集》（第2卷）〔M〕，合肥：安徽教育出版社，2016，47頁，《介紹兩本關於中國畫學的書並論中國的繪畫》。

〔註56〕宗白華：《宗白華全集》（第2卷）〔M〕，合肥：安徽教育出版社，2016，43頁，《介紹兩本關於中國畫學的書並論中國的繪畫》。

〔註57〕宗白華：《宗白華全集》（第2卷）〔M〕，合肥：安徽教育出版社，2016，47頁，《介紹兩本關於中國畫學的書並論中國的繪畫》。

〔註58〕宗白華：《宗白華全集》（第3卷）〔M〕，合肥：安徽教育出版社，2016，392頁，《漫話中國美學》，發表於1961年8月19日光明日報上。

〔註59〕宗白華：《宗白華全集》（第3卷）〔M〕，合肥：安徽教育出版社，2016，392頁，《漫話中國美學》，發表於1961年8月19日光明日報上。

〔註60〕宗白華：《宗白華全集》（第3卷）〔M〕，合肥：安徽教育出版社，2016，第607頁，《美學嚮導》寄語。

學史專題」〔註61〕的選修課，並且將課程分為六個專題：一、先秦和漢代工藝美術及古代哲學、文學中表現的美學思想；二、中國建築和園林藝術中表現的美學思想；三、中國古代音樂理論中表現的美學思想；四、中國古代繪畫中表現的美學思想；五、中國古代書法理論中表現的美學思想；六、中國古代文藝理論中表現的美學思想。這表明經過一生的探索與研究，宗白華在晚年搭建了中國美學的基本框架，雖然囿於當時歷史和社會的因素，宗白華沒有寫出「中國美學」的鴻篇巨製〔註62〕，但是他引領著人們打開了做中國美學研究的思路和方法，如運用中西比較的方法，學好外語作為研究的工具，啟示人們重視藝術材料的直接的感性認識，重視藝術和出土文物、不只將眼光侷限在中國的詩文研究，也從幾個方面做出了初步的研究範式；同時宗白華在北京大學培養起了中國美學研究的接班人（如擔任過宗白華助教的葉朗於 1986 年出版了《中國美學史大綱》、2014 年主編了八卷本的《中國美學通史》）等），中國美學的研究在他之後日益蓬勃發展。

（二）「中國藝術精神」（1934）的提出

從二十世紀三十年代起，宗白華由原來對西方文學藝術的關注轉向挖掘中國傳統藝術中蘊藏的生命，宗白華不再像原來那樣對西方藝術中所呈現的生命進行廣泛式關照，而是深入了中國藝術的內部，在《論中西畫法的淵源與基礎》一文中，宗白華針對性地提出了「中國藝術精神」〔註63〕（1934）的概念，他力圖在中國傳統的各大藝術門類當中深刻地發掘出中華民族特定心靈，開闢出一條不同於其他族群特色的藝術道路，宗白華表示，「我的興趣趨向於中華民族在藝術和哲學思想裏所表現的特殊精神和個性」〔註64〕。

〔註61〕宗白華：《宗白華全集》（第 3 卷）〔M〕，合肥：安徽教育出版社，2016，502頁，《中國美學史中重要問題的初步探索》。

〔註62〕宗白華對《中國美學史》的研究和編纂工作最後沒有得到深入，據林同華的回憶，是由於「沒有按照宗先生重視藝術實踐的精深見解和湯用彤先生關於佛教的美學思想的研究方法去嘗試」（《宗白華全集》第 4 山，第 775 頁），因為當時受到「政治掛帥」、文科教材編寫要有明確的意識形態導向（即用唯心主義和唯物主義理論來套入一切）的影響，編寫組內部也產生了學術分歧等因素，導致《中國美學史》的寫作擱淺。

〔註63〕宗白華：《宗白華全集》（二），安徽教育出版社，2016，第 98 頁，《論中西畫法的淵源與基礎》：「謝赫六法以氣韻生動為首目，確係說明中國畫的特點，而中國哲學如《易經》以『動』說明宇宙人生，正與中國藝術精神相表裏。」

〔註64〕宗白華：《中國古代時空意識的特點》，《宗白華全集》，第二卷，〔M〕，合肥：

李澤厚在為《美學散步》所作的序中肯定了「中國藝術精神」的提出為宗白華的首創,「最早明確提出『中國藝術精神』這一理論術語的是五四之子宗白華」〔註65〕,李澤厚稱宗白華美學「相當準確地把握住了那屬於藝術本質的東西,特別是有關中國藝術的特徵。」〔註66〕

宗白華的這種轉向不僅是在其學術目標確立之初即有的決定,而日本對中國的入侵是當時致使宗白華由原本對西方文藝的觀照轉向中國傳統藝術與思想的直接社會歷史原因,民族的危機導致當時的學者們極力想通過振興中國文化來使民族復興。1932年起,宗白華開始發表《介紹兩本關於中國畫學的書並論中國的繪畫》和《徐悲鴻與中國繪畫》等文章,標誌著他的研究重心從原本對西方文學藝術的關注轉向以中國繪畫為代表的傳統生命資源,一直到1952年宗白華被調任至北京大學為止,宗白華在此二十年間筆耕不綴。並且就是在此時期,宗白華通過自己的學術實踐不斷使「中國藝術精神」的形象豐滿,他幾乎探索了中國傳統藝術的各個領域,宗白華「想把所有的藝術寫入中國美學史,他想研究中國藝術的特徵以及發展路線,為了找到中國人民藝術的共同原則」〔註67〕。通過比較研究,宗白華提出了中國藝術線條流動性、高度抽象性和情感生命的表達性等特徵,為「中國藝術精神」的理論做出了充足的支撐。

王一川認為宗白華提出「中國藝術精神」的觀念是受到德國「文化心靈」理論的影響,「主張藝術是特定民族文化心靈的一種形式,是意大利哲學家維柯出版《新科學》(1725)以來歐洲形成的一種思想傳統」〔註68〕。王一川認為黑格爾的「時代精神」理論啟示著宗白華等中國現代學者回到自身的文化背景中尋找中國的藝術精神;另外,王一川認為斯賓格勒的《西方的沒落》對「文化心靈」的闡發直接促發了宗白華等學者去探索不同民族的獨特象徵

安徽教育出版社,2016,第473頁。

〔註65〕陶水平:《20世紀中國藝術精神論的歷史生成也當代發展》,《文藝理論研究》,2019年第3期。

〔註66〕宗白華:《美學散步》,上海人民出版社,1981年。

〔註67〕〔德〕Heinrich Geiger《審美觀與藝術獨立性——朱光潛和宗白華對現代中國美學發展的貢獻》,《美學的雙峰:朱光潛、宗白華與中國現代美學》,葉朗主編,1999年,第118頁。

〔註68〕王一川:《德國「文化心靈」論在中國——以宗白華「中國藝術精神」論為個案》,《美學研究》,2016年3月,第53卷第2期。

形式，而最集中的象徵形式即是藝術，宗白華在《中國詩畫中所表現的空間意識》中直接引用斯賓格勒的《西方的沒落》中「每一種獨立的文化都有他的基本象徵物，具體地表象它的基本精神。在埃及是『路』，在希臘是『立體』，在近代歐洲文化是『無盡的空間』。」〔註69〕。王一川指出宗白華不僅重點探究了中華民族的文化心靈，他還比較了西方古典文化心靈、埃及文化心靈、近代西方文化心靈和中國文化心靈之間的異同，這些比較長期給予宗白華以啟迪。

王岳川在他的《宗白華的散步美學境界》一文中回憶到宗白華晚年對學生說的話：「研究美學，最忌憚的是做空頭的純理論研究，真正有生命的中國美學研究應該將美學研究和中國藝術緊密結合——書法、繪畫、建築、園林、音樂、詩詞等結合起來，才會使美學具有全新的生命力，才會顯現出中國美學精神和中國藝術境界。」〔註70〕章啟群〔註71〕認為宗白華重新發現了中國傳統藝術的時空意識、對中國藝術意境作了精湛絕倫的闡發，揭示出了中國藝術與西方不同的獨特意蘊、內涵和精神；洪毅然〔註72〕則稱宗白華是唯一將中國藝術研究提高到哲學高度的學者。

（三）「中國精神」（1939）的提出

相繼「中國藝術精神」的提出，宗白華又在抗日戰爭時期的 1939 年所寫的《〈中國哲學中自然宇宙觀之特質〉編輯後語》一文中提出了「中國精神」〔註73〕，宗白華試圖探尋中華民族的精神來給予人們力量，他寫到「軍事上最後的勝利已經遙遙在望，繼之者當是這優美可愛的『中國精神』，在世界文化的花園裏而放出奇光異彩。我們並不希求我們的精神征服世界，我們盼望世界上各型的文化人生能各盡其美，而止於其至善，這恐怕也是真正的中國精神」〔註74〕，

〔註69〕宗白華：《宗白華全集》，（第 2 卷）〔M〕，合肥：安徽教育出版社，2016，第420 頁，《中國詩畫中所表現的空間意識》。

〔註70〕王岳川：《宗白華的散步美學境界》，《文藝爭鳴》，2017 年。

〔註71〕章啟群：《「現代的」與「古典的」之我見—分朱光潛與宗白華的一種比較研究》，《哲學研究》1997 年第 5 期。

〔註72〕王德勝：《宗白華評傳》，商務印書館，2001，第 76 頁。

〔註73〕宗白華：《宗白華全集》（二），安徽教育出版社，2016，第 242 頁，《〈中國哲學中自然宇宙觀之特質〉編輯後語》，原載於《時事新報·學燈》，1939 年 10月。

〔註74〕宗白華：《宗白華全集》（二），安徽教育出版社，2016，第 242 頁，《〈中國哲學中自然宇宙觀之特質〉編輯後語》，原載於《時事新報·學燈》，1939 年 10 月。

此時期宗白華對「中國精神」的認識就是其愛好和平、雍容和氣。

1941 年宗白華又發表了其飽含深情的文章《論〈世說新語〉和晉人的美》，在魏晉風骨中宗白華尋找到了對抗時代黑暗的超脫與率真的中國精神，他希望藉此來鼓勵當時飽受欺凌的中國人不要喪失對未來的希望及對美好的追求，因為晉代也同為一個黑暗混亂、民不聊生的時期，那時候的人們卻有著極自由、極解放的精神世界，超越絕俗，簡約玄澹，那個時代人們也創造出了最富於智慧和生命熱情的藝術，書聖王羲之的書法就是極好的代表。晉人無論在生活上還是人格上都閃現著個性主義的光芒，還有他們的生機活潑，對自然、對哲理、對友誼對美的「一往情深」都深受後人緬懷。宗白華呼喚的正是一種強大生命的回歸，整個中華民族精神的抖擻，用以拯救人民於危亡當中。

其實從很早之前，宗白華就開始了對「中國精神」的思考，如關於民族精神的思考，早年前往德國留學的宗白華已經親身感受到了即使在困厄中的德國人，也有一種「盲目樂觀」的精神，不僅青年生氣勃勃，學生積極勤學好問，連老年人的精神也健旺非常〔註 75〕。宗白華說他不擔心中國政治的黑暗，真正擔心的是青年人的未老先衰，毫無勇氣。宗白華依據德國人民氣質中無處不流露出來的「樂觀」精神，宗白華當時就推測擁有那樣盲目樂觀精神的德國必定能夠復興〔註 76〕。他希望中國的青年們也能學習德國青年在艱苦困厄中積極學習工作，努力創造的精神。

宗白華於 1935 年所寫下《唐人詩歌中所表現的民族精神》〔註 77〕也說明了「自信力」這種中國民族精神的重要性，配合著唐朝各個不同時段反映在其詩歌中的民族精神，具體地說明了文學對民族精神的表現，文學和藝術是時代精神最敏銳的一條神經，如宗白華舉例說明大氣磅礡的「出塞曲」是初

〔註 75〕 在發表於 1923 年 4 月《少年中國》上的《致舜生壽昌書》一文中，宗白華以當時已經 60 歲的德國大作家 Hauptmann 為例，說他如何樂觀非常地鼓勵德國人互相瞭解，互相支持，互相友愛。

〔註 76〕 宗白華先生的此篇文章發表於 1922 年 8 月 22 日的《學燈》，時隔近百年之後再回顧宗白華先生的這個寓言式的判斷，堪稱偉大的先見。他預言的應該是當時一戰之後的德國能夠恢復，縱觀這近百年的歷史，德國還從二戰中恢復得非常健康。

〔註 77〕 宗白華：《意境》，商務印書館，2011 年，第 107 頁，《唐人詩歌中所表現的民族精神》，原載《建國月刊》第 12 卷第 6 期，1935。

唐興起和盛唐雄風〔註78〕的典型代表，他舉出一系列的例子，如陳子昂、駱賓王、楊炯、劉希夷、曾參、李白、杜甫等人都寫了很多邊塞送別或者從軍行一類大氣磅礴的詩歌，「出塞曲」成為唐代民族詩歌的結晶；而晚唐的詩壇則充斥著哀怨悱惻的靡靡之音，宗白華以李商隱、杜牧和溫庭筠的作品舉例說明。宗白華指出在唐朝的盛期，不光是詩歌，各類藝術都取得了恢宏的成就，「李杜的詩歌，韓柳的文，龍門的造像，玄奘的智慧，歐、虞、褚、薛、顏、李，尤其是太宗的書法，王維、吳道子、閻立本的畫，無一不表示生命力的發皇和最高美的成就。」〔註79〕因此一個民族的生命與其藝術的生命是貫通的。

宗白華還提出，無論什麼樣式的文藝作品，都能左右民族的思想〔註80〕、轉變民族習性的可能性——它們既能提振民族精神〔註81〕，也能使民族精神趨於消沉。宗白華在《中國古代時空意識特點》一文中明確提出了自己探究中華民族文化精神的追求，他說「我的興趣趨向於中華民族在藝術的哲學思想裏所表現的特殊精神和個性。」〔註82〕因為宗白華看到了精神無處不在的影響和力量，他看到了藝術對精神的表達，對時代精神的反映，這種精神對一個民族積極的反作用的探索反映出了從十九世紀延續到二十世界初的文學界一個集中的問題：如何用複雜的文學、藝術的形式將民族凝聚起來，用美

〔註78〕關於初唐大氣磅礴的詩歌風格，有一種觀點認為其源自北朝草原民族的粗獷之風，類似於北朝名歌《木蘭詩》。歷史學家陳寅恪曾有言：「李唐一族之所以崛興，蓋取塞外野蠻精悍之血，注入中原文化頹廢之軀，舊染既除，新機重啟，擴大恢張，遂能別創空前之世局。」而發展至唐玄宗，他開始主動放棄原本血脈裏的草原身份，強調去除草原民族的野性，主動提出唐朝的正統是從漢朝接續而來的。而在以唐太宗為代表的唐初的皇帝們，都是以南北朝時期的北朝為正統，認為唐朝是從鮮卑人建立的北周帝國一脈繼承發展而來的，唐太宗自己就是驍勇善戰的「天可汗」，而從唐高宗開始，唐朝的皇帝們就再無李世民那樣御馬親征的經驗。

〔註79〕宗白華：《宗白華全集》（第 2 卷）〔M〕，合肥：安徽教育出版社，2016，第231 頁。

〔註80〕黑格爾在其《美學》中就談了很多藝術跟民族性的關係，黑格爾認為在藝術作品中各民族留下了他們的最豐富的見解和思想；美的藝術對於瞭解哲理和宗教往往是一把鑰匙，而且對於許多民族來說，是唯一的鑰匙。藝術之所以異於宗教與哲學，在於藝術用感性形式表現最崇高的東西，因此，使這最崇高的東西更接近自然現象，更接近我們的感覺和情感。

〔註81〕宗白華：《意境》，商務印書館，2011 年，第 107 頁，《唐人詩歌中所表現的民族精神》，原載《建國月刊》第 12 卷第 6 期，1935。

〔註82〕宗白華：《宗白華全集》（第 2 卷）〔M〕，合肥：安徽教育出版社，2016，43頁。

學代替革命。宗白華高度讚揚司徒喬〔註83〕充滿渾樸元氣精神的畫作〔註84〕，稱他的畫不僅美在形象、色調與技法，更因為其透露出的情調、氣氛及絲毫不頹廢的深情與活力，他筆下的形象能夠使人感覺到身體的節拍，引發人們對生命的渴望，這一切在宗白華看來是中華民族所需要的，司徒喬的畫是應該用來作精神教育的。

　　宗白華還指出了民族國家之創造的道路，他說「近代『民族國家』的創造，都愛從自己民族的歷史神話裏窺見自己民族心靈的歷史」〔註85〕，因為近代的民族國家的創造就是從十九、二十世紀的歐洲興起的，現代民族國家的認同感來自共同的語言、傳統的歷史或文化，因此很多詩人、學者、作家都參與到了自己本民族國家的創造之中。宗白華指出歌德的《浮士德》就是這樣的民族神話的代表，「《浮士德》不僅是創造了日爾曼人的民族神話，而且是代表著『近代西洋人』的生命神話了。」〔註86〕德國人由於對浮士德神話的集體認知，而被凝聚成近代民族之林中的一個不斷奮進的國家，宗白華也呼籲中國的詩人作家們擔任起這個民族神話和文化創造的任務。

（四）「中國文化的美麗精神」（1946）的提出

　　宗白華努力發現和發揚中華民族的個性，他於 1946 年撰寫的《中國文化的美麗精神往哪裏去？》〔註87〕（1946），在其中提出「中國文化的美麗精神」，其中包括中國人對自然宇宙旋律「默而識之」的領悟，還有中國人器物不分、溫情默默的生活藝術化態度等。

　　宗白華關於中國民族特性的思考和闡發是從未間斷、不斷深入的，關於中華民族的特質的理論也日漸成熟完善，總的來說，宗白華所論述的「中華

〔註83〕司徒喬（1902～1958）廣東開平人。擅長油畫、素描。司徒喬，原名司徒喬興，開平赤坎鎮塘邊村人。1924 年至 1926 年就讀於燕京大學神學院。1926年在北京中央公園水榭舉辦個人第一次畫展。1928 年赴法國留學，師從寫實主義大師比魯。1930 年赴美國，以繪壁畫為生。翌年回國，任教於嶺南大學。代表作有《放下你的鞭子》、《三個老華僑》、《義民圖》等。

〔註84〕宗白華：《藝境》，商務印書館，2011，第 177 頁，《圉山堡讀書記》。

〔註85〕宗白華：《宗白華全集》（第 2 卷）〔M〕，合肥：安徽教育出版社，2016，第250 頁。

〔註86〕宗白華：《宗白華全集》（第 2 卷）〔M〕，合肥：安徽教育出版社，2016，第250 頁。

〔註87〕宗白華：《宗白華全集》（第 2 卷）〔M〕，合肥：安徽教育出版社，2008，第400 頁，《中國文化的美麗精神往哪裏去？》，作於 1946 年，原載《意境》，未刊本。

民族的美麗精神」可以歸納為以下幾個方面：

　　一、中國人是愛好和平、追求友善的民族。宗白華說「我們並不希求拿我們的精神征服世界，我們盼望世界上各型的文化人生能各盡其美，而止於至善，這恐怕也是真正的中國精神。」〔註88〕宗白華指出火藥和指南針是我們祖先的重大發明，我們的祖先們用火藥是為了創作奇幻的煙花爆竹，用指南針是為了使我們的建築選址更與自然融合，而這兩項技術流傳到西方後，便成為了他們爭奪世界霸權的武器。

　　二、中華民族是充滿智慧的民族，中國人已經掌握了宇宙旋律的秘密，有著從容和諧的時空觀。宗白華指出古代中國人「用音樂裏的五聲配合四時五行，拿十二律分配於十二月，使我們一歲中的生活融化在音樂的節奏中，從容不迫而感到內部有意義有價值，充實而美」〔註89〕，而西方的時空觀有兩種趨向：笛卡爾牛頓之後西方在解析幾何的框架下建立時空觀，即數理之境的物理時空觀；二是對抗這種時空觀的柏格森的純粹時間觀。中國人不同於西方人，有「象」的觀念統攝時空觀，因此中國人的時空是合一的，宗白華談及中國人的時空觀形成於天長日久的農耕生活，代表空間的「宇」是「屋宇」，是農人居住的農舍，代表時間的「宙」，是由在「宇」中出入往來，「中國古代農人的屋舍就是他的世界。他們從屋宇得到空間觀念。從日出而作，日落而息，由宇中出入而得到時間觀念。空間、時間合成他的宇宙而安頓著他的生活」〔註90〕中國人從容有節奏地生活，世界對於他而言沒有時間和空間的分割，「我們有『天地為廬』的宇宙觀。老子曰：『不出戶，知天下。不窺牖，見天道』」〔註91〕，中國人有萬物皆備於我的從容智慧。在這樣的時空一體不割的生活方式中，「中國人在天地的動靜、四時的節律，晝夜的來復，生長老死的綿延，感覺到宇宙是生生而具有條理的。這『生生而條理』

〔註88〕宗白華：《宗白華全集》（二），安徽教育出版社，2016，第242頁，《〈中國哲學中自然宇宙觀之特質〉編輯後語》，原載於《時事新報・學燈》，1939年10月。

〔註89〕宗白華：《宗白華全集》（第2卷）〔M〕，合肥：安徽教育出版社，2008，第401頁，《中國文化的美麗精神往哪裏去？》，作於1946年，原載《意境》，未刊本。

〔註90〕宗白華：《宗白華全集》，（第2卷）〔M〕，合肥：安徽教育出版社，2016，第431頁，《中國詩畫所表現的時空意識》。

〔註91〕宗白華：《宗白華全集》，（第2卷）〔M〕，合肥：安徽教育出版社，2016，第429頁，《中國詩畫所表現的時空意識》。

就是天地運行的大道，就是一切現象的體和用」〔註92〕這就是《易經》中體
現出來的宇宙觀，這樣的思維方式和哲學也影響了中國的藝術，中國的藝術
家所創作出來的藝術境界也是時空合一的，建築的空間感和音樂的時間感統
一，「一個充滿音樂情趣的宇宙（時空合一體）是中國畫家、詩人的藝術境
界」〔註93〕。

　　三、中國人追崇道器不分，天人合一。西方重認識論，追求對對象清晰
的、確定的認識；而中國人重本體論，重視體驗，重視感性，重視主體的感
受。中國人喜歡將領悟到的宇宙旋律秘密之「道」表現在日常生活的器皿當
中，使至高無尚的「道」充滿著日常生活的溫度。宗白華經常引用中國技術
和藝術美學的結晶之作《考工記》來說明中國人器物不分的態度，《考工記》
是中國古代科學技術體系的奠基之作，《考工記》對中國古代的青銅藝術、
車輛製作，弓箭製作，鐘、鼓、磬等樂器製造、皮革柔質處理及上色，宮室
的規劃與設計等都有記載，顯示出中國人民偉大創造精神。宗白華提出我們
應該「給予技術以精神的意義，這就是給予美感，就像我國古代的工藝那樣」
〔註94〕。宗白華說「我們又把這旋律裝飾到我們日用器皿上，使形下之器啟
示著形上之道（即生命的旋律）。」〔註95〕中國人不將生活中的器皿只當作
役使的工具，而將自己的宇宙情懷和生命熱情注入其中，高超的器具製作工
藝還使得生活之中的鼎、爵、釜、尊、杯、盞等成為天地的象徵。宗白華借
用斯賓格勒在《人與技術》中的話分析西方出現各種問題的根源不僅在於人
們把技術用於武器的製造而忽視了其本身的戰略意義，更在於人類精神道德
的發展未能趕上近代技術的運用，即「道」與「器」分離了，新技術產生了
而與之相適應的技術倫理尚未出現，「（技術）運用得不當，在野蠻人的手中
自然可以摧毀一切人類文化……這個責任卻不該由技術來負，而是應該由哲

〔註92〕宗白華：《宗白華全集》，（第2卷）〔M〕，合肥：安徽教育出版社，2016，第
　　　　410頁，《藝術與中國社會》，原載於《學識》雜誌，1947年出版。

〔註93〕宗白華：《宗白華全集》，（第2卷）〔M〕，合肥：安徽教育出版社，2016，第
　　　　431頁，《中國詩畫所表現的時空意識》。

〔註94〕宗白華：《宗白華全集》（第2卷）〔M〕，合肥：安徽教育出版社，2016，第
　　　　181頁，《技術與藝術——在復旦大學文史地學會上的演講》，原刊登於《時
　　　　事新報·學燈》（渝版）第8期（1938年7月24日），《文史地》專頁第2期。

〔註95〕宗白華：《宗白華全集》（第2卷）〔M〕，合肥：安徽教育出版社，2008，第
　　　　401頁，《中國文化的美麗精神往哪裏去？》，作於1946年，原載《意境》，
　　　　未刊本。

學來負的」〔註96〕。宗白華在《中國文化的美麗精神往哪裏去？》的文章末尾處指出近代西方人在科學技術方面處於優勢的地位，征服了自然，但他們不肯體會人類全體共同生活的旋律美，不肯提攜全世界的生命，而以廝殺暴露出人性的醜惡。相比之下，中國人熱愛追求真理，也熱愛日常的生活，喜歡玄妙，也愛現實世界，中國人永遠不會將這兩方面對立起來，不會物我兩分，也不會將自己跟自然宇宙對立起來，追求的是天人和一的境界。「在中國文化裏，從最低層的物質器皿，穿過禮樂生活，直達天地境界，是一片混然無間，靈肉不二的大和諧，大節奏。」〔註97〕這其中體現了與西方「兩分」不同的「天人合一」的思想：中國道器不兩分，中國人從日常生活之器，平時行為之禮，直達道德、宗教與美，日常生活與至高生命始終共存為一。

（五）「美學的散步」（1957）之提出及實踐

1952 年當宗白華被從南京中央大學調到北京大學的沒多久後，宗白華就以「散步」的態度遊走在未名湖畔。1957 年，宗白華在其發表的文章《美學的散步》中提出了「散步哲學」、「散步美學」〔註98〕的哲學思想，「散步」的姿態原本是宗白華對 1957 年的反右整風運動的回應，宗白華拒絕在「反右」運動上批判其他知識分子，更不願意落井下石。1958 年的美學大討論時，宗白華既沒有參與美學的爭論，也不熱衷美的本質問題的討論，同時宗白華也不隨大流批判高爾泰和朱光潛〔註99〕。宗白華自己在晚年被貼上了資本主義「中央大學名教授」的標籤，雖然飽受壓制宗白華卻能夠人不知而不慍，悠然恬淡地生活。一切盡於不言中，宗白華寧願選擇緘默和自我放逐，也不會

〔註96〕 宗白華：《宗白華全集》（第 2 卷）〔M〕，合肥：安徽教育出版社，2016，第165 頁，《近代技術的精神價值》，原刊登於《新民族》，第 1 卷第 20 期，1938年 7 月 10 日。

〔註97〕 宗白華：《藝境》，商務印書館，2011，《藝術與中國社會》，第 239 頁。

〔註98〕 宗白華：《美學的散步》，原載於《新建設》，1957 年第 7 期。

〔註99〕 宗白華和朱光潛作為「美學雙峰」，有太多相同之處和聯繫。宗白華與朱光潛都為安徽安慶人，兩人都於 1897 年誕生，又在同一年 1986 年逝世，青年時期留學歐洲，二人晚期都任教於北大哲學系成為同事、朋友。另外，兩位美學家在新文化運動時期都擔任了雜誌的編輯——宗白華擔任過《少年中國》、《學燈》和《時事新報》的編輯；朱光潛則擔任開始名為《一般》後名為《中學生》雜誌的主編。二人擔任編輯期間同時也為雜誌供稿，其文章都體現出了他們當時的精神面貌，同時也反映出他們有目的性的對整個社會（尤其是年青人們）的教育意圖。

違背自己的良心。從此之後，宗白華就以「散步」的遺世獨立的美學姿態在中國現代美學史上。「散步」不僅是宗白華美學理論的一種創新，還是他的一種人生態度。「散步」既表現出宗白華行雲流水的美學研究風格，也是他遺世獨立、超然達觀人生態度的顯示。

20 世紀 80 年代，中國掀起了另一場美學熱，1981 年 5 月上海人民出版社編輯出版了《美學散步》，林同華以「散步」為題為宗白華編輯選集，從此「散步」成為了宗白華美學的一個風格。李澤厚此時期為《美學散步》所寫的序言對宗白華的美學思想進行了高度評價，強調了宗白華美學思想的特色是「帶著情感的直觀把握」〔註100〕，認為宗白華以詩人的敏銳和近代人的感受，直觀式地牢牢把握住了中國傳統美學的「靈魂」。《美學散步》出版後，宗白華的思想逐漸成為學術研究的熱點，引來眾多研究者的學術興趣。如呂光明〔註101〕就將宗白華的散步風格跟流動美學相結合，指出宗白華的「散步」是一種中西美學融合的歷史過程的產物，這種散步的風格主要表現在宗白華不偏重思辨邏輯的審美思維和他善於用優美的、散文式的語言之筆墨情趣兩方面。

（六）中國文化「走出去」（1980s）

宗白華在引進西方學術方面做出了重要貢獻的同時，還是中國文化「走出去」的堅實倡導者，早在留學德國期間，宗白華就提出使「東西方文化結婚」〔註102〕的觀點，這來自 1920 年聖誕節前夕宗白華給《學燈》欄目寄回的《自德見寄書》一文中，宗白華在文中談自己初到歐洲兩個來月的體會，他驚喜的發現當國內向西方學習的文化運動很勝之時，歐洲人正在就一戰的失敗而反思歐洲文化的問題，積極介紹和讚美東方文化，用以療治西方社會的問題，他將這種現象稱為「東西對流」〔註103〕。這讓他清楚地意識到大不應該有文化和民族自卑主義的情節，兩種文化本來就應該取長補短，共同進步，天下大同。因為宗白華認為東方文化是一種靜觀的文化，西方文化進取

〔註100〕宗白華：《美學散步》，上海人民出版社，1981 年，第 2 頁。
〔註101〕呂光明：《試論宗白華散步學派的美學風格》，《內蒙古社會科學（文史哲版）》，1989.06。
〔註102〕宗白華：《宗白華全集》（一），安徽教育出版社，2016，第 320 頁，《自德見寄書》，原刊登於 1921 年 2 月 11 日《時事新報‧學燈》。
〔註103〕宗白華：《宗白華全集》（一），安徽教育出版社，2016，第 320 頁，《自德見寄書》，原刊登於 1921 年 2 月 11 日《時事新報‧學燈》。

運動〔註104〕，當靜觀的文化主導太久而使中國停滯不前時，中國需要借西方的動來促發，隨之俱動；而動的文化主宰西方太久之導致躁動和戰爭時，疲倦的西方社會也自然會仰慕東方的靜觀的世界。1921 年 2 月 15 日，宗白華與王光祈在法蘭克福建立了中德文化研究會，辦會宗旨是為了將德國文化傳回中國，同時將中國文化傳播到德國，促進這種文化的對流。

宗白華在任教期間，更是不斷向學生們傳達中國文化「走出去」的觀點，王岳川在他的《宗白華的散步美學境界》一文中回憶到「在未名湖他（宗白華）昏暗的家中，他對我說：『如果說 20 世紀 30 年代是『開窗』，讓歐風美雨進入風雨如磐的舊中國，那麼 20 世紀 80 年代就應該『開門』，讓中國文化走向世界。』」〔註105〕

宗白華的這種理論創新的勇氣和魄力是我們後輩們應該學習的，這是中國美學賴以發展的源動力，如在宗白華提出「中國美學」的範疇後，儘管他最後沒有完成自己「中國美學」宏大體系的建構，但為後來的研究者鋪平了道路，如李澤厚於 80 年代出版了《美的歷程》、《中國美學史》（第一卷和第二卷）、葉朗也於 1986 年出版了《中國美學史大綱》……「中國美學」的研究在宗白華之後得到了熱烈的探討和研究，「中國美學通史著作出現了三十餘部，斷代史、範疇史、審美文化史和各門藝術美學史則數不勝數……中國美學終於迎來了『著作如林，學者蜂起』的繁盛景象。」〔註106〕

〔註104〕關於宗白華將東方文化總結為靜觀文化，西方文化總結為「動」之文化，郭沫若很快就寫了信進行了反駁，他稱中國文化中也有非常積極進取的方面，如儒家的「修身齊家治國平天下」的追求；也指出西方代表文化的希臘文化其實被認為是一種酒神動的精神與太陽神靜的精神結合的文化。

〔註105〕王岳川：《宗白華的散步美學境界》，《文藝爭鳴》，2017 年。

〔註106〕趙強：《中國美學的現代出場及蟬蛻軌跡》，《文藝理論研究》，2019 年第 4 期。

參考文獻

一、專著

1. 方東美，生命的情調與美感，中國人生哲學〔M〕，浙江人民出版社，2019。

2. 胡適著，胡頌平編，年譜長編初稿〔M〕，臺灣聯經出版公司，1984。

3. 姜勇，宗白華美學與現代新儒學〔M〕，人民出版社，2018。

4. 劉萱，自由生命的創化——宗白華美學思想研究〔M〕，遼寧人民出版社，2013。

5. 林同華，宗白華美學思想研究〔M〕，遼寧人民出版社，1987。

6. 歐陽文風，現代性視野下的宗白華詩學研究〔M〕，電子科技大學出版社，2014。

7. 彭品榮，以「遊」入「境」——宗白華「散步美學」研究〔M〕，四川大學出版社，2018。

8. 時宏宇，宗白華與中國當代藝術學的建設〔M〕，山東人民出版社，2014。

9. 汪裕雄，桑農，藝境無涯——宗白華美學思想臆解〔M〕，安徽教育出版社，2002。

10. 王岳川，宗白華學術文化隨筆〔M〕，中國鐵道出版社，1996。

11. 王岳川，藝術本體論〔M〕，中國社會科學出版社，2005。

12. 王岳川，發現東方〔M〕，北京大學出版社，2011。

13. 王岳川，文化輸出——王岳川訪談錄〔M〕，北京大學出版社，2011。

14. 王岳川，大學中庸講演錄〔M〕，廣西師範大學出版社，2009。

15. 王岳川、胡淼森，文化戰略〔M〕，復旦大學出版社，2010。

16. 王國維,人間詞話〔M〕,上海古籍出版社,1998。

17. 王德勝,宗白華評傳〔M〕,商務印書館,2001。

18. 王德勝,宗白華美學思想研究〔M〕,商務印書館,2012。

19. 汪裕雄、桑農,藝境無涯——宗白華美學思想臆解〔M〕,安徽教育出版社,2002。

20. 蕭湛,雙峰並峙 二水分流——朱光潛宗白華美學比較研究〔M〕,中國社會科學出版社,2011。

21. 雲慧霞,宗白華評傳 M〕,黃山書社,2016。

22. 雲慧霞,宗白華文藝美學思想研究〔M〕,中國社會科學出版社,2009。

23. 葉朗,美學的雙峰——朱光潛、宗白華與中國現代美學〔M〕,安徽教育出版社,1999。

24. 宗白華,宗白華全集(1、2、3、4)〔M〕,安徽教育出版社,2016。

25. 宗白華,藝境〔M〕,北京大學出版社,2003。

26. 宗白華,美學散步〔M〕,上海人民出版社,1981。

27. 宗白華,美學的境界〔M〕,文化發展出版社,2018。

28. 鄒士方,宗白華評傳(上、下)〔M〕,西苑出版社,2013。

29. 朱光潛,西方美學史〔M〕,商務印書館,2011。

30. 張澤鴻,宗白華現代藝術學思想研究〔M〕,文化藝術出版社,2015。

31. 〔俄〕巴赫金著,白春仁、曉河譯,小說理論〔M〕,河北教育出版社,1998。

32. 〔希〕赫西俄德,工作與時日〔M〕,商務印書館,1991。

33. 〔希〕亞里士多德,吳壽彭譯,形而上學〔M〕,商務印書館,1997。

34. 〔希〕柏拉圖,郭斌和、張竹明譯,理想國〔M〕,商務印書館,1986。

35. 〔希〕柏拉圖,王太慶譯,會飲篇〔M〕,商務印書館,2013。

36. 〔印〕巫白慧譯解,梨俱吠陀神曲選〔M〕,商務印書館,2010。

37. 〔德〕鮑姆嘉通,簡明、王旭曉譯,美學〔M〕,文化藝術出版社,1987。

38. 〔德〕黑格爾,朱光潛譯,美學(第一卷)〔M〕,商務印書館,2015。

39. 〔德〕席勒,張玉能譯,審美教育書簡,譯林出版社,2009。

40. 〔德〕西美爾,人類困境中的審美精神〔M〕,東方出版社,1994。

41. 〔德〕尼采,瞧!這個人〔M〕,中國和平出版社,2008。

42.〔德〕尼采，孫周興譯，悲劇的誕生〔M〕，商務印書館，2012。

43.〔德〕狄爾泰著，胡其鼎譯，體驗與詩〔M〕三聯書店，2003。

44.〔德〕維爾納‧桑巴特，王燕平、侯小河譯，奢侈與資本主義〔M〕，上海人民出版社，2000。

45.〔德〕叔本華，叔本華思想隨筆〔M〕，上海人民出版社，2005。

46.〔德〕馬爾庫塞，愛欲與文明，〔M〕，上海譯文出版社，2005。

47.〔法〕亨利‧伯格森著，肖聿譯，創造進行論〔M〕，華夏出版社，2000。

48.〔法〕汪民安編，福柯文選 1：聲名狼藉者的生活〔M〕，北京大學出版社，2015.11。

49.〔加〕埃克伯特‧法阿斯，閻嘉譯，美學譜系學〔M〕，商務印書館，2011。

50.〔美〕克里斯平‧薩特韋爾，鄭叢容譯，美的六種命名〔M〕，南京大學出版社，2017。

51.〔美〕理查德‧舒斯特曼，程相占譯，身體意識與身體美學〔M〕，商務印書館，2011。

52.〔美〕理查德‧舒斯特曼，彭鋒，等譯，生活即審美〔M〕，北京大學出版社，2007。

53.〔英〕科林‧伍德，王至元、陳華中譯，藝術原理〔M〕，中國社會科學出版社，1985。

54.〔意〕吉奧喬‧阿甘本，吳冠軍譯，神聖人：至高權力與赤裸生命〔M〕，中央編譯出版社，2016。

55. Aristotle. The Complete Works of Aristotle: The Revised Oxford Translation Aristotle〔M〕. Princeton: Princeton University Press（1984）.

56. Bertolt Brecht. Short Organon from Brecht on Theatre〔M〕. Berlin: Suhrkamp Verlag（1957）.

二、期刊

1. 車孟傑，世說新語時代與宗白華的魏晉情懷〔J〕，廈門廣播電視大學學報，2016.03。

2. 曹成竹，20 世紀 20～40 年代：宗白華美學的「悲劇」維度〔J〕，中國圖書評論，2016.12。

3. 蔡洞峰，中國藝術的生命精神——宗白華對中國美學與藝術的新闡釋〔J〕，貴州大學學報（藝術版），2019.08。

4. 陳望衡，宗白華的生命美學觀〔J〕，江海學刊，2001.01。

5. 陳贇，以人道顯天道：論《中庸》誠的思想〔J〕，齊魯學刊，2008.02。

6. 陳捷，論《學燈》主編宗白華與郭沫若的新詩創作〔J〕，南京理工大學學報，2020.10。

7. 陳旭光，論中國藝術學研究的「宗白華經驗」〔J〕，藝術學研究，2020.04。

8. 陳詳明，宗白華對中國繪畫美學傳統的詮釋與拓新〔J〕，安徽電氣工程職業技術學院學報，2018.12。

9. 陳少卉，佛教接受與宗白華美學思想的形成〔J〕，雲夢學刊，2017.07。

10. 陳怡冉、陳暢，從宗白華《美學散步》淺析中國園林建築藝術中的美學思想〔J〕，城市建築，2020.04。

11. 陳晗蜜，宗白華美學中的莊子之「道」〔J〕，文化學刊，2020.06。

12. 鄧家林，生命之舞——宗白華先生論中國藝術的審美靈境〔J〕，河北大學學報，1998.06。

13. 顧春芳，宗白華美學思想的超然與在世〔J〕，中國文學批評，2019.01。

14. 高蕊，生命律動——論宗白華美學研究的核心〔J〕，遼寧師專學報，2009.05。

15. 高譯，宗白華《藝境》中的美學思想探析〔J〕，北京大學學報，2016.11。

16. 戴孝軍，生命的建築——宗白華的建築美學思想研究〔J〕，美與時代，2011.12。

17. 冀賀，宗白華之「錯采鏤金」與「初發芙蓉」的美學思想探究〔J〕，延邊教育學院學報，2020.06。

18. 何明星，從宗白華論《世說新語》看散步式美學風格的形成〔J〕，湖北大學學報，2002.09。

19. 胡繼華，宗白華的節奏論美學批評〔J〕，文藝理論與批評，2006.03。

20. 胡繼華，守護古典藝術的餘蘊——宗白華「氣韻生動說」簡論〔J〕，美術觀察，2005.06。

21. 胡玲玲，美從何處尋？——福柯生存美學與宗白華生命美學的比較〔J〕，論壇，2008.12。

22. 何咪，藝術與生命意境——宗白華美學思想探析〔J〕，名作欣賞，2017.29。

23. 韓模永，「藝境」別解——從〈流雲〉之「流」看藝境〔J〕，宿州學院學報，2005.10。

24. 韓清玉，文學圖像學視域下的宗白華詩畫關係論〔J〕，內蒙古社會科學（漢文版），2018.11。

25. 韓盼山，宗白華的書法美學思想〔J〕，書畫藝術，2005.12。

26. 賀根民，宗白華的「晉人之美」言說〔J〕，美育學刊，2013.11。

27. 金浪，歷史斷裂處的魏晉想像——在抗戰語境下重讀《宗白華論〈世說新語〉和晉人的美》〔J〕，文藝理論研究，2021.02。

28. 金浪，儒家禮樂的美學闡釋——兼論抗戰時期朱光潛與宗白華的美學分野〔J〕，文藝爭鳴，2016.11。

29. 金雅，宗白華的「藝術人生觀」及其生命詩情〔J〕，藝術百家，2015.11。

30. 江冬梅，宗白華藝術理論對柏格森的接受和超越〔J〕，江漢論壇，2011.11。

31. 姜勇，論宗白華生命美學的本土環境〔J〕，華夏文化論壇，2006。

32. 孔令科，論舞臺美術設計的形式美〔J〕，大眾文藝，2009 年（23）。

33. 劉成紀，向美還歸——散步美學對 20 世紀中國美學的貢獻〔J〕，求是學刊，2000.01。

34. 李春娟，宗白華與方東美對中國藝術結構的現代詮釋〔J〕，合肥學院學報（綜合版），2019.01。

35. 李宏圖，西方思想史研究方法的演進〔J〕，浙江學刊，2004.01。

36. 李冰封，宗白華生命美學的哲學底蘊〔J〕，文學教育，2008.02。

37. 李丹，《流雲》「動象的表現」之「宇宙詩」〔J〕，中國文學研究，2013.03。

38. 李紅梅，宗白華與西方生命哲學〔J〕，青海師範大學學報（哲學社會科學版），2004 年第 3 期。

39. 李時，唯美者的散步——宗白華生命美學方法論評析〔J〕，瀋陽大學學刊，2002.09。

40. 李衍柱，生命藝術化，藝術生命化——宗白華的生命美學新體系〔J〕，文學評論，1997.03。

41. 李也，論藝術自我的空靈與充實〔J〕，今古文創，2021.03。

42. 李曉華，宗白華的意境論之虛與實〔J〕，阜陽職業技術學院學報，2020.03。

43. 李曉華、韓清玉，論歌德對宗白華藝術人生觀的影響〔J〕，河南科技學院學報，2020.03。

44. 李建盛，中國傳統與現代性張力中的宗白華美學〔J〕，中國文學研究，2014.07。

45. 黎見春，建國初期知識分子我批評現象析論〔J〕，長春大學學報，2009.02。

46. 魯芳，論儒家「誠」的起源〔J〕，湖南師範大學社會科學學報，2004.04。

47. 柳福兵，草書與抽象表現主義——兼論「現代書法」的無名化〔J〕，書法，2017.06。

48. 柳士軍，「莎士比亞是最大的人心認識者」——宗白華與莎士比亞〔J〕，戲劇文學，2014.12。

49. 呂光明，試論宗白華散步學派的美學風格〔J〕，內蒙古社會科學（文史哲版），1989.06。

50. 劉鋒傑，朱光潛與宗白華：美學雙峰的並峙性〔J〕，安徽師範大學學報，2011.07。

51. 劉強強，「生生而條理」——宗白華形而上學與藝術〔J〕，美育學刊，2019.05。

52. 劉子琪，由宗白華《美學散步》論中國藝術中的「虛」與「實」〔J〕，藝術百家，2016.12。

53. 劉悅笛，比較美學視野中的「意境說」——以朱光潛和宗白華為例〔J〕，安徽大學學報，2008.09。

54. 劉紹瑾、石了英，宗白華散步美學中的「老莊藝術精神」〔J〕，江漢論壇，2010.03。

55. 劉繼潮，俞劍華與宗白華——反思科學主義對古典畫論研究的影響〔J〕，書畫藝術，2020.02。

56. 馬建高，民初美學的引進及中國化歷程〔J〕，社會科學輯刊，2019.05。

57. 穆紀光，宗白華與敦煌藝術研究——兼議敦煌藝術研究的哲學方法〔J〕，文藝爭鳴，1996。

58. 歐陽文風，現代形態的文化詩學——論宗白華的美學思想〔J〕，文藝理論研究，2002.03。

59. 歐陽文風、周秋良，感悟詩學現代轉型之可能性及其意義——以王國維、

宗白華的詩學探索為例〔J〕，文學評論，2007.01。

60. 歐陽文風、周秋良，宗白華對意境理論的拓展〔J〕，暨南學報，2005.11。

61. 彭鋒，宗白華美學與生命哲學〔J〕，北京大學學報（哲學科學版），2000.02。

62. 彭鋒，氣韻與光影——兼談宗白華的中國現代美學建構方式〔J〕，文藝爭鳴，2017.03。

63. 屈小娥、馬永寬，追尋宗白華生命美學的哲學底蘊〔J〕，文學教育，2010.04。

64. 屈行甫，宗白華的藝術本體論研究——基於《周易》生命條理思想的視角〔J〕，中國文學研究，2016.04。

65. 屈行甫，從革卦和鼎卦看宗白華對中國藝術時空意識的研究〔J〕，湖北社會科學，2015.12。

66. 任玉強，宗白華、聞一多新詩「繪畫美」理論的比較分析〔J〕，太原大學學報，2006.03。

67. 侶同壯，生命之「動」——宗白華與莊子美學的現代進程〔J〕，湘潭大學學報，2010.03。

68. 邵洋，宗白華的意境論及其獨特的美學內涵探析〔J〕，蘭州教育學院學報，2019.07。

69. 孫宗美，「意境」與道家思想——中國現代美學研究範例論析〔J〕，武漢大學學報，2014.11。

70. 時宏宇，道、氣、象、和的生命流動——宗白華生命哲學的構建〔J〕，東嶽論叢，2012.11。

71. 時宏宇，宗白華論中國藝術的基本象徵物：時間化的空間意識〔J〕，東嶽論叢，2010.02。

72. 時宏宇，海德格爾與宗白華藝術觀的超越式互補探析〔J〕，山東社會科學，2014.04。

73. 唐莉，二元關係‧生命美學‧自由精神——論宗白華散步美學的潛邏輯體系〔J〕，天府新論，2005.06。

74. 唐善林，差異中匯通——宗白華與鄧以蟄「書畫同源」觀之啟示〔J〕，貴州大學學報（社會科學版），2013.04。

75. 唐善林，「情感生命」與「心靈自我」——宗白華與鄧以蟄書法美學思想

之比較〔J〕，求是學刊，2014.04。

76. 唐善林，「生命的律動」──宗白華「六法」繪畫美學思想探微〔J〕，文藝爭鳴，2017.03。

77. 童強，拯救感性──宗白華美學精神在今天的啟示〔J〕，中國圖書評論，2017.12。

78. 田智詳，人格境界的追求：宗白華意境理論的核心〔J〕，名作欣賞，2009.05。

79. 湯擁華，方東美與宗白華生命美學的「轉向」〔J〕，江西社會科學，2007.01。

80. 湯擁華，宗白華與「中國形上學」的難題〔J〕，文藝爭鳴，2017.03。

81. 湯擁華，宗白華與「中國美學」的困境一個反思性的考察〔M〕，北京大學出版社 2010。

82. 湯擁華，氣韻生動：在鄧以蟄與宗白華之間〔J〕，文藝理論研究，2007.05。

83. 湯擁華，「古雅」的美學難題──從王國維到宗白華、鄧以蟄〔J〕，浙江社會科學，2008.07。

84. 田智祥，宗白華的精神人格與美學之路〔J〕，南開大學出版社，2010。

85. 陶水平，20 世紀「中國藝術精神」論的歷史生成與當代發展〔J〕，文藝理論研究，2019.05。

86. 王岳川，宗白華的散步美學境界〔J〕，文藝爭鳴，2017.01。

87. 王一川，德國「文化心靈」論在中國──以宗白華「中國藝術精神」論為個案〔J〕，美學研究，2016.03。

88. 王一川，現代藝術理論中的『中國藝術精神』〔J〕，東北師大學報（哲學社會科學版），2016.03。

89. 王婧，《美學散步》中的生命美學思想探討〔J〕，美與時代，2013.06。

90. 王有亮，徘徊於審美與啟蒙、傳統與現代之間──鄧以蟄與朱光潛、宗白華比較〔J〕，福建論壇：人文社會科學版，2003.01。

91. 王雲亮，宗白華中國畫理論的「寫實」一詞〔J〕，美術研究，2009.02。

92. 王明居，宗白華先生的周易美學研究〔J〕，安徽師大學報，1997.02。

93. 王德勝，闡揚生命運動表現的理論──宗白華藝術審美理論中的「動」〔J〕，文藝爭鳴，2017.03。

94. 王德勝，意境：虛實相生的審美創造──宗白華藝術意境觀略論〔J〕，

文藝爭鳴，2011.09。

95. 王德勝，意境的創構與人格生命的自覺——宗白華美學思想核心簡論〔J〕，廈門大學學報，2004。

96. 王德勝，「心裏藏著一個世界」——宗白華的人生理想與實踐〔J〕，求是學刊，2002.07。

97. 王婧，《美學散步》中的生命美學思想探討〔J〕，美與時代，2013.06。

98. 王懷義，從易象到意象——宗白華論《周易》與意象的創構〔J〕，學術界，2019.07。

99. 王向峰，從《周易》到宗白華的意象論——中國意象範疇的歷史分析〔J〕，遼寧大學學報，2003.03。

100. 王冰冰、文學武，宗白華的早期理論白哲學觀：同情與懺悔〔J〕，上海文化，2016.10。

101. 王冰冰、文學武，從康德到馬克思：宗白華的哲學轉向〔J〕，人民論壇學術前沿，2019.03。

102. 汪莉，宗白華與熊秉明書法論比較研究——以生命體為例〔J〕，美與時代（下），2020.10。

103. 汪裕雄，審美靜照與藝境創構——宗白華藝境創構論評析〔J〕，安徽大學學報，2001.12。

104. 蕭湛，何種「人生的藝術化」？——朱光潛、宗白華美育理論之比較〔J〕，美育學刊，2012.11。

105. 蕭湛、陳龍，中國美學如何從宗白華與朱光潛「接著說」〔J〕，中國高校社會科學，2019.01。

106. 蕭曉陽，宗白華意境說的江南地域詩學淵源〔J〕，文藝研究，2015.12。

107. 肖鷹，宗白華的美學精神〔J〕，汕頭大學學報，1997.06。

108. 葉朗，從「美在意象」談美學基本理論的核心區如何具有中國色彩〔J〕，文藝研究，2019.08。

109. 葉雋，宗白華的留德經歷及其對德國社會的體驗〔J〕，德國研究，2006.02。

110. 雲慧霞，宗白華與德國生命哲學〔J〕，求是學刊，2003.03。

111. 雲慧霞，浮士德精神與審美現代性問題——試論宗白華對歌德之人生啟示的研究〔J〕，內蒙古大學學報，2003.05。

112. 閆月珍，意境：一個範疇的現代旅行蹤跡——以王國維、宗白華與李澤厚為例〔J〕，蘭州大學學報，2010.03。

113. 袁濟喜，論宗白華的魏晉美學解讀〔J〕，中國人民大學學報，2003.07。

114. 樂愛國，朱熹論《中庸》之「誠」〔J〕，徐州工程學院學報，2013.07。

115. 於民雄，淺說誠——以先秦儒家經典為例〔J〕，貴州文史叢刊，2008.04。

116. 楊琦，人格美的探索與實踐——論宗白華對歌德思想的美學詮釋〔J〕，美與時代（下），2017.04。

117. 楊勝剛，宗白華《流雲小詩》對宇宙生命本體幽深體悟與傳達〔J〕，廣東外語外貿大學學報，2015.11。

118. 曾繁仁，「氣本論生態——生命美學」的發現及其重要意義〔J〕，文學評論，2014.01。

119. 張廣軍，淺析敦煌壁畫中的線條之美〔J〕，文藝生活，2018.5。

120. 張澤鴻，「藝境」新詮——兼析宗白華美學的生命哲學傾向〔J〕，西南民族大學學報，2011.09。

121. 張澤鴻，宗白華與鄧以蟄的藝術學思想比較〔J〕，貴州大學學報（藝術版），2012.01。

122. 張澤鴻，宗白華美學建構中的英美思想傳統〔J〕，美育學刊，2021.03。

123. 張澤鴻、吳家榮，方東美與宗白華藝術學思想之比較〔J〕，美與時代（下），2012.01。

124. 張澤鴻，論宗白華的藝術史觀〔J〕，東南大學學報（哲學社會科學版），2011.03。

125. 張澤鴻，宗白華藝術學：經驗、方法與問題〔J〕，藝術學研究，2020.04。

126. 張澤鴻，現代語境下藝術學與美學「分合之爭」的反思——以宗白華為例〔J〕，山西師大學報，2014.03。

127. 張澤鴻，論宗白華的中國藝術精神研究〔J〕，美與時代，2010.04。

128. 張生，宗白華中國藝術批評中的康德因素〔J〕，中國高校社會科學，2021.01。

129. 張生，「借外人的鏡子照自己的面孔」——談「文化批評家」宗白華對中國文化的批評〔J〕，社會科學，2020.03。

130. 張節末，論宗白華中國美學理念的形而上學品格〔J〕，文藝研究，2002.09。

131. 張東東、程革，蕭友梅、宗白華對中國古代音樂的美學關切〔J〕，文藝爭鳴，2019.07。

132. 張興成，中國書法的哲學基礎與文化特質〔J〕，文藝研究，2013.11。

133. 張曉蒙，讀宗白華《美學散步》看「空間與意境」關係在舞臺美術中的運用〔J〕，大眾文藝，2019.06。

134. 張鵬，傅抱石抗戰客蜀時期之交遊對其故實畫創作影響考述——以郭沫若、宗白華等為主要研究對象〔J〕，美術觀察，2019.01。

135. 張慧，宗白華中西空間意識比較論述評〔J〕，中國社會科學院研究生院學報，2000.07。

136. 張國芳，論宗白華藝術本質觀〔J〕，東南大學學報，2013.10。

137. 趙強，中國美學的現代出場及蟬蛻軌跡〔J〕，文藝理論研究，2019.04 期。

138. 趙海燕，20 世紀多維理論神界中的意境說〔J〕，鹽城師範學院學報（人文社會科學版），2010.05。

139. 趙士林，宗白華美學思想的文化價值〔J〕，文藝研究，2007.04。

140. 趙學存，論宗白華審美主義批評精神〔J〕，學術界，2014.02。

141. 章啟群，重估宗白華——建構現代中國美學體系的一個範式〔J〕，文學評論，2002.07。

142. 曾永成，從懷特海看宗白華美學的世界性品格〔J〕，河北學刊，2016.07。

143. 鄭易焜，宗白華與錢鍾書書詩畫論比較〔J〕，寧夏大學學報，2020.01。

144. 朱永春，宗白華建築美學思想初探〔J〕，建築學報，2002.11。

145. 莊浩然，現代美學藝術學所照臨之莎翁——宗白華論莎士比亞戲劇〔J〕，戲劇藝術，2016.04。

146. 鄒華，古代意境的現代詮釋——宗白華的美學思想〔J〕，求是學刊，1994.01。

147.〔德〕Wolfgang Kubin（顧彬），美與虛——宗白華漫淡〔J〕，美學的雙峰，1999。

三、學位論文

1. 果海富，宗白華生命美學研究〔D〕，河北大學，2016。

2. 屈小娥，宗白華生命美學研究〔D〕，西北大學，2010。

3. 郝赫，宗白華藝術形式美學思想研究〔D〕，浙江理工大學，2015。

4. 黃燕，宗白華的生命美育課程思想研究〔D〕，華東師範大學，2010。

5. 韓君君，宗白華美學中的「生命觀」研究〔D〕，山西師範大學，2013。

6. 高揚鵬，宗白華時空一體美學思想研究〔D〕，黑龍江大學，2020。

7. 姜勇，宗白華與現代新儒學〔D〕，吉林大學，2008。

8. 劉樹蕾，論宗白華的藝術境界觀〔D〕，山東師範大學，2017。

9. 秦芬，宗白華富於生命情調的意境美學論〔D〕，福建師範大學，2009。

10. 屈小娥，宗白華生命美學研究〔D〕，西北大學，2007。

11. 田智詳，宗白華的精神人格與美學之路〔D〕，山東師範大學，2009。

12. 王進進，宗白華美學思想述評〔D〕，浙江大學，2005。

13. 王興，宗白華生命詩學研究〔D〕，東華理工大學碩士學位論文，2009。

14. 許俊影，宗白華生命意境論研究〔D〕，華僑大學碩士學位論文，2017。

15. 葉凱，宗白華散步美學研究〔D〕，浙江工業大學碩士學位論文，2019。

16. 楊明靜，《流雲》：宗白華生命美學的感性呈現〔D〕，河北師範大學，2009。

17. 智小平，宗白華美學思想的生命觀〔D〕，內蒙古大學，2010。

18. 趙全會，宗白華生活美學思想初探〔D〕，山東大學，2007。

19. 張愛武，宗白華生命美學研究〔D〕，河北師範大學，2002。

20. 張慧，宗白華生命美學思想研究〔D〕，西北大學，2007。

21. 張黎敏，《時事新報·學燈》：文化傳播與文學生長〔D〕，華東師範大學，2009。

22. 趙旭傑，方東美文藝美學思想研究〔D〕，山東師範大學，2010。

四、詞條

1. Nick Huggett and Carl Hoefer. *Absolute and Relational Theories of Space and Motio.* Stanford Encyclopedia of Philosophy（2015）.

2. Andrea Scarantino and Ronald de Sousa. *Emotion.* Stanford Encyclopedia of Philosophy（2018）.

3. Edward N. Zalta, Uri Nedelman, Colin Allen, R. Lanier Anderson. *Life.* Stanford Encyclopedia of Philosophy（2018）.